最後的花街・飛田

比外遇更美好，
隱藏在料亭裡的
男女情慾場

井上理津子

序

飛田新地是大阪市西成區至今依然存在的「紅燈區」。約一百六十家店面，櫛比鱗次地比鄰而居。

我是在二〇〇〇年的年底開始採訪的。

「帥哥、帥哥……」

夜幕低垂時分，一個又一個的男人被吸進店裡。店裡有歐巴桑招手拉客，女孩則坐在店內的台座上，紅色、紫色的絢爛螢光燈正照著她們。我一邊走一邊看著那光景，漸漸感到頭暈目眩。剛剛在附近商店街食堂吃的油炸豆皮烏龍湯頭太甜了，此時感覺正從胃沿著食道逆流入口中。

彼時我踏入這一區已近十次。區內一角有間直接沿用遊廓（譯註：日本江戶時代政府設立的合法花街）建築的餐廳「鯛よし百番」，大約十五年前我去那裡參加過新年會，那是我第一次造訪飛田。當時我不知所措，眼前彷彿時光倒流一百年、有如電影布景般的街頭景象令我大為驚訝，而走進「鯛よし百番」店裡，牆壁、天花板和紙拉門上金色、紅色豔麗到刺目的裝飾，也令我感到難以言喻的淫蕩。懷著「曾在這裡見過一些可怕東西」的心情，從此，我去新世界時就常常會順道跑去那一帶晃晃。儘管每次去都會不寒而慄，不過隨著次數增加，也漸漸不像第一次那樣吃驚了……吧？

然而當我思索著「能不能去採訪飛田」，再度走訪時，那異常的景象卻顯得格外清晰。我在心裡大喊：「這一區是怎麼回事！」、「太沒道理了！」

彷彿不知道很久以前就通過的賣春防止法，也不知道這世上有「人權」似的……。

那天我四處走走逛逛，忽然想和「飛田人」聊一聊，特地詢問在店門前拉客的歐巴桑：

「那個……不好意思，請問大門通在哪裡？」

「那邊、那邊。從這裡直直走過去就行了。」

她好好地回答了我的問題，讓我稍微鬆了口氣。

我順勢又問了幾家店，「這裡是老建築嗎？」、「（門口上方）楣窗好漂亮喔」。最後還到處問人「景氣如何？」，結果不是被當空氣，就是被提醒「不能拍照」。

我更加來勁，接下來又繼續問：

「請問我可以進店嗎？」

歐巴桑驚呆了，說：

「妳一個女孩子在說什麼蠢話？傻瓜！」

我又問另一間店家同樣的問題。

「妳傻了嗎！那樣的話，我不是還得準備幾個蕾絲邊的女生？」

對方笑著如此回我。好，再問一間。由於名義上是「料亭」，因此說不定有店家會願意讓我進去。我想進店裡參觀一下。今天身上帶了三萬圓。好！就在我抱著「明知不可而為之」的心理打算再問一間時——

「少囉嗦！這不是女人來的地方，白癡！」

對方不但飆罵，還往我頭上撒鹽。恫嚇我：

「還不快滾！」

我一時情急，深深一鞠躬：

「對不起！」

剛道歉完便不懂自己為何要道歉，不禁感到難堪、難過。哎！這街區果然非我力所能及。我興起回家的念頭，步履蹣跚地走在冷冷清清的商店街，朝地下鐵動物園前站的方向走去。

就在此時，閃閃發亮的柏青哥店的自動門開啟，傳來相當大聲的軍艦進行曲。那超大的音量，讓此刻正打算夾著尾巴落荒而逃的我不由得失笑。並非得到什麼啟示要我繼續前進，然而在那瞬間，我已能轉念認為這街區沒什麼特別的。它就像眾多其他地方的舊城區一樣，住著一群喜歡打小鋼珠的普通人。那兒肯定有血有淚也有歡笑，又有什麼好害怕的呢？好！就走進這街區吧！我霍然湧起如此輕率的想法。

最初的緣起，是因為一位遷居到東京的友人跟我說：「東京雖大，卻沒有一個像那樣的街區。它可能不久就會消失，妳就去記錄它吧！」

本書是根據我從二〇〇〇年到二〇一一年期間，與飛田居民和其他與這裡關係密切的人接觸，慢慢整理出的飛田新地紀錄。書裡出現的飛田及其周邊地區的人名，基於與這些人的協議，九成使用化名。

最後的花街——飛田　目錄

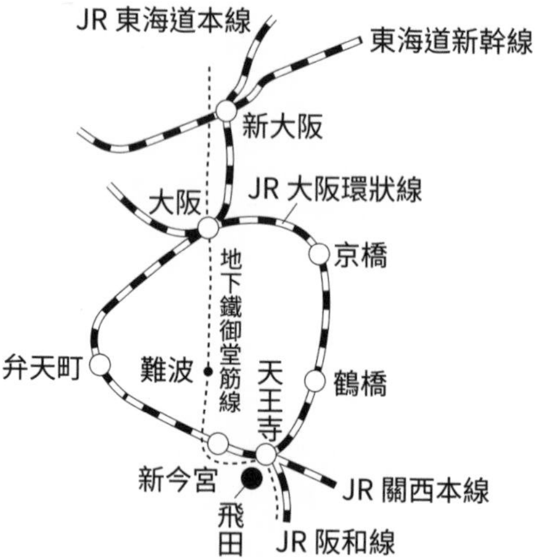
JR 東海道本線
東海道新幹線
新大阪
JR 大阪環狀線
大阪
京橋
地下鐵御堂筋線
弁天町
難波
天王寺
鶴橋
新今宮
JR 關西本線
飛田
JR 阪和線

第一章　你去過飛田嗎？

飛田的某一天

男人走在路上四處探頭窺視，與拉客歐巴桑商量著什麼事……。
那些起初令我無法直視的景象，在持續走訪的過程中，慢慢也習慣了。
「帥哥，來玩嘛！」
有假裝沒聽到的男人。也有男人會瞄一眼之後搖搖頭走過去。不過，絕大多數男人都會停下腳步。即便是一間、兩間過門不入的男人，也總會在前面幾間店的地方停下來。
他們看一看坐在門口台階上的小姐，說：
「不了，下次。」
我一邊仔細聽著，一邊猜想是什麼事情「不了，下次」？
「進來坐坐再走嘛。二十歲唷！」
真的嗎？該不會二十五、三十都說二十歲吧？我暗自在心裡吐槽。
「真的啦！如假包換的二十歲！」

拉客歐巴桑又說了一次。

「是不是？」

當她這麼一問，穿著粉紅色洋裝、露出乳溝的小姐立刻眼睛往上瞅，微笑著用力點頭。我幾乎可以看見她的乳房，連身為女人的我都打了個哆嗦，比一絲不掛還刺激。

「多少錢？」

男人問。拉客歐巴桑立刻招呼男人入內。男人走進敞開的門口。歐巴桑與男人耳語兩句後指著玄關的牆壁。牆上有收費表。小姐始終保持著笑容。

當事情進展到這一步，估計有六〇%的機率成交，脫鞋入內。四〇%的機率交易不成。有打領帶的男人、沒打領帶的男人，也有一身工作服配帆布鞋的男人。

拎著公事包、看似銀行職員的兩人組在街上徘徊不去。我試著尾隨他們。

「要不要再往對面那邊走一點？」

「好。多看幾家再決定。」

我很想跟他們說，決定?又不是買東西，是活生生的人耶，但我硬是忍住，繼續跟蹤他們。

「帥哥、帥哥……」

儘管聽到拉客歐巴桑的聲音，兩人也始終沒有走進去。可卻很明顯地像在尋找什麼。到底是銀行職員，行事相當謹慎。兩人繞來繞去近十分鐘，最後各自消失在不同的店裡。

我心想天哪！原本以為現在會來這種地方的都是有一些特殊原因的男人，但事實並非如此。幾乎沒有那種感覺就是找不到情人的、單身漢、孤枕難眠這一類的男人。儘管不時夾雜著一些明顯上了年紀的人和花花公子，可絕大多數是彷彿臉上寫著「我要繳房貸，還要負擔教養費」的普通上班族。沒錯，飛田就是一個普通男人來來去去的地方。

普通男人

這樣說來，我周圍的普通男人很可能也是飛田的客人。我試著把在那個街區見過的男人身影置換成認識的朋友。

一直徘徊不去的男人讓我想起作家同行的S君；走進有二十歲小姐那家店的男人，感覺很像在廣告公司上班的U先生；銀行職員二人組的其中一人神似鄰居K的另一半；花花公子風的凡賽斯男人則讓我聯想到建築家O先生。

也就是說，就算我認識的人是飛田的客人也沒什麼奇怪。既然如此，乾脆就去找出這樣的人跟他們聊一聊。我也想問他們女客無法入內的「料亭」內部格局是什麼樣子？制度如何？實際費用是多少？

我接連找了幾位感覺比較方便請教的男性友人。發信給沒機會碰面的人。

「我正在採訪飛田，你知道朋友中有誰在飛田玩過嗎？可以用匿名，請介紹我幾個願意跟我聊聊經驗談的人」。

我不問「『你』曾在飛田玩過嗎？」，而是問「你的朋友」，因為我覺得即使關係親密也要講禮貌，但有趣的是，我的男性友人們第一句話便是「我怎樣怎樣」，儘管我根本沒問他們。

順帶一提，以「我」為主詞的話，總是會先提到「飛田是個很棒的地方。我第一次經過那一區時，對那有如回到過去的氛圍大為震驚」，接著說「我不喜歡風月場所。沒有戀愛的過程不會想做」，或是「感覺飛田很不乾淨，我不喜歡。而且也怕得病……」。

是的，大家都聲明自己不喜歡風月場所，不會去飛田。我明明沒有特別詢問「你」的意見。三位年齡介於二十五到三十五歲之間的友人則質疑制度本身，說：「這不正是歧視女性嗎？」

總之，在這些以「我」為主詞加上否定性的話語之後，他們幾乎一定會說：

「對了，我聽說○○○去過飛田。要聯絡看看嗎？」

感恩！而且，請他們聯絡之後，相當大的機率會得到「他說可以談」的回覆。就這樣，我意外且輕易地採訪到了不少愛去飛田的男人。

宛如「神技」

我第一個見到的是在大阪某家電視台工作的A先生（二〇〇一年當時二十八歲。以下同）。朋友幫我介紹，我透過電話聯繫上他的當天，提出希望在開始進行飛田的採訪時，以匿名方式聽他講述他的經驗，沒想到——

「方便的話，一個小時後，七點半」

居然這麼快談成。因為他說半夜之後要出外景，會忙一陣子，但如果是現在，他可以撥出時間，因此我們很快就見到面。我這樣說雖然很怪，不過在電視台內的咖啡廳見到的這人頗為英俊，實在是一副好青年的模樣。不知道是不是負責製作工作的關係？即使問了一些不方便問的事，他也沒有太多猶豫便回答了。

——你第一次去飛田是什麼時候？

「兩年前。當我熬夜做完工作，整個人非常疲憊時，兩位前輩邀我去的。累到極點時，不是就會想要嗎？」

——第一印象如何？

「以前聽人說過，但那就像江戶時代遺留在當今的日本。是相當大的文化衝擊。我的心怦怦跳……」

——你是怎樣決定店家的？

「我把車停在附近，心裡沒底，就隨著兩位前輩稍微走一走物色了一會兒，之後約定『一小時後在停車的地方』碰面，就變成我一個人了。起初，我擺出『若無其事，純粹路過』的表情走在路上，但看到有家店的小姐是我喜歡的外貌，長髮、感覺乾淨利落、還很純真，就毅然決然走了進去。」

服務生端來咖啡，談話暫時中斷。他擔心讓鄰座的人聽見，壓低音量繼續回答我的問題。面對突如其來的提問，還能夠像這樣抓住要點回答的人，我想並不多。

以下是他的談話摘要。

我脫下鞋子進入「料亭」，在小姐帶位下上到二樓的房間。

房間是約六至八疊（譯註：一疊即一張榻榻米）大的和室。遮雨窗關著，所以明明是上午卻有點陰暗。墊褥上放著米老鼠圖案的浴巾。沒有被子，除此之外，室內只有一張小矮桌和兩張坐墊。

「請稍待一會兒。」

小姐一度退出房間，但馬上又端著茶水和米果回來。從黃色洋裝換成了白色襦袢（譯註：日式的單層內衣）。不愧是專業，換裝速度真快。我對這奇怪的小事感到佩服。

「二十分鐘還是三十分鐘？要哪一個？」

小姐問。我立即回答「二十分鐘」。因為已聽前輩說過「二十分鐘一萬五千圓」（當時）。

「那麼……」小姐立刻設定二十分鐘後的鬧鐘，這倒讓我有點訝異。

「您常來嗎？」

「沒有，第一次。」

「是大阪人？」

「是的。」

「今天的工作呢？」

「還好。」

我心想她很會閒聊耶。稍微化解了我的緊張。感覺語尾帶有鄉音，不知是廣島還是九州？我覺得問人出身是禁忌便沒問出口。雖然也想問年紀，看起來稍微比我年長，但因為不想破壞印象，所以也不提這事。我也得說一些話才行。

「妳服務很久了嗎？」

「不久，是熟人介紹我來的，差不多半年。」

談話突然中斷。沉默。

「那我們要不要開始了？時間不多。」

小姐笑瞇瞇地這麼說，不慌不忙地敞開襦袢的胸前。

啊，我也得脫衣服。

「那個，可以全部脫光嗎？」

對於我的怪問題，小姐回答：

「可以，請便。」

從這裡開始，對方也愈來愈難以啟齒。那之後的行為總之就是這麼回事。就連我也對追根究柢地追問有所顧忌。可是我很想問。希望各位原諒我不得不描寫得如此露骨。

——那個，直接就上？

「沒有，我記得一開始是用濕紙巾擦拭我的『那裡』。然後幫我舔。」

——然後呢？

「就是『請』這種感覺，讓我摸她。對了，她的下面從一開始就沒抹任何東西。我嚇一跳，哇！已經那麼濕了!?不過事後想想，應該是有抹一些什麼。」

——潤滑劑或什麼的？

「大概吧。然後，後來的事就是那樣。呃——那個——是小姐用嘴幫我戴保險套的……」

——咦？用嘴？

「對，一眨眼的工夫。簡直有如神技，我嚇一跳。」

小姐身材纖細。做的時候感覺就是人家說的「緊密結合的狀態」。無論如何就是會跟自己的女朋友做比較。我女朋友屬於略顯豐滿的類型，因此小姐的纖細對我來說很新鮮。會有鎖骨、恥骨與自己的身體碰撞的感覺。

「感覺快射的話要說喔。」

我記得小姐曾這麼說。

放在枕邊的NEPIA水藍色盒子莫名地令我印象深刻。不知是不是演戲？小姐在高潮時的喊聲至少比我女朋友大上數倍。不一會兒就結束了。

距離鬧鐘響還有很多時間。我穿上內褲，小姐披上襦袢，聊一些無關緊要的事，像是今天的天氣如何？今年暑假打算去沖繩玩之類的。聊著聊著，我突然覺得，這女孩是我的菜耶。我再次環顧室內，無比單調乏味。唯有墊褥一角零亂的米老鼠浴巾是彩色的，與房間的氣氛很不協調，看得有點難受。通知人二十分鐘已過的鬧鐘響起，於是我下樓。下樓途中，小姐冷不防親吻我。我有一點害羞。心裡很高興。

「謝謝你，小哥。」

對喔，因為沒有報上姓名，對這位小姐來說，我只是其他眾多「小哥」之一。可是，她會親我表示那一定是「愛」。她肯定不會對其他客人那麼做。只對我有「愛」，一定是這樣的。

「如果有來這一帶，要順道再來玩。」

聽到她溫婉可愛的話語，我當真打算再次光顧，走下玄關，付錢給拉客的歐巴桑後，離開那家店。

就這樣講完第一次經驗後，A先生有如在思考該如何表達般，慢慢地分析自己的心境。

「我很清楚這裡是飛田，小姐是在做生意。但她應該是有什麼苦衷才會選擇這種出賣肉體的工作，包含這樣的境遇在內，讓我對那位小姐心生愛憐。辦完事後，我們聊一些無關緊要的話題，從那時起，我真心覺得這女孩是我喜歡的類型，要不是透過這種方式認識，我們說不定會成為情侶。」

說自己對其他風月場所沒多大興趣，為人相當嚴肅，而且很喜歡正在交往中的女友的A先生，據說在那之後的兩年去了飛田三次。不但再次見到第一次的小姐，還去光顧了其他店。而且他表示，儘管知道這並不是值得誇獎的事，但他會希望飛田能保存下來。

「作為有別於日常生活的另一個世界，一個補給能量的地方。」

接著他笑著說，完全是男人自私的說辭對吧？

二十分鐘的模擬戀愛

就在談話告一段落時，出現了另一位在電視台工作的B先生（三十二歲），說：「前輩要我來告訴妳飛田的事」。他說的這位前輩是我的舊識。於是我接著聽聲明「我只有大約三十分鐘」的B先生講述他的故事。這位B先生淡漠地說：

真要說的話，我是會去風月場所的人。開始工作後大約十年之間，包括夜總會、泡泡浴在內的風月場所，我差不多去了有三十次。其中的四次是去飛田。第一次同樣是被前輩帶去的，我隨意走進一間有可愛小姐的店。

「您很冷靜耶，真的是第一次嗎？」

那位小姐在房裡對我說的第一句話使用了敬語，首先就讓我留下好印象。我的個性屬於沉默寡言的類型，那檔事就在她彷彿「為我鞠躬盡瘁」之下由她帶領。我開心的是她竭盡全力為我服務的這份心意，那檔事倒是其次。

她是在親戚的介紹下進入這一行，以前原本在金澤做巴士的導遊小姐。我聽了這番話，有種「好想跟她約一次會而不做愛」的心情，但心想那是不可能的，沒有提出邀約。道別時，除了規定的費用之外，我多拿了一萬圓小費給她。小姐道聲「謝謝您」，畢恭畢敬地收下。其他風月場所的小姐多半久經世故，我不曾有過想和她們約會的念頭，但飛田是特別的。我也許談了一場二十分鐘的模擬戀愛……。

「事情進行到最高潮時，小姐的身體微微冒汗。那時，我感受到出賣肉體的辛酸和悲哀。我專攻社會學，所以十分清楚在人權的面向上性交易不合情理也不合法。也深知自己的行為有什麼樣的社會意含。可是，有時候人就是會想做一些不該做的事不是嗎？人是多面向的。冠冕堂皇的話並不能解決問題。因為人不可避免會有一些骯髒汙穢的部分。四周的社會也存在多層結構。妳不覺得這世界就因為這樣才有趣嗎？」

B先生同樣極為冷靜地對我剖析了飛田和自己。

「比外遇更健全」

從訪談了這兩人之後，我又陸續採訪了二十四歲的打工仔、二十六歲的製造商職員、三十歲的出版社業務、三十五歲的自由作家、三十六歲自稱柏青哥專業玩家、四十二歲公務員、四十九歲的流通業主管、五十二歲的印刷公司業務、五十五歲的觀光業者們，聽他們講述各自的體驗和感想。所有人都是初次見面。和電視台那兩位不同，大家起初都話很少。但我使用各種招數緩和氣氛，漸漸地才願意開口說。

幾乎所有人都和電視台那兩位一樣，第一次去飛田都是「男人們相約一起去」。第二次以後便獨自前往，漫無目的地走走看看之後，不是去頭一次光顧的那家店，就是走進它附近的店。價格是三十分鐘兩萬一千圓（當時），其中的一千圓據說是消費稅。有些店先付費，有些店是離去時付費。也有不是坐在門口台階的這位，而是由裡面房間的小姐出來接待的情況。小姐們的年齡估計在二十五到四十五歲之間。

與小姐一起上到二樓後，走進一間大約六疊或八疊大，有著小矮桌和坐墊，或是鋪有墊褥的房間。小姐會端來可樂、茶、啤酒等的飲料，和日式甜饅頭、煎餅、栗子蜜餞、金鍔（譯註：米粉做的麵皮包裹紅豆餡，再放上鐵板將外皮煎熟，外形多為四角形。）之類的甜點。如A先生說的小姐換上襦袢的情況，和繼續穿著坐在門口時的服裝的情況各占一半。稍微閒聊幾句後開始「辦事」，結束後再繼續聊到時間到為止。用嘴巴戴套的不算多數，不過所有人都會使用保險套。

故事內容大同小異。會去多半是「時間忽然有空」，時段不是平日的傍晚以後，就是假日的白天。對於「有什麼可怕的遭遇嗎？」、「有遇過身上有注射痕跡或刺青的小姐嗎？」之類的提問，所有人都回答「沒有」。「有外國籍女子嗎？」，所有人也說「沒有」。談話中提到「全是令人不敢相信的年輕漂亮妹妹」的有四人。不用說，他們都瞞著太太和女朋友，但「比外遇更健全」、「比其他風月場所要健康」、「必要之惡」等，全面肯定飛田的存在。去的次數以三、四次最多，也有兩人（曾經）相當頻繁往返飛田。我決定要記錄一下這兩人。

白領菁英

一人是上市公司的技術人員C先生（四十五歲）。

他身材微胖，看起來人很好的樣子。住在大阪郊外一處住宅區的大樓，有三個小孩，分別就讀國、高中。經過再三叮囑「這事要是傳出去我可能會離婚，所以一定要匿名」之後，一個週末的下午，他在大阪市內的家庭式餐廳告訴了我他的故事。

「我是關西人，但大學和研究所都是在關東念的，所以年輕時根本不知道有飛田這樣的地方。進入職場工作第四年，三十歲的時候，我接到外派的人事令。當時所屬部門為我辦了餞別會。在這樣的脈絡下，上司以『祝賀』之名帶我去了飛田，那是我第一次踏入飛田。

那時候我結婚半年左右，老婆正在懷蜜月寶寶。我腦袋裡瞬間有閃過愧對老婆的念頭，但不能喝酒的我那天喝了一些酒，就跟著上司去了。那有如以前遊廓的氛圍令我大為吃驚，然而最令我感動的是小姐的服務。」

其實我很不擅長戀愛，學生時代只去過一次風月場所，除了老婆，沒交過其他女人。而且我和老婆是透過相親結婚的，在國外出差，別人再怎麼邀約，我都不會想去那種地方，從來不曾花錢買女人。

可是呢，跟身為女性的妳聊這種事其實非常難為情，不過飛田小姐的服務讓我非常愉悅。怎樣的服務？這部分就饒了我吧。我覺得這種事不該跟別人說。

結束四年半的外派工作回國後，我開始會騙老婆週末加班，其實是進大阪市區，大白天就去飛田，不過一年頂多一次。我去那裡是想再見到上次那個小姐，但同一個小姐，一旦間隔了一年，百分之百就不在了。要說有什麼不滿意，就是對這點不滿意，不同小姐的服務方式差滿多的，就我而言，最終都是滿意的。有戴保險套嗎？那是男人要遵守的禮儀吧。不過，我的身體狀況差，力不從心時，也有小姐會跟我說：「我現在是安全期，你可以直接來沒關係。」這樣體貼的女人，真的讓人很窩心。

大約三年前開始，我去飛田的頻率逐漸增加。壓力大的時候，或是連續加班，覺得自己很努力工作，想犒賞自己的時候都會前往，最近變成差不多兩、三個月一次。不過，沒有零用錢就沒辦法去，所以我都是在折扣商店購買出差的車票，把交通費的差額存起來，以籌措費用。

既然都要去，我會希望博得小姐歡心，所以我去國外出差時會買些不算貴的當地特產，如珍珠項鍊、金戒指之類的，收在公司辦公桌的抽屜裡。拿那個送她們，取代小費。小姐通常都會很高興。

公司裡有人搞外遇，也有人外遇被太太發現了導致有家歸不得。我認為這種的最差勁。一定要珍惜家人。我覺得像我這樣去飛田，家人是家人，把兩者分開比較健康……」

當我建議邊說邊猛灌美式咖啡並續杯兩次的C先生：「喜歡的話可以點個什麼來吃。」他馬上點了大份的法式布丁。「我愛吃甜食。」他說。看著一個大塊頭的男人津津有味地吃著布丁和鮮奶油，我突然很想喝啤酒。於是在告知他之後點了一瓶啤酒。喝啤酒配花生的女人問一個吃布丁的男人，這成了一次奇特的訪談。

結束一連串的談話後，C先生問我：「妳是專門寫色情產業的作家嗎？」我回答：「不，我也會在旅遊雜誌上寫文章」，他隨即表示自己很喜歡家族旅行，今年寒假才剛去伊豆泡溫泉。伊豆有間他很中意的旅館，三不五時會去。和兒子們一起泡在露天浴池裡，自己都覺得自己是個滿不錯的父親。我應和「喔，這樣啊」。總之是位高學歷、任職於上市公司、目前與裁員無緣的菁英。

去過一百五十次的男人

另一位截然不同，從事自由業。是個專做廣告攝影的自由接案攝影師D先生（三十八歲）。不知是不是因為好朋友的介紹？電話那頭的聲音極其爽快：「好喔，都是以前的事了，不介意的話，我什麼都告訴妳」。他行程似乎相當滿，我們協調好的訪談日，是在我提出採訪邀約的三週後。他從沖繩外拍回來的週日傍晚，我們約在梅田的咖啡館碰面。「我年輕時對飛田相當沉迷」他說。他的故事令我非常震撼。

那時我大約二十二歲到二十五歲之間，所以已是十多年前了。我在那三年左右期間幾乎每週都去飛田。

當時，我就只是個打工仔。每週六一拿到打工的酒鋪給我的週薪，記得好像是三萬圓左右，馬上就握著那筆錢跑去飛田。那時我住在父母家，經濟上無後顧之憂。最初是國中同學約我去的。我抱著看熱鬧的心情去，可是因為年輕，又沒有女朋友，後來變得無法自拔。有時獨自前往，有時和朋友一起去。

那時候的飛田不同於現在，週末傍晚人潮熙熙攘攘，走在路上甚至會不小心和其他客人擦撞到肩膀。有像我一樣的年輕人，也有很多看來像作業員的大叔。「少年仔，來坐一下嘛」，老鴇會抓住你的手臂不放你走，熱氣蒸騰。記得好像是大阪舉辦峰會之後，飛田因為自我約束的關係，老鴇不再走出門口拉客，否則當時真的是為所欲為。

我雖然很常去，但產生感情的話那可不行，所以我盡量不去同一家店，陸陸續續光顧了很多店。當時幾乎都是老鴇領著我去房間，好像是給她一萬圓吧？通常當我掏出一張一萬圓的鈔票，對方都會要求：「少年仔，再多加一點啦」，我如果說：「我只有這些」，對方便出乎意料地乾脆：「這樣啊，好啦」。

穿著接待員服裝的小姐用托盤端來可樂。然後我會極力稱讚小姐：「我覺得妳很漂亮」、

「妳穿這樣真好看」之類的。二十二、三歲的年紀幹了不少狂妄的事。

飛田的禁忌就是不能問小姐的隱私，像是「打哪兒來」、「做這行多久了」之類的。說教也會被人討厭。記住這點，聊一些不會讓人反感的話題，像是天氣如何之類的，這是禮貌。很多小姐自稱「二十二歲」，可我覺得實際上年齡會再年長一些。就我來說，對方是同世代的話會覺得害羞，因此年長一些反而比較輕鬆。

稍微聊幾句後，小姐會說：「我去準備一下」，走出房間，很快又走回來。她們是去抹潤滑劑。房間充分展現小姐的嗜好，有的房間擺滿布偶，也有的房間會貼貓的海報。

然後呢，如果我一直拖，小姐就會提醒我：「小哥，沒時間了喔」。三十分鐘裡，開頭的十分鐘左右聊天、喝可樂，中間的十分鐘辦事，之後的十分鐘又是聊天。大概就是這樣。我想小姐們都是喝啤酒。當時還沒有什麼愛滋病的問題，不戴套直接射在裡面是OK的。體位？要講到這麼細嗎？大概都是正常體位。如果問：「可以從後面來嗎？」有些小姐會說「可以」，有些會要求「額外付費」，多收兩千圓。叫聲肯定是演出來的，但相當激烈。結束後稍微聊一下時間就到了，打內線電話通報「做完了」，穿上衣服下樓去，結束。

反正就是一再重複這些事。我大約一週一次，所以三年合計可能去了有一百五十次吧？對了、對了！情人節小姐還會送我巧克力，也有小姐提出「希望有私人的往來」。不過我謊稱「有女朋友，不可以」，拒絕了她。

那裡就是一個性慾的宣泄口，不過以我來說，我會去飛田而不是其他風月場所，可能還是因為那兒的情調吧？明知是一個虛妄的世界卻沉迷其中。現在想來，也是我青春的一頁。整整三年我厭倦了，就是極盡所能地一直做，什麼也沒留下。漸漸的，去完飛田後我開始會感到空虛。

飛田四周有許多澡堂，妳知道為什麼嗎？由於不想被小姐討厭，因此去店裡之前都會先澡堂洗澡。另外，做完後也會上澡堂，因為總覺得很噁。畢竟是跟與不特定的多數男人做過的女人做，妳不會覺得噁心嗎？澡堂裡有許多同樣的中年大叔。一群素昧平生的大叔們聊著哪家店如何又如何，澡堂因此成了資訊交換地。滑稽吧？很蠢對吧？

當你持續做了三年這樣滑稽、愚蠢的事，終究會感到空虛。正好那時我開始進入這一行，在攝影工作室工作，不再打工，哪有空做這檔事，於是突然就不去了，從此以後沒再去過。現在完全不會想去了。

聽了D先生的故事，我對他沉迷了三年之久很驚訝，而更令我訝異的，是他上過妓院後會去澡堂洗澡。

覺得「很髒、噁心」竟然還去買女人。男人的想法真是深不可測。就在我邊聽他講述邊這麼想時，D先生先聲明「不知道現在情況如何」後，告訴我一件事。

飛田有數條東西向的馬路，被分成年輕小姐多的大街、普通多的大街和大齡女子多的大街，並有「可愛妹仔通」、「青春通」、「年增通」等的稱號。不管年不年輕都是一樣的費用，但年輕小姐的話是「鮪魚」，大齡女子會有「口交」等的附加服務。換句話說，如果是只做愛的年輕小姐和年長的小姐，後者要附加做愛以外的服務才會有同樣的商品價值。

「理所當然」的時代

既然肉體交易屬於一種商業行為，那麼商品價值跟行銷手法就會相當簡單明瞭。和處理魚一樣，鮮度佳就直接做成生魚片，如果不新鮮就改用燉煮或燒烤。更何況是泡泡浴、夜總會那樣的風月場所，假使那些是現代的超級市場，那飛田就好比是經營已久的私人鮮魚鋪。

是的，自一九一八年（大正七年）以來，飛田一直在寫屬於她的歷史（詳情稍後再述）。我匆匆採訪的二十人講述了近年他們的飛田體驗，可若沒有採訪到舊時代的體驗，就不算一個完整的故事。我這樣想，於是接著查訪老一輩的人士。

首先，我在所屬的旅遊作家筆會的聚會上，向男性大前輩們詢問：「您年輕時在飛田玩過嗎？」馬上就逮到一位。

前廣告公司職員E先生（六十三歲）。他從兵庫縣北部的鄉村來到京都一間校風「質樸剛健」的大學就讀。「當時的情況和現在截然不同」，故事就從這裡說起。

「我們那個時候，就算有喜歡的女孩子，也不敢碰她一根汗毛。結婚之前都不行。自由戀愛之類的，想都沒想過」，這是故事的開端。接著他說：「我們的世代，應該大家幾乎都去過遊廓才對。」

在一旁聽著的旅遊作家F先生（七十二歲）笑著說：「那是當然的，就是那樣的時代嘛。不過，我四十年前就『奉子成婚』了」

不論以前或現在，要概括而論一個時代確實不可能。不過，直到一九五八（昭和三十三）年為止，紅燈區一直是合法的。在飛田買女人並不是什麼有愧於心的事。

「要談當時男人的性，就不能不提到遊廓。」

E先生說。縣人會（譯註：類似同鄉會的組織）的學長帶新生去五條樂園（京都的遊廓）是一種慣例。大家都是在那裡告別童貞的。那是「成為一個成熟男人的儀式。」，在遊廓裡也是同學長同學短的很愛護學生們。「因為嘗到（性的）滋味，所以一收到家裡寄來的生活費，或是拿到打工的薪水，就算少吃一頓飯也要去。」他說。

「我覺得要不是有遊廓，肯定會經常發生性犯罪。因為只要一陣子沒去（紅燈區），真的會流鼻血喔。」

我對這番話半信半疑，忍不住問：

「不會自己來嗎？」

「這種事自己做和在妓院做可是天壤之別。總之，一旦嘗過那滋味就完了……這就是男人。這叫情趣，是不是？」

講得很高興的E先生也常去京都的島原和上七軒，據他說，一九五六（昭和三十一）年因為工作來到大阪後，立刻被前輩帶去飛田。

「那時候，四十分鐘的花代（譯註：即娼妓、藝妓的出場費用）二百五十四圓，差不多就是學生一天的工讀金。一小時是三百圓，過夜八百圓。」

準確記得價格這點，應該可以證明他經驗豐富。

「與京都遊廓的差異？基本上都一樣，不過飛田的規模之大會讓人覺得不愧是大阪。人潮絡繹不絕，小姐又好。」

好的意思是？怎樣的好？

「就是覺得小姐都很優雅。當然，做的事都一樣，但又不是只是為了那個而去的。飛田的小姐們可能都背負巨額債務吧，她們會為你盡一切努力……」

雖然這麼說，但他沒有談到性的具體細節，我想這是因為老一輩的人，對於像前面介紹的二十多歲A先生和三十多歲D先生那樣談論「自己的性」，內心十分抗拒。

可以拋開身分地位

七十二歲的退休醫師、八十歲的前國家公務員、六十五歲的木工師傅、六十七歲的作家、六十八歲的前市公車駕駛。我雖然找到一些自承「去過飛田」的年長者，然而一旦面對面，就算我設法要問出飛田內部往昔的樣子，但結果都和剛才的E先生大同小異。具體情況僅止於「從大門進入」、「一排氣派的建築」、「有錢人去的店和普通人去的店涇渭分明」、「相當熱鬧」、「小姐都穿和服」、「有買時段和過夜之分」，淨是「去過」、「很棒」、「當時那是理所當然的事」、「男人的天堂」這類無關痛癢的事。無論我怎麼打探，也問不出更多的內容。

「那個年代根本沒有買女人是好是壞的觀念，對於男人下半身的知識更是離譜。」

談及這事的是廣告文案寫手G先生（六十九歲）。昭和三十年代他在報社社會組當記者時，酒席上不用說全是男人。有人當眾用力搔著下半身嚷嚷著：「被傳染了，好癢好癢」，有人命令下屬：「喂！你去買藥來！」然後就當著眾人的面拉開褲襠拉鍊，露出下體把部下買來的藥塗上去。那是個在酒席上做這種事毫不覺得羞恥的年代，他說。「對了，還發生過這樣的事。」G先生告訴我的，是忘年會或什麼的場合，前輩後輩大舉出動去飛田料理店時發生的事。

一開始是唱歌喝酒的聚會。那時因為店家做了什麼不得體的事，惹得前輩動怒。老闆娘來道歉，但前輩的怒氣並未平息。前輩當著老闆娘的面，在原本放在隔壁房間的坐墊上小便。有幾位聽到他吆喝：「你們也尿啊！」便接連尿在那坐墊上，然後所有人大搖大擺地揚長而去。

即便以前的新聞記者普遍擁有特權意識，但這種行徑仍然很過分。G先生說：

「飛田與一般社會相隔十萬八千里。說得更白一點，妓女不是人，是物品，大家都認為那是個可以拋開一切禮教的地方不是嗎？」

請男性友人去光顧

我非常想看看飛田「料亭」的內部。既然身為女人的我進不去，那就請我的男性友人去光顧吧。因此，下一步我便拜託幾位男性友人：

「希望你能幫我去仔細看看料亭內部。」

然而所有人都推辭：「呃，唯獨這件事……」。公務員的H先生（三十八歲）雖然很感興趣，覺得「這畢竟是難得的經驗」，一度答應了我，不料當天卻反悔。他說：

「一想到最壞的情況我就不敢去了。」

所謂最壞的情況就是，萬一警察在他上料亭時衝進來的話。甚至有可能遭到逮捕、失去工作。

「好喔，我幫妳採訪。」

直到我找到這麼說的人大約已過了兩個月。擔任攝影師的舊識I先生（五十一歲）。他配合度很高：「就讓我助井上小姐一臂之力吧！」可是當天發生了一個小插曲。

傍晚，我們約在離飛田不太遠的阿倍野一家居酒屋「明治屋」碰面，稍微喝點啤酒同時商量要請他幫忙的內容。我希望他能幫我觀察小姐們和「料亭」內部的樣子，可以的話，也幫我預約日後的採訪。邊聽邊連聲答應的I先生，不料突然與鄰座的客人抬槓：

「能不能熄掉香菸？會造成別人的困擾。」

雖然I先生原本就討厭菸味，但那家店並沒有特別禁菸，他明顯是亂發脾氣。I先生顯然對自己必須去飛田這事感到焦躁。

我把三萬圓經費交給I先生，把他送進D先生所說的飛田「可愛妹仔通」上的料亭後，在附近的壽司店等他。我突然有種奇怪的心情。我想這或許也是一種模擬戀愛。

I先生不是我的情人什麼的，就只是工作上的夥伴。然而我一想到說不定這會兒I先生正在料亭裡做愛便感到嫉妒。這大概近似常去飛田的男人們所說的，像是戀愛的感覺吧？過了大約三十分鐘，I先生來到壽司店。

「不行。日後的採訪沒有約成。不過，我問到許多事。」

是因為完成了艱巨任務嗎？他的話變多了。

「小姐說要去換衣服，我馬上告訴她：『不用換，我只要請教幾個問題。我是代替別人來採訪的』，然後三十分鐘就一直在聊天。小姐二十四歲，單身。以前是粉領族。從事這個工作有四、五年。據說每天從神戶過來。皮膚白皙，身材纖細，是個相當可愛的女孩，眼睛很大。她說爺爺是墨西哥人，所以有四分之一的外國血統。真的是非常可愛的女孩。興趣是出國旅行和名牌。價格是二十分鐘一萬五千圓，三十分鐘兩萬圓，再外加五％的消費稅。小姐可以分到五〇％，剩下的老闆拿四〇％，老鴇拿一〇％。客人多的時候一天超過十人，所以可以賺不少。十二點準時關門。還有就是，她得自己開車回神戶，我都想送她回去了。」

哼嗯～平常愛講道理的I先生對於女孩的身世「完全深信不疑。」，這樣的心理讓我感覺見識到飛田強大的吸引力，不過鋪著薄被、有著小矮桌和坐墊的房間，和小姐說要去換裝，都跟我在其他人的訪談中聽到的一樣。我從I先生手中接下寫著「兩萬一千圓也」的收據，同時心想，只有這點內容，這採訪費真貴。那張收據上有用蚯蚓般的字跡書寫的人名和住址，並蓋上大量製造的廉價印章。

「我心想什麼都不做實在太沒禮貌，於是臨走時說『讓我摸摸手作為紀念』。那是一雙冰冷、自暴自棄的手。」

自暴自棄的手？

「沒有自我的手。只是作為零件附著在身體上的手。」

不過，可以握到手你開心嗎？

「嗯。超級開心的。頭一次摸到那麼冰冷的手。好性感。」

看見養老院的車

我整理之下，情況是這樣的。飛田的店就是「料亭」。老鴇所說的「少年仔，來玩嘛」的「玩」，指的是在料亭裡和女侍應一起喝酒或喝茶。客人被帶去的房間是女侍應的房間。女侍應和客人在房間裡碰巧「墜入愛河」。談戀愛是個人自由。戀愛有時會發展成做愛，但那並非賣淫。所以，支付的費用並不是為了買女人所產生的費用，而是啤酒、果汁、甜點的費用……現在檯面上的遊戲規則就是這樣。

對客人來說，好處是費用一目了然。對「女侍應」來說，好處則是和客人「戀愛」的地點在料亭內，沒有危險。假使遇到可疑的客人，危險迫近時，可以立刻大聲呼叫，向樓下的老闆或老鴇求救。而且它不像泡泡浴那樣要用上全身去服務客人，所以就肉體上來說不算重度勞動。是個對客人和女侍應雙方都合理的地方，端看你怎麼想。

那之後我思索著這些事，同時一連幾天在那一帶走走看看。於是某個初春的早晨，我目睹到令人驚訝的景象。

在離飛田不遠的地方停了一輛小型巴士，車身上寫著像是養老院名稱的「〇〇苑」。從車裡下來數名一看便知年紀很大的阿公。阿公們身穿運動服，「嘿咻」一聲步下巴士後，拄著枴杖蹣跚地走著，慢吞吞地進了料亭。

第二章　漫步在飛田

通往飛田的路

我在地下鐵動物園前站下車，從御堂筋線往天王寺方向的出口出站。這是北側有通天閣聳立，可以通往串炸店林立的新世界出口。公共廁所前的地上坐著喝醉酒的歐吉桑，JR環狀線的高架底下有許多成排販賣古著及二手雜貨的攤販，這光景不論我看過多少次，依然覺得相當吃驚。

不過，這只是開端。當我從南側出口上到地面，踏入眼前的動物園前一番街（商店街）時，更衝擊的景象隨即映入我的眼簾。

有座拱廊。但有一點髒。地面鋪著已有多處剝落的彩色磁磚和填補剝落部分的水泥，在二〇一〇年重新翻修之前一直坑坑疤疤的。街道兩側除了廉價酒館，還有鐘錶店、洋貨店、麵包店、中式飯館等。披著運動外套的歐吉桑大白天就帶著一身熏人的酒臭，進一步退兩步地走著，或是騎著菜籃車晃啊晃的。

以前，電線桿上會貼著「晚上會灑水」、「別睡在這裡」的告示，但不知從什麼時候開始就沒看到了。

「妳可不能小看歐吉桑的口碑喔。他們說哪家店不行，就不會有人去睡了。」

如此告訴我的洋貨店老闆還這麼說：

「以前不知有多熱鬧！到處都是人、人、人，甚至要一直『借過』、『借過』才能過馬路到對面的店。傍晚一堆客人來我們店裡買外套、襯衫、長褲、內衣、襪子……從頭到腳全都買，還要求讓他們換衣服。下班回家時，大家都換上全新的衣服跑去飛田。我把每位客人脫下的衣服分別裝入紙袋，寫上名字，保管到早上。那時候生意真好。」

這人所說的「以前」，是指大阪萬國博覽會掀起一波經濟榮景的一九六〇年代後期，賣春防止法全面施行的一九五八年以前。再多說一點，他所說的「客人的衣服」，就是在高處作業的工人、泥水匠等建築工人的工作服。白領、藍領都是飛田的客人。後者如果穿著工作一整天帶著濃濃汗酸味的工作服的話，在飛田會被討厭的，所以才會換上新衣服去，儘管沒繫領帶。

而在更久遠的年代，這條商店街有多熱鬧呢？位於商店街中心地帶，創業於一九二三（大正十二）年的西餐廳「南自由軒」第三代老闆這麼說：

「以前西餐是時髦又高級的餐點。我常聽祖父和父親說，從新世界到這一帶有多家像我們這樣的西餐廳，在味道上比拚。去飛田前來吃，離開時也來吃。去飛田的人不吝大開宴席。似乎大多數人都會在商店街消費。」

是的。現在已沒落的這條商店街，原本是通往飛田的主要街道「飛田本通」。

原本去飛田有好幾條路。這條商店街東邊三十公尺左右有條與它平行的「北門通」；從南大阪的終點站天王寺站附近過去，沿著有著成排感覺不太正派的酒館和小飯館的緩坡往下那一帶，也有條人稱「地獄谷」的「旭町商店街」；從南側過去的話，還有自南海平野線（路面電車）的飛田站北上的路。然而，如今北門通變成歇業店家散布各處的住宅稠密區；旭町商店街因阿倍野的重新開發而消失；南海平野線則很久以前就停駛。因此，這條商店街現在是唯一一條通往飛田的大馬路。往西約三百公尺處緊臨著日雇型勞工城市釜崎，往北約兩百公尺處還有京蝶蝶和人生幸朗等三、四百名藝人居住的戰前長屋群「天王寺村」。

走出動物園前站，在大約四百公尺處會遇上一個左右圍著鐵絲網、被釘上白鐵皮的地方。是一九九三年（平成五年）廢線的南海天王寺支線舊址。那裡總是有兩、三個歐吉桑或是倚靠著鐵絲網，或是坐在地上。那天還有歐吉桑在那裡擺攤，賣鞋子、包包和運動衫。

「小姐，妳在找什麼嗎？」

手拿罐裝啤酒的擺攤歐吉桑叫住我。那時我正在記錄張貼在鐵絲網上的「飛田戲院」海報。

「沒有，我在想，這是寅先生演的。」我類似這樣回答他，結果不知道為什麼，他對我說起面前正小口小口喝著酒的歐吉桑。

「這個傢伙呀，NPO幫他辦住民票，給他（生活）庇護，讓他住進公寓，結果他說『不自由』就逃了出來。很笨對吧？」

我應該寫在前頭，我只要一身「普通」裝束（長褲、毛衣、平底鞋等）走在這條商店街上，三次中總會有一次被陌生的歐吉桑叫住。問我「妳要去哪裡？」、「妳在找什麼嗎？」，像是「好心」又像是「搭訕」。不過，當中有五分之一是直截了當地問：「要不要來一發？」另外三分之一是「很煩吶？」、「滾啦！」這類的咒罵（儘管我靜靜地筆直地走在路上）；剩下的三分之一就是像這位擺攤的歐吉桑，異常親密地主動攀談。也有突然靠過來極力讚美我：「小姐、小姐，妳穿的這衣服不錯耶，酷唷！」的歐吉桑。

剛開始在那一帶走動時真的會嚇一跳。不過，一個月我就明白了，這三種攀談方式都只是歐吉桑們對外來者的小小問候，代替「你好」、「喂」之類的打招呼。所以擺攤歐吉桑突然找我攀談也不是太特別的事。

「不自由？」我問。

「（如果接受生活庇護）每隔幾天就得帶著文件去公所。」

「這樣啊。可是，這點小事又沒什麼大不了。」

「因為（文件上）必須寫字，很痛苦，所以寧願露宿街頭。」

也就是說，小口小口喝著ONE CUP（譯註：容量180毫升的杯裝酒）的歐吉桑不會寫字。他覺得必須在公所公開這件事很痛苦，寧可收集空罐子露宿街頭也不願接受生活庇護住公寓。在擺攤歐吉桑這樣跟我說的時候，那個歐吉桑只是眼睛往上瞥了我一眼，那刻有數道又黑又深的皺紋的臉一動也不動，繼續一點一點地舔著杯緣。就在這時。

「這個，多少錢？」

路過的另一個歐吉桑指攤子上的彪馬鞋問道。不用說，當然是二手的。

「五百圓。」擺攤歐吉桑說。

「好貴！」

於動物園前二番街（2011 年）

利用自然的高低差做成的東側石牆（2002 年）

「你胡說什麼？這是耐吉耶！名牌貨很強耶！兩腳的喔。」

聽到我說不是耐吉，是彪馬！擺攤歐吉桑說：

「都好啦！不就是名牌貨嗎？」

附近有數間成排掛著「旅館」招牌、有如七〇年代學生宿舍的木造建築。

我望進其中一間，門口有個共用鞋櫃，要脫鞋才能進去。

「這是旅館？」對當初什麼都不知道的我來說就只是單純的疑問。門口沒半個人影。

「請問～」我一呼叫，不一會兒入口右手邊房間的門慢慢開啟。

「什麼事？」

穿著白色褶邊圍裙的中年婦女走出來。

「今天有空房嗎？」我問。

「現在是公寓喔。不過，有一間房間是空的。很小，四疊大。一天一千二。附被子。電費、瓦斯費另計。」

換句話說，是高級DOYA（DOYA就是把「宿」YADO這個字倒過來說，意指簡易旅館）。當我表示希望能看一下房間，中年婦女勉勉強強讓我進門。

走廊左右兩側各有四間房。隔著木門可以感覺到裡面住戶的動靜。空的房間雖然有窗戶，但有些陰暗，房內有一台電視機和對半收折起來的薄被組。

我頓時恍然大悟，這大概就是「旅館」時代在街角拉客的小姐和客人所使用的場所。從共用盥洗室牆面上紫色和淺綠色的格紋磁磚來看，可以想見這裡曾是間冶豔的旅館。

「嗯～～我再看看。」

我對中年婦女說，然後走出去。聽見背後傳來咂嘴和「頭殼壞了嗎？」的聲音。鐵絲網以南是動物園前二番街，小型酒館多了起來。大白天的就聽見音量相當大的卡拉OK聲從無法確實關緊的門裡傳出。不用說，當然是演歌。

不久，山王市場通商店街在我的左手邊（東側）。這裡一片死寂，店家全都拉下鐵門。好暗。那黑暗是汙垢堆積成的黑暗。灰塵一旦愈堆愈厚，灰色就會變成黑色。還有醒目的「提供社福住宅」的傳單。

繼續彎過洋貨店的轉角，是新開筋商店街。這裡也很暗，但不到山王市場通的程度。大約有四成的商家鐵門緊閉。

右手邊（西側）設有「ONE CUP」一百二十圓、發泡酒一百圓等超低價自動販賣機的酒館、到處貼著「豆芽菜一圓」等限時特價商品傳單的「玉出超市」，和一群以立式廣告牌代替餐桌站著喝杯酒的大叔。此外還有柏青哥店。就是前言中也提到的那家柏青哥店。

那前方，左手邊空地的深處，可見一道將近五公尺的水泥牆。

「雖然很髒、最好拆除，但那道牆不屬於任何人，好像不能擅自毀損。」

藥局老闆說。以前就是這道牆將飛田遊廓隔絕於「外面」的世界，俗稱「哭牆」。牆早已失去功能，然而附近的人們依然稱「牆內」、「牆外」。

當你在那一區想要休息一下走進咖啡廳，就會看到將賽馬報或體育報攤得大開，邊看邊喝咖啡或紅茶，感覺很疲憊的人們，我想，這在任何舊城區的咖啡廳都一樣。不過，有一次我走進某家店的廁所時大吃一驚。因為牆上貼著注意事項：「請不要把針頭扔在這裡」。

裝熟的扒手

我去飛田，幾乎每次都是從動物園前站沿著這動物園前一番街、二番街走。一開始確實有點不知如何是好，但漸漸就習慣了喝醉酒的歐吉桑搭訕，和瀰漫在巷弄裡的尿騷味。不過唯獨服裝，我實在沒勇氣穿著運動服和拖鞋從千里桃山台的家，搭三十分多分鐘的地下鐵御堂筋線，途經梅田、心齋橋來飛田，所以我想，在周圍的人看來，我永遠是「外人」。

一個冬日的傍晚，我接受了這個街區的「洗禮」。

我感覺到背後有個歐吉桑沒有分寸地一直靠近我。這並非多麼罕見的事，可確實令人不舒服。酒氣和老頭的體味混在一起，坦白說很臭。我剎時想要逃離，就在我打算快步走開的當下，突然感覺背上很沉重。一股只能用沉重來形容的重量突襲我的背部。

怎、怎麼回事？到底發生什麼事？

我摸不著頭腦，僵在那裡。

背上的重物是歐吉桑的身體。我花了幾秒鐘才意識到這點。酒氣熏人的歐吉桑緊貼在我背上。

我「呀！」地叫出聲沒多久，那貼合的狀態幾秒後便結束，歐吉桑佯裝無事地消失在一旁的巷弄裡。

還是傍晚時分。四周有一些人。不過，所有人都不動聲色。應該說，都假裝沒看到。剛才那幾秒鐘是怎麼回事？我感到茫茫然。

我把剛才發生的事告訴離現場大約一百公尺外的香菸鋪老闆娘。沒想到她很冷靜地說：

「那是『裝熟的扒手』。妳什麼都沒被扒嗎？」

「通常都是抱男人啦，但這一陣子不景氣，原來也會對女人下手啊？」她說，一臉滿不在乎。不想公開自己來過飛田這一帶的男人，就算錢包被扒也基本上不會報案。所以「裝熟的扒手」才會如此猖獗，她說。

那之後，另一位飛田居民（女性）跟我說，她也遇過這種裝熟的扒手。

「不過也因為這樣，我們總是把這個放口袋。」

她從外套口袋取出錢包讓我看。那是在百圓商店買的，裡面有三個專門給人扒的百圓硬幣。據說是偽裝用的。你不會被這三百圓的慈悲感動嗎？

這意味著街區的人接受裝熟扒手的存在。這街區給我的洗禮十分強烈。

大門與哭牆

拱廊中斷處向左（東）轉，左右兩側留有大門的柱子。高度約四點五公尺。幾乎和兩層樓建築的屋頂同高。

那裡有寫著「飛田新地料理組合」、「飛田新地淨化委員會」的電子看板，宛如門牌。右邊的柱子旁高掛著「讓街區光明又美好」，左邊的柱子旁則是「稍停片刻左轉右轉」的電子看板（當時）。右邊柱子的柱腳種有黃色和紫色的三色堇，滿漂亮的。盂蘭盆節和過年時，這裡會掛上呈拱形的燈籠，自有一番情趣。

現在才說有點晚了，飛田以前是「廓」。

根據我手邊的辭典（《大辭林》），「廓」的含意有：「①利用城牆、護城河、懸崖或河川等天然屏障區隔出的城內或豪邸內區域；②四周環繞圍牆，妓院聚集的地區。遊廓。遊里。里」。

在賣春防止法全面施行的一九五八（昭和三十三）年以前，這左右柱子之間有道堅固的門，從那裡延伸出同樣堅固的水泥高牆。《新修大阪市史》中記載：「（飛田）遊廓的四周被水泥高牆包圍，通常只有一處大門開放，重現了『廓』字的原貌」。

「小姐們不能在大門外自由活動。來買東西時也一定會有歐巴桑跟著來監視。」（商店街和服店老闆）

「沒有門房，隨時都開放，小姐也可以自由來去。」（前料亭老闆）

我從好幾人那裡聽到兩種不同的答案，所以我很難說大門以前到底是不是開放的。不過，圍繞四周的高牆有「哭牆」之稱，和建造的主要目的是防止飛田的女性逃跑，都是肯定的。「實際上，曾有妓女在那高牆上因架梯子試圖逃跑而遭到私刑的案例，所以不是一個可以輕易逃脫的遊廓」，作家竹島昌威知先生（一九二八年～二〇〇七年）在《大阪春秋》第九期中如此寫道。

我以為這些都是很久以前的事。不料，我卻從附近居民那裡聽說：

「就在前不久，半夜大門那裡大吵大鬧的，還有巡邏車來唷。」

有個男人在車上等飛田的小姐下班。我猜是小姐的小白臉。

據說，「回家、不回家」是這場爭吵的起因，接著響起「你以為是誰在養你」、「不要太過分」這類的咆哮，最後演變成「互相毆打」。

「好像也有一些來到飛田的女孩原本是普通的粉領族，因為被烏鴉族（在牛郎俱樂部上班，一身黑衣的人）搭訕，開始常跑牛郎俱樂部，遭人設計，漸漸付不出錢來，因此開始在『飛田工作還錢』的唷。」

如果這是真的，不就表示從某個角度來看，大門和哭牆至今依然繼續保有它的功能？

從大門遺址走入飛田新地。左手邊就是「大門派出所」。

「飛田現在有在賣淫嗎？」

我很不識趣地問了問年輕巡警。

「這種事有點……如果路過的市民朋友向我問路或是店名，我會告訴他……」

這回答閃爍其詞。

「料亭」和「鯛よし百番」

從大門遺址向東延伸的，是寬約八公尺的大門通。在停車場、大樓這類「一般的風景」裡，混雜著二樓裝設了木製欄杆的木格柵建築，和數間輕質混凝土建成的兩層樓「料亭」。

飛田新地大致占地四百公尺見方，包含大門通南北兩側各兩條東西向的街道（及一條短街），和與其交叉的三條街道。靠北邊的叫做「青春通」、「可愛妹仔通」，靠南邊的叫「年增通」、「妖怪通」、「年金通」。

沿著棋盤式街道並排的「料亭」合計約一百六十家，面寬兩間（譯註：日本古代使用的長度單位，

如今依然聳立的西側高牆

角落裡有三尊地薩王菩薩像

一間約一點八二公尺），和小姐一屁股坐在門口台階、旁邊有老鴇，是幾乎所有店家的共通點。

許多店家門上方的楣窗裝飾得很精緻。雲、龍、松、竹、梅等精心設計的細膩鏤雕，也許代表了這裡「曾是遊廓」的自尊。凸出於馬路、上頭寫著店名的燈箱，也看似在說：「這裡是個特別的世界」，傳達出一種奇特的自豪感。我愈走愈被拖入另一個時空，彷彿東側不遠高台上的阿倍野大樓群、剛剛走過的商店街，和前方的日雇型勞工城市都是騙人的。

我在角落裡發現一尊地藏王菩薩像。不論何時經過總是供奉著水和點心，擺著香油錢的小木箱，打掃得徹底周到。某日下午，一位裝扮優雅、年約七旬的老婦人殷切地向地藏王菩薩合十。

「這地藏王菩薩長得好可愛。」

聽到我在背後這麼說，她微笑道：

「可不是嗎？不但口愛（可愛），還一臉聰明相，對吧？」

「您經常來參拜嗎？」

「是啊，每天。在去店裡之前稍微繞道來這裡參拜一下。」

當歐巴桑（老鴇）至今六年了。她用優雅的語氣說自己每天「搭二十分鐘的電車來這裡」。

「我完全沒（向地藏王菩薩）求自己的事。而是請祂保佑女兒和孫子今天也健健康康。請祂保佑店裡的小姐們。我每天都求同樣的事，只給一點香油錢，這樣不對妳說是不是？」

說完打開褐色口金包，將十圓硬幣輕輕投入木箱。

其言行舉止給人感覺像是「上流人家的太太」。這是一場小小邂逅的開端，讓我想要知道這麼優雅的人為何會在這裡。

飛田也有貨真價實的餐廳。就是「鯛よし百番」，它原封不動地沿用了一九一八（大正七）年飛田開業後不久落成的遊廓建築。

「我聽說這裡原本是很講究規矩的花街，不接待生客。」

鯛よし百番的社長木下昌子女士說。大門附近有家店叫「一番」，據說愈靠近門口的店愈便宜，位在最裡面的百番是當時最高級的青樓之一。在賣春防止法全面施行的一九五八（昭和三十三）年改為餐廳，舉辦萬博那年（一九七〇年）木下女士的夫婿買下它，丈夫去世後，由木下女士繼續經營。

鯛よし百番二樓屋簷下吊著許多燈籠。塗成紅色的欄杆很豔麗，一樓的木格柵氣勢雄偉。走進有著唐破風（譯註：建築結構中山牆的屋簷裝飾，特徵是呈半圓弧狀）的大門，右手邊可見中庭和鋪滿紅地毯的太鼓橋。那前方是絢麗的宴會廳，二樓是成排有「故事」的房間，隔著中庭沿回廊排列，如：以波浪和船櫓裝飾的「潮來之間」，和土藏造風格（譯註：即仿灰泥牆倉庫，在牆面塗抹灰泥）的「阿染之間」等。整棟建築附庸風雅，有點古怪。我去過的房間中，感受最強烈的就是「喜多八之間」。從走廊跨過一道像是河川的碎石後進入。約七疊大的小房間，靠裡面兩疊左右的地板墊高約五十公分。墊高部分內部嵌入船首翹起的木船側面，隔間牆上四個楣窗式的木雕，散發出奇特的存在感。

和朋友一起在喜多八之間吃著什錦鍋的那個冬日，我怎麼也靜不下來。總感覺房間處處有「視線」投射過來。我不由得感到楣窗的竹子、嵌入牆面的船櫓和船首發黑的木料，都在看著漫不經心地吃著什錦鍋、喝著啤酒的我們。

半個世紀前，也有小姐和客人在這個房間裡同樣吃著什錦鍋。面對欣喜若狂的客人，小姐內心不可能全無感受。一嘆氣，心裡便會難受。因此需要一些裝置提醒人「與其嘆氣，不如看看這邊！看看那邊！很好玩喔！」結果變成過度設計。是不是這樣呢？

「以前，飛田不是普通人來的地方。我也曾懷疑真的有人會來這種這麼老氣的店嗎？但不知不覺間，連年輕粉領族都開始來光顧，說這裡很有情調什麼的，老實說我很訝異。最後還被指定為大阪府登記在案的文化財。」（木下女士）

飛田的「內」、「外」

鯛よし百番附近種著櫻花木的一個角落，有塊刻著「慈悲共生」的大石碑。左下方並刻著「四天王寺館長号……」。四周圍繞著刻有捐款人姓名的石柱（最重要的位置處有鯛よし百番木下昌子女士的名字）。

此外，右前方還有這麼一段碑文：

〈請安心來此長眠

我們將在飛田

建造一個幽遠無緣的淨土〉

我開始常跑飛田時，石碑就是這兩塊。

我從這碑文感受到的是，立碑者——即現在飛田的人，是否只是輕巧地想說「在飛田去世的眾多女性來世請安息吧」？讓她們變成無主孤魂的不就是你們嗎？這種無法釋懷的感覺，和我站

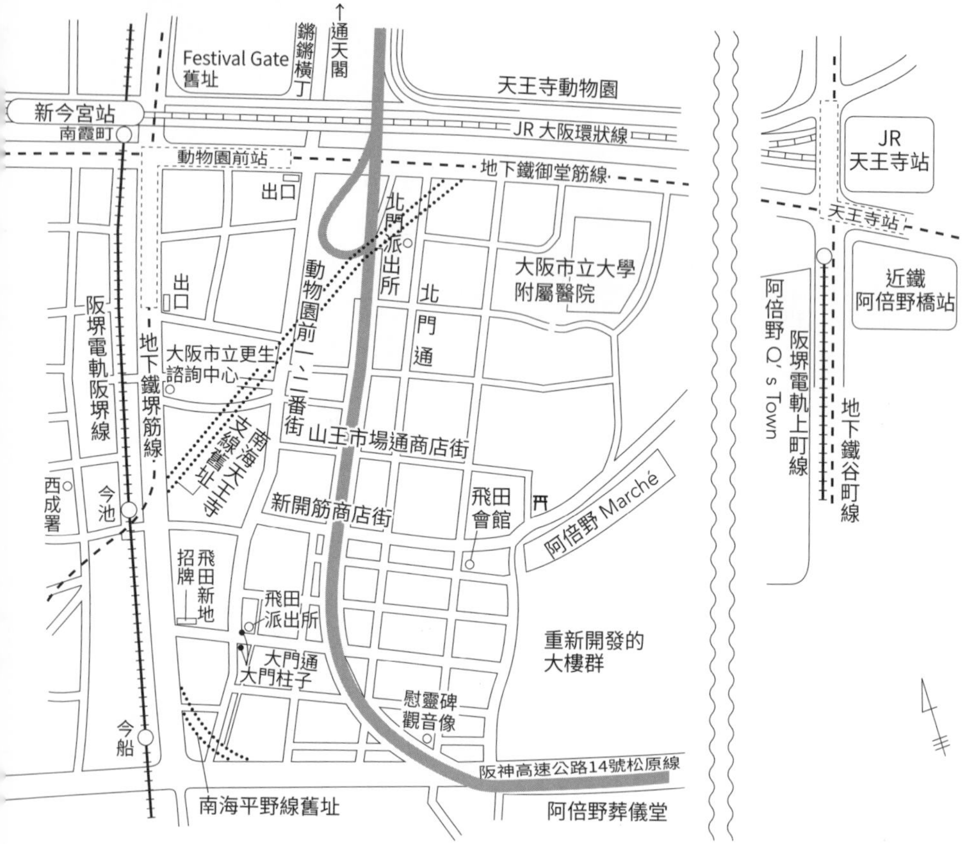
通天閣
鏘鏘橫丁
Festival Gate
舊址
天王寺動物園
新今宮站
南霞町
JR 大阪環狀線
動物園前站
地下鐵御堂筋線
出口
北門派出所
出口
動物園前一、二番街
北門通
大阪市立大學
附屬醫院
JR
天王寺站
天王寺站
近鐵
阿倍野橋站
阿倍野 Q's Town
阪堺電軌上町線
地下鐵谷町線
阪堺電軌阪堺線
地下鐵堺筋線
大阪市立更生
諮詢中心
南海天王寺支線舊址
山王市場通商店街
新開筋商店街
飛田
會館
阿倍野 Marché
西成署
今池
飛田新地
招牌
飛田
派出所
大門通
大門柱子
重新開發的
大樓群
慰靈碑
觀音像
今船
阪神高速公路14號松原線
南海平野線舊址
阿倍野葬儀堂

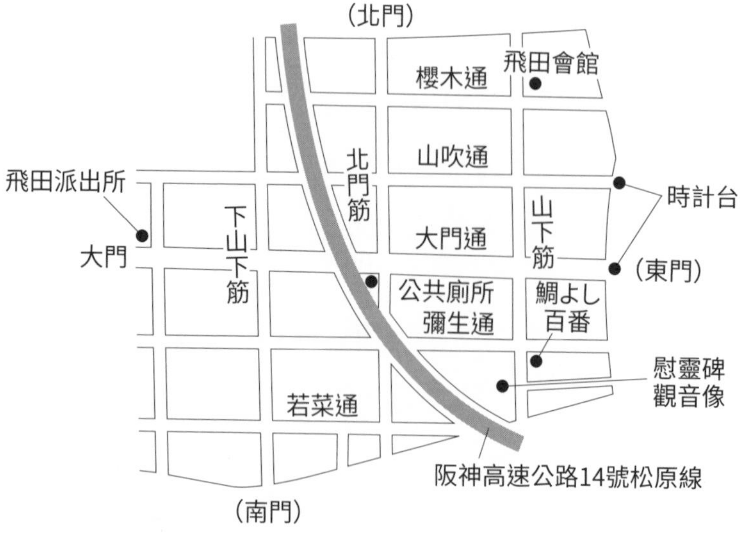
(北門)
櫻木通
飛田會館
山吹通
飛田派出所
北門筋
時計台
大門
下山下筋
大門通
山下筋
(東門)
公共廁所
彌生通
鯛よし
百番
慰靈碑
觀音像
若菜通
阪神高速公路14號松原線
(南門)

在從那裡往北兩百公尺外的「飛田會館」前時，內心充滿的堵塞感相似。

飛田會館是一棟三層樓高的老洋樓，也是「料亭」經營者們的基地。入口處打著「飛田新地料理組合」、「飛田新地協同組合」的名號，不僅布告欄上貼有區內國中的田徑隊和棒球隊在大阪市內錦標賽中獲得好成績的海報，更展示著「肅清扒竊行動推行中」、「協助偵查犯罪，您的一句話會加快調查速度」等，與西成警署聯名的立牌。入口處左手邊有一座叫「松乃木大明神」什麼的神社和紅色鳥居、百度石。

與西成警署聯名是怎麼回事？擺出「我們一直在做好事」的姿態不會太過分嗎？——我很想這麼吐槽。

我與飛田「內部」人士的接觸，始於前述「鯛よし百番」的社長木下昌子女士。

以前因為採訪而認識，我已經去鯛よし百番光顧過好幾回了。

每次去店裡，木下女士總是慷慨地把山多利威士忌「山崎」送我，說「店裡多得是」。不僅那家店，她同時也是酒品專賣店和加盟連鎖店「百番」居酒屋的最高層，但她表示：「只是因為不想聽到別人說『老闆去世，變成老闆娘管事後開始走下坡』，才會繼續經營」，為人磊落大方。她在酒品專賣店位於大門通東端的辦公室坐鎮指揮。住家緊鄰酒品專賣店。換句話說，她的家和工作都在飛田。不但如此，她還是飛田北側的商店街出生長大的。我向她請教飛田的事，她告訴我：

「我們確實在飛田做生意很久了，可是很抱歉，我對裡面的情況所知不多。」

「那邊的人會在節慶或辦活動時來募捐，這種時候我們會幫忙，但我們和料理組合的人沒什麼互動。頂多會跟附近面熟的（拉客）歐巴桑打招呼，『如何啊？』、『馬馬虎虎』，不過連姓什麼叫什麼都不知道。我們身在『裡面』，但其實是『外人』。」

我一邊聽一邊心想真的嗎？可似乎是真的。即使我提出：「慰靈碑那裡有您的名字」，木下女士卻像是沒聽懂，過了一會兒才想起：「啊！是那個嗎？」

「對、對、對。記得好像幾年前吧？我偶然聽到要蓋一個像那樣的東西，覺得『那是好事啊』，就先（在人家來募捐之前）包好了（捐款）。」

幾百萬嗎？

「沒有，應該只是一點點唷。是我個人捐的，不是公司，所以記不清楚金額了。不過，不知道是不是因為我主動拿（捐款）過去的，對方很高興，所以把我的名字排在不得了的位置。」

不過那也算是互動，她輕描淡寫地說。況且，在這塊土地上賺到了錢，卻被人說那歐巴桑很小氣，誰受得了啊，她說。連是哪位來募捐的也不記得了。「飛田的事，我真的不太清楚。抱歉了」。

我試著問木下女士，飛田內的「料亭」也是您酒品專賣店的客戶嗎？「有兩、三家店每月請我們配送啤酒。不過，（銷售）數量我們都知道。少到讓人懷疑那應該是店裡的人喝掉的吧。」她說。

「（空襲）燒毀的只有大門那一帶。飛田怎麼會這麼剛好沒被燒光呢？」

「我們『外面』的人很少能踏入遊廓『裡面』。儘管如此，在『裡面』經營妓院的老闆全是有錢人。他們的小孩也都是嬌生慣養長大，我的同班同學就有不少人後來念到名校，當上醫生、律師，變得很了不起。」

「我這樣說或許不妥，但我們年輕時很排斥去許多飛田妓女會去光顧的澡堂。不過，我帶我家小孩上澡堂時，因為從『裡面』穿過比較近，就從裡面穿過。沒想到妓女們看到我家小孩一直說『好可愛、好可愛』並靠過來。哎呀，說是妓女，感覺就只是普通女孩啊。」

「前不久，仲介請我幫忙，出租三間左右的店面給人經營『料亭』。不料，那三間接二連三被（警方）搜查。每次被搜查就要變更名義，甚至被警方傳喚。警方說：『是你們的錯，誰教你們把店租人』。我不想再遇到這種事，只好付昂貴的搬遷費請他們（料亭）搬走。」

以上是木下女士時不時地「忽然想起」，說出的飛田故事。

「話雖如此，採訪飛田很有趣的。這街區確實特殊，我從未見過或聽過有人從正面報導它。我想之所以沒有一定有它的原因。井上小姐也不要過於勉強，適度就好。」

木下女士說。那天她又送了我「山崎」。

「阿龜」的老闆

飛田的街道兩側「料亭」林立，在店與店的縫隙和巷子裡有許多小酒館。我不免懷疑：「一樓是酒館，難道不會在二樓接客？」實際光顧過的客人也告訴我，十幾二十年前，飛田內外有不少這一類的店。

我很想知道「那現在怎麼樣了？」，有一天晚上便請廣播作家的男性友人上野先生陪我一起去了飛田。

我們在天剛黑，「料亭」入口處開始亮起粉紅色和紫色燈時，從大門通進入飛田，在路上物色了幾家店後，走進一家叫「STAND割烹　月」的店（譯註：割烹是以吧檯座位為主，可以看到廚師烹煮過程的日式料理店）。

選擇這裡是基於上野先生有個名叫「月子」的女性友人，算是個不成理由的理由。卻不料，意想不到的發展竟在這家店等著我們。

打開門，有個柚木色調的吧檯、幾個位子。吧檯內的櫃子上排滿威士忌。就在我心想，這不是輕食小酒館，打算掉頭離開時，有點豐腴的六旬婦人從吧檯內朝我們微笑。

「歡迎，請進、請進！」

我心想如果是這位媽媽桑，應該可以放心。直覺這不會是「啤酒一瓶五千圓」這種收費貴到嚇人，也不是二樓有在接客的店。

我和上野先生點了啤酒，配上開胃菜的燉蔬菜，開始喝了起來。除了我們之外，只有一位中年男性客人正與媽媽桑狀似親密地交談著。

「您經營這家店很久了嗎？」

我假裝若無其事地問媽媽桑。

「是啊。差不多有二十年了吧？」

「如果是二十年前，飛田應該比現在熱鬧許多。」

「就是啊。以前很熱鬧唷。什麼事？」

我開啟了話頭，但那位先來的客人要「再來一杯啤酒」，因而打斷了我和媽媽桑的談話。我稍微警告自己，不能急，也不能一副想要試探的樣子。

「妳去了東京嗎？」

上野先生問。他記得我說過要去大宅文庫找有關飛田的雜誌資料。

「嗯，上個禮拜。」

「大宅文庫在哪裡啊？」

「八幡山。從新宿搭京王線過去大約十五分鐘。」

店內空間很小。先來的客人和媽媽桑似乎都聽見這段談話。

「欸——？東京、新宿。小姐，很酷耶！我們頂多就是去動物園前或天王寺。從沒離開過飛田。」

先來的客人亂打岔。

「不會呀，我覺得還是大阪好。我一直很想來飛田喝一杯。」

我第一步先試圖吹捧對方。

「您是這一帶的人嗎？」

「是啊。」

「該不會是料亭的老闆？」

我會這麼說，是因為我發覺「料亭老闆」在這一區的地位最高。

「沒錯。那還用說嗎？」

我暗自吐槽什麼那還用說嗎！同時也試著做出一些反應：

「哇！好厲害！您一定是備受呵護長大的吧？」

「我們對飛田保留了古老而美好的大阪很感興趣，一直想找個時間來喝一杯。」

上野插話也插得巧妙。

「想不到突然就見到了老闆，真榮幸。」我說。

「好，既然這樣，我就讓你們看些老照片吧。」

這人說，他現在還保有童年時遊廓的相簿。相片裡的女性都已過世，所以讓誰看到都沒關係。他一直希望有一天能舉辦飛田的老照片展。

他拿給我們看的泛黃相簿貼滿了昭和二〇年代的照片，一群身穿和服的女人在立著圓柱的遊廓建築入口處拍的人物照。有小姐優雅地一手搭在樓梯的圓形欄杆上，也有小姐背挺直，雙手雙腳並攏坐在椅子上。臉頰豐腴、眼睛細長的人居多，和當代美女的長相大異其趣。就像赤玉紅酒海報上的女性一樣，身材也相當豐滿。

「全是美人耶。」

上野又說了好聽的話。

「那當然啊！」

先來的客人似乎極為高興。

照片中的小姐沒一個有笑容，全是規規矩矩的表情，對此我有些耿耿於懷。我心想，是痛苦的遭遇使人忘記怎麼笑了嗎？不過我當然沒有說出口。這時，先來的客人彷彿察覺了我的心思，這麼說：

「以前的老闆很重視小姐，小姐則老闆長老闆短的，敬愛老闆。花街生活有許多好玩的事。我父親也會帶著所有店裡的小姐去京都嵐山賞花。妳看、妳看！」

先來的客人翻著相簿，出現一張在可眺望渡月橋的嵐山公園拍的照片，照片中約有二十名女子將便當打開，愉快地聊著天。太好了，有笑容。

還有兩、三歲的男童被女人抱在懷中的相片。

「這個是我。小姐們都很疼我。」

我一邊聽，腦中一邊想著「做這一行的女性大概無法擁有自己的小孩，她們是用怎樣的心情疼愛年幼的孩童呢？」諸如此類的事。

「如果想要了解男人、女人是怎麼一回事，不論男女，最好的方法就是來飛田。」

「真正的玩樂在飛田。」

面對先來的客人一句接一句地說，上野先生則迎合他：

「確實如此，這是所有男人的夢想。我要是早生個二十年也會想來。」

「那還用說。謝謝你們來飛田啊。」

先來的客人心情更好了。我則是一直傻笑，不知該如何回答。

不論如何，這是珍貴的相簿。我們翻看多次後，把相簿還給先來的客人並向他道謝。

「來！唱歌！」

先來的客人握著卡拉OK的麥克風說。他唱了「木枯紋次郎」、「與作」、「矢切渡口」，唱得相當投入。

「好像職業歌手喔！」

我鼓掌讚美，他立刻連聲說「那還用說」，那八成是他的口頭禪。

大概是感覺很愉快吧？才放下麥克風，他便主動開始述說起自己的遭遇。

父母是遣返者（譯註：即日本在第二次世界大戰戰敗後，從殖民地被遣送回國的日本人），戰後不久就來到飛田。自己則是在飛田出生。父母親身體還硬朗時，他在外面做過許多生意。當了一陣子的廚師後，在黑門市場開那種設有侵略者遊戲機台的咖啡廳，賺了不少錢。後來帶著那筆錢去台灣經營KTV，同樣也成功了。七年前回到飛田等等。

我們也喝了不少啤酒，應聲：

「好厲害！好厲害！」

「是嗎？好厲害嗎？」

先來的客人說。

「雖然如此，但到了我這一代就不行了。因為這時代已不時興去飛田了。」

他把原本兩百坪的料亭分成幾間小店鋪營業，不過幾年前已停業。建築物還保留原樣。遲早會拆除。朋友建議把房子賣了搬去郊外住，但他很喜歡飛田，打算拆除後改做田地，在這裡生活，種種無農藥的蔬菜。他這樣說。還告訴我們他是昭和二十年出生，姓原田。

原田先生的口頭禪是「那還用說」，以及「謝謝你們來飛田」。

他說「謝謝你們來飛田」的同時，還不斷把自己的啤酒往我們的杯裡倒。自己也大口大口地喝。我因為喝太多，醉得相當厲害。所以我不記得是什麼原因出現這樣的轉折——

「妳看過我家內部嗎？」

我順水推舟：

「請務必讓我參觀一下。」

於是我們離開「月」。當然，上野先生也同行。否則要我跟著一個初次見面的人走，到底還是會猶豫的。

原田先生的「料亭」距離「月」大約二十公尺。已經關門。原田先生匡啷匡啷地從一大串鑰匙中選出一支，打開鎖，走入玄關，進到被鐵板重重圍住的裡面。黑漆漆的。有股潮濕的氣味。

在一片黑暗的寂靜中，我害怕了起來，要是這人是個不按牌理出牌的老頭，突然勒住我的脖子該怎麼辦？一語不發的上野先生肯定也惴惴不安。不過，一分鐘後我便對自己在想著這種事感到抱歉。

「很久沒使用了，可我覺得應該有機會像這樣向人展示，所以就保持原樣。幸好一直放著沒去動它。」

原田先生悄然這麼說，和剛才帶有醉意的語調判若兩人。他穿著鞋子入內，藉打火機的光亮摸索著牆上的電源總開關，將它開啟。接著，大約一、二、三，呼吸三下之後，日光燈瞬間大亮，蒼白的光照亮了玄關。

直到幾年前還有抹著濃妝的小姐坐在門口台階上，那是個三疊左右的空間。一旁是約十疊大的西式空間，「以前是吧檯，等待時會坐在那裡」，現在那裡堆滿紙箱，呈儲物狀態。玄關左手邊有樓梯。

「怎樣？房間也要看看嗎？」

我上樓時發出了沉重的腳步聲。二樓有四個房間，沿著牆面會發亮的走廊一側並排著。

「沒事，進來吧。」

我推開拉門，走進其中一個房間。是個單調無趣的六疊大房間。

有個半疊大的壁龕，配置了左右錯位的層板，榻榻米上鋪著淡紅色的廉價地毯。牆壁為灰色，同樣會發亮。除了一張矮桌和幾張疊在一起的品質粗糙的坐墊，其他看似家具的就只有一張小小的梳妝台。牆上掛著一九九五年的日曆，應該是營業的最後一年，門楣上掛著黑色衣架。牙刷和數支黑色髮夾掉落在梳妝台旁邊。

「這房間感覺很素淨。」

「感覺房間散發著一股難以形容的能量。」

上野說出奇特的感想。我心想用不著勉強去讚美這單調無趣的房間呀，然而，我在這房裡站了一會兒也漸漸有股懷念之情，這又是為什麼呢？

如果再加上一張書桌和小書架，就是七〇年代的學生宿舍了。在我的求學時代，外宿生都是住這樣的房間。這是一個人節儉度日所需最低限度的空間。不過，大學生在外租屋還有個老家可以回去，然而曾經夜宿在這房間裡的小姐，並沒有一個可以回去的地方。

走進這房間的男人想必有些很緊張，也有些是嘴角帶笑的。小姐在這房間裡和他們聊了些什麼？難道全都猴急地要求肉體接觸嗎？

「如何？」

原田的聲音讓我回過神來。

「這房間似乎上演過許多高潮迭起的故事。」

「沒有啦，已經重新裝潢過很多次了。破破爛爛的不是嗎？」

「不過很可惜耶。要摧毀這樣有歷史的房間。」

上野先生回了一句很窩心的話。原田先生表示，如果能留下當然想留下這房子。雖然也想改裝成餐飲店，但需要五千多萬圓，他哪有這麼多錢。

回到二樓的走廊時，我注意到柱子上的警鈴開關開著。

「噢，這個？這是突襲檢查時要按的開關。所有房間的警鈴會同時響起，告訴大家『有危險』。」

他還讓我看了通往廁所和屋頂的樓梯。

「謝謝你們來參觀。這將是一個很好的紀念。房子也會覺得欣慰。既然如此，也到我家坐坐吧！」

這回我還在錯愕中就被帶去那家店後面的住家。

好大。估計建坪應該有八十坪。我們聽從他的建議走進茶室，坐進被爐，喝著啤酒繼續聽他沒人問就自顧自地說起的往事。

黑門市場時期、台灣時期的榮光。賺大錢。儘管打個折姑且聽之，不過感覺這人是帶著上億錢財回到飛田的嗎？此外他還說，在父親過世後，料亭便由如教母般的母親打理一切，最終母親也去世了，即便打算繼承家業，但飛田不斷衰退，於是決意結束營業。現在是繳固定資產稅，靠著遺產，同時經營一家小居酒屋維生。儘管有些地方前後說法不一，可去特意指正也太煞風景了。對於我們適當的附和，他總是回以得意的那句「那還用說」。

過程中，他要我們也去二樓看看，於是我們上樓梯。這裡讓我大為震驚。

兩間約二十疊大的大房間沿著大概有兩公尺寬的走廊並排。如果拆掉隔間的拉門，就成了鋪有四十張榻榻米的超大房間。宛如旅館的大宴會廳。

仔細一看，天花板、窗戶，及擺飾著看似櫻花木的大壁龕，都設計得極為精致。而且是數寄屋風格，將櫻花木、泡桐、杉木等的木材做了各種利用。我和上野先生都連連讚嘆。

「設計很細致，很講究。太讓我意外了」上野先生說。

「你們猜這裡是做什麼用的？」

「該不會是……」

「沒錯，帥哥，沒錯。」

上野先生什麼都還沒說，但原田先生已露出微笑。

「是的，這房間以前是DOBA。因為我母親和柳川組組長很要好。大群的恩客會聚集過來，就稍微玩個兩把。」

原田先生對著沒有馬上意會到DOBA就是賭場的我咧嘴一笑。

「我想把這房間打掃乾淨，在這裡舉辦我的六十大壽。」

最後原田先生帶我們去他和太太兩人一起打理的居酒屋「阿龜」時，我想已是晚上十一點半過了。比原田先生年輕許多，在沒有半個客人的店內百無聊賴地看著電視的原田太太皺起眉頭。

「真是的！我說把拔，你今天又沒做事上哪兒去了？喝這麼多，你現在真的有辦法工作？」

「我可以的。男人有男人的交際應酬，你說是不是？」

被要求附和的上野先生說：

「是啊、是啊。今天讓我非常感動。」

一再重複「真～受不了！」的年輕太太對我們這麼說：

「不好意思耶。讓你們陪我家把拔喝酒。」

深夜的「阿龜」

那之後，我開始會去就這樣結識的原田夫婦經營的「阿龜」。當我戰戰兢兢地吐實，是因為想採訪飛田而來時，原田先生說：「這是好事啊。我們對於飛田的過往也是一知半解而已，很高興妳要幫我們寫出來。我願意協助。」

「我是不可能舉雙手贊成賣春的，所以就算你要我『盡量寫好話』，我也很為難。」

我一這麼說。

「這種事我明白。妳晚上晚一點過來看看。總之，我對飛田的現狀相當了解，妳可以當作參考。」

原田先生說的「晚一點」可不是普通的晚。是深夜十二點過後。

飛田的「料亭」營業時間到十二點。

來客在八點左右達到高峰的飛田，九點半左右客人逐漸減少，十點一過很快就變得稀稀落落。戶外燈和從料亭入口處放出的燈光依舊明亮，因此路上的行人愈少，那光亮就顯得益發突出。

「今天不是已經不行了嗎？」

「哪有，再拚一下。妳看！來了來了……」

我彷彿聽見小姐和拉客歐巴桑的竊竊私語。只要有一、兩個男人經過，歐巴桑便連續叫著「帥哥、帥哥」，小姐則瞬間露出偽裝的笑容。這樣的事不斷重複。

然後，十一點五十五分，全區播放德弗札克的「新世界交響曲」。是在打趣新世界就在不遠處嗎？「太陽沉落遠處山頭」的歌聲慵懶地迴盪在異常明亮的街區。那是表示「再過五分鐘就打烊咯。讓我們準備好回家吧」的暗號。送走這一天最後一位客人的一、兩間店關上門，不久，所有料亭的燈都熄滅。

小姐和拉客歐巴桑都收工。如同上班族傍晚下班後會去喝一杯，她們收工後也是去喝酒。這就是為什麼「阿龜」在十二點過後會熱鬧起來。

「很多小姐會來，所以去店裡可以感受那個氣氛。不過，不要太常插嘴。」

我決定遵照原田先生的吩咐，半夜十二點去「阿龜」，獨自一人在吧檯坐一、兩個小時，一邊喝酒一邊豎起耳朵聽旁人說話。

深夜造訪的第一天，我以鰹魚半敲燒配啤酒，翻閱著自己帶去的《文春週刊》，等待客人上門。

第一個上門的是穿著黃色T恤配牛仔外套、牛仔褲，中等身材，（推測）年過三十，膚色白皙的女子。她點了啤酒、毛豆和鹽烤鯖魚後，打了一個大哈欠。接著是六十開外、身形肥胖的婦女。再來是頂著岡崎友紀年輕時候的短髮，和披著夏木麻里般長髮的女子二人組。所有人第一杯都點啤酒，並各自點了自己喜歡的沙拉或蒲燒鰻之類的。四人好像互相認識。

「什麼嘛，很普通啊。」我心想。

她們拿著LV或COACH等名牌包，和一般粉領族沒兩樣，不久便開始聊減肥：「我厭倦了香蕉減肥法，這一陣子開始嘗試生薑減肥，怎麼樣啊？」也都是一些無傷大雅的女孩之間的談話。「KIMUTAKU真的很MAN耶」，或「不，人家還是比較喜歡中居」……。大家一起輕鬆地談笑。

「今天怎麼樣啊？很忙嗎？」

老闆幫我拋出話題，可是——

「不行、不行！」

「不景氣呀。」

並沒有進一步的反應。像岡崎友紀的女孩說：

「做了兩小時的和尚，幹不下去了。」

我很想追問，但那時的我還不懂得要如何深入採訪。

「前幾天還有人說當了三小時和尚（沒半個客人）。這一陣子真的不行。」

「就沒有客人經過，沒辦法呀。」

不一會兒又回到減肥的話題，並開始講共同朋友的壞話。

第一天待了約三小時，全無收穫。臨走時，老闆悄悄跟我說：

「四人都是做小姐的。」

我一直以為六十開外身形肥胖的婦女是拉客歐巴桑，所以大吃一驚。

「我說啊，男人看的週刊不行啦。格格不入。下次帶本女人看的雜誌來。」

第二次以後我都帶《女性週刊》去。效果立刻顯現。我把它放在吧檯上，馬上就有女人問我：「可以借看一下嗎？」是個五官鮮明的金髮女子。大概二十五到三十之間？

「當然可以。請。」

因為她翻開有皇室照片的頁面，我便問道：

「雅子妃？」

「我也有個朋友叫雅子，可是天差地遠。」

她小聲說。又有一次，我翻開時裝的頁面，馬上有人探頭過來說：

「今年流行牛仔靴是嗎？」

是個年紀與我相仿、相當安靜的女人。

「好像是耶。妳都是在哪裡買靴子的呢？」

我試圖回話，但不成功。

我一直無法融入深夜的「阿龜」。老闆和媽媽桑都刻意佯裝不知道我的身分。那是當然的。要是傳出風聲：「阿龜來了一個可疑的採訪者」，客人必然不會再上門。

現在想來，我坐失了許多結識小姐們的難得機會。如果我更勇於嘗試，主動製造一些機會，例如時裝的話題、寵物話題、酒的話題，也許會找到一、兩位能互換電郵地址的對象。然而，我開始常跑飛田的幾個月後，我充其量就是默默地豎起耳朵聽，或是在小姐們的交談中插個一、兩句話。

小姐們獨自前來和結伴前來的大約各占一半吧？十二點過後上門，喝了一、兩杯生啤酒稍微喘口氣後，有些人便說「去吃拉麵吧」、「去唱歌吧」而離開，也有些人繼續吃吃喝喝待到兩、三點。我揉去睡意，在「阿龜」待到兩、三點，成功取得的資訊是：

- 晚班的小姐通常住在步行可達的範圍內，或計程車的起跳距離內，並且是專門從事這份工作。她們告訴客人的「我從神戶過來」、「白天在公司上班」是營造氣氛用的謊言。白班的話，有小姐是從東淀川、堺等遠處過來。
- 坐店門口（多半）的小姐每十五分鐘就換人。其他小姐都待在裡面的房間，輪流坐。不然的話，光是一直坐著也很累。
- 小姐們對老闆、歐巴桑（拉客）有種「是我在幫你們賺錢」的優越感。如果客人除了正規的費用還付了小費，就會放進自己的口袋。偶爾也會分給老闆和歐巴桑。
- 歐巴桑招攬來的客人，小姐如果不喜歡會拒絕接客。不接外國人。

願意接受訪談的小姐

我想知道的是小姐的生命故事、為什麼從事這份工作、對於工作的想法和意見。我曾經在「阿龜」向一位見過幾次面，開始會互相打招呼的小姐遞出名片請她接受我採訪。那天店內碰巧只有我們兩位客人。結果她說：

「我不要。」

被拒絕仍然糾纏不放，拜託人無論如何幫忙乃是採訪的常態。不過，當時我還會擔心「得罪了這些人不會很可怕嗎？」，對他們懷有某種偏見，十分小心。

有一次，有位小姐問我：「妳是（料亭的）老闆？」

「不，我不是。」

那次交談僅只於此，但幾天後，我們大白天在商店街的咖啡廳偶然遇到。她牽著一個兩、三歲、穿運動衫的小女孩。沒有化妝。指甲上有亮晶晶的美甲藝術。

「超～可愛的！」

因為我提到了孩子，感覺稍微融洽起來。

「妳常去那家店嗎？」

「在飛田很久了嗎？」

我試著問她。

「上次是我第二次去那家店。而飛田，好像很久了又好像沒多久……妳幹麼問這些？」

我掏出名片向她說明：

「如果不趕時間的話，能不能向妳請教一些事情？」沒想到她說：「我今天休息，沒有要趕時間」。機會突然降臨。我的心狂跳起來。

她八成是這家咖啡廳的常客。小孩正跟店裡的其他客人在玩。就是現在！

「可以告訴我，妳是哪裡出生的嗎？」

「宮崎。」

「宮崎市內？」

「嗯，算是吧？」

「父母和兄弟姊妹呢？」

「父親很早就過世，所以我不知道他長什麼樣子。有個大我兩歲的哥哥。那哥哥最差勁了。住在外公外婆家。」

「妳母親在哪裡呢？」

「柏青哥店的宿舍。（小學）五年級之後，我們也搬去那裡。」

「這樣啊，妳母親在柏青哥店工作。」

「大概吧。我媽是個麻煩的母親。好像有個叔叔會來過夜。真是受不了。」

她說，對宮崎沒有半點愉快的回憶。

「可是，沒有一、兩個喜歡的男生嗎？」我試著拋問，不料——

「沒有。國二時就被我哥強暴了。」她說。「妳覺得不可能有這種事對吧？」當我在腦中思索該對露出冷冰冰笑容的她講些什麼時，她異常開朗地開始說：

「我十七歲離鄉來到大阪。因為先出來的朋友有人在大阪。南區的泡泡浴。感覺很自然就變成這樣。」

那是苦力活。後來被客人「可以更輕鬆賺到錢」的說法引誘來到飛田，她說。

「雖然覺得噁心，但又覺得在哪裡工作都一樣。我告訴老闆：『我想成為一個美容師』，老闆竟然叫我『存錢』，他是認真這麼說的，我嚇一跳。」

小女孩回到她身邊。她加點了綜合果汁和綜合三明治給孩子吃，並不時擦拭孩子的嘴角，繼續說下去。我為她捏把冷汗，擔心談話內容會不會讓孩子聽到，可她絲毫沒有顯露出在意的樣子。

「我在二十一歲、存款金額快達到兩百萬時，與這孩子的父親結婚，離開飛田。老公是我的客人，是位卡車司機。原本『很乖』，一直在金錢上支持我，不料後來弄傷了腰，開始常常請假，漸漸地便想要動用我的存款。我叫他『別指望靠我的錢』，為此不知吵過多少次。被打得很慘，甚至鎖骨骨折。即使這樣我還是忍，可是當他對女兒動手時，我就覺得沒法再忍了。於是我帶著女兒，雙手能拎多少行李就盡量帶，回到（飛田的）老闆這裡……」

她輕描淡寫地講述自己跌宕坎坷的過往。

年紀輕輕，真是難為妳了，我說。她回我：「結婚的那段日子最慘」。

「老闆真的是好人，他說：『我一直認為，要是（這段婚姻）不行了，妳會回來。我一直等著』，還借我一個房間的押金（租房用的）。只要一收工，他就體貼地要我快去托兒所接女兒。可是，不管我十二點去接還是一點去接，孩子反正都在睡覺，所以我偶爾會去喝一杯，像之前那樣。」

我幹麼跟妳說這些呢，她以九州口音的語調這麼說。

還說：「現在的店在（飛田的）邊邊，所以我正考慮換去『青春通』那裡的店，只是對老闆不好意思」。

還得存錢去上美容學校是吧，說完輕輕一笑。因為事情的進展實在太快，我忘了問她的年紀。

我一邊目送她拉著開始耍性子的小女孩走出咖啡廳，一邊為她悲慘的遭遇感到難過。那個時候我以為，她應該是飛田多達四、五百人的小姐中相當特別的一位。

飛田料理組合

這時，我決定嘗試直球對決，向「飛田新地料理組合」提出採訪申請。

如前所述，它的辦公室位在坐落於飛田新地內的一棟老洋樓，同時也是飛田會館。它是由飛田「料亭」的經營者們組成的同業公會。每當我打電話詢問能否接受採訪，接電話的女性總是說：「組合長不在」，始終不肯幫我轉接本人。但我仍然鍥而不捨地打電話，幾次之後，組合長終於接電話。

「我很忙，不過如果約〇月〇日的話，我可以撥出時間，暫時先這樣。事情之後再說。」

路已經開通。

我在指定的日期前往，被帶到距離門口數公尺右側的會客室。

掛著昔日飛田黑白風景照和歷任組合長肖像的厚實白牆上，突然伸出一隻鹿頭標本，從我踏入這空間的那一刻起，便給我很大的壓迫感。不但如此，當六名臉上沒有一絲笑容的男人一個接一個走進室內，門啪嗒一聲關上時，我剎時感到背脊發涼，心想：「這下真的不妙？」我們交換名片。會長、副會長、常務理事。其餘三人只有我單方面遞出名片，不清楚他們的頭銜。

「那麼，妳有什麼事？」

我夾雜了些許「必要的謊言」告訴他，我喜歡飛田，所以想寫飛田的歷史，想了解這個街區的大致樣貌。目光銳利地看著我的六人，腳下全是尖頭漆皮（我認為）鞋。我冷汗直流。在短暫的靜默後，組合長的答覆是：

「妳用不著寫。」

感覺他明顯不太高興。

「飛田不該成為人們的談資。」

副組合長也說。

「就算在圖書館查閱市史之類的，也頂多只有建於大正七年的記載。她就像是古老且美好的大阪街區代表，所以我想更瞭解飛田的歷史。」我想我繼續說了一些這類的話。

「妳寫出來可以賺多少？」

這是他接下來說出的話。

「應該賺不了多少。」

「那就不用做這種沒意義的事。」

「就算不賺錢我還是想寫。」

「我跟妳沒有什麼好說。」

我們用平靜的語調進行了一場無意義的爭論。

「為什麼？」我問。

「雖然我不知道妳究竟怎樣看待飛田，可不論以前如何，現在我們就是在做不能做的事，被寫出來的話會很麻煩。」

組合長字斟句酌地說。我對這些人知道自己在做「不能做的事」有點意外，而就在這樣的對話進行中，門外突然傳來大聲咒罵：

「誰准你拍了？」

「你瞧不起我喔！」

「我說不行就不行！」

被罵的一方似乎也說了些什麼，但我聽不到。我心跳加速。

「發生什麼事？」

「是宮城的研究生。說是為了研究什麼的擅自拍照。沒經過允許就拍別人的家，你以為這樣就沒事，那就大錯特錯。嘿！妳應該也懂吧？」

我雖然認為街道作為一個風景不該屬於任何人。然而我卻回答：「對、對呀。各家店的門前明明都貼著『NO PICTURE』。」持續不停的斥責聲聽起來也像在警告我：「妳也給我差不多一點，不然我也會罵妳」。然而，就在我急著必須假裝出不在乎這點怒罵聲時，話語之神忽然降臨。

「就是因為沒有一本書確實寫出飛田就是這樣的街區，是不能拍照的街區，才會出現這種偷拍的人不是嗎？」

「欸，公會連個網站都沒開對吧？現在大家就是像這樣，小心翼翼，安安靜靜地做生意。」

「可是，有許多來飛田獲得能量回去的客人不是嗎？而且以前是合法經營，是不能沒有的街區。」

「說得沒錯！」

「是不是？沒有其他街區像這樣保留著老街古老而美好的氛圍。」

「說得沒錯。只要有男人和女人，就一定需要一個可以接納他們的地方。」

內在有另一個我在想，我到底在說什麼？就在這個時候——

形勢逐漸好轉。

「戰前的料亭應該相當大吧？」

「是啊。大的三百五十坪、四百坪都有。小的七十坪。」

「果然很驚人。」

「一些講究排場的店都集中在大門通。因為只有正門一個出入口。」

「真的是這樣啊？」

「五十坪以上的店為了採光，通常都有植栽。」

「你說的植栽，指的是中庭對不對？」

「對、對。植栽的四周有迴廊。」

「差不多有幾間呢？」

「那當然比現在多很多。」

談話就像這樣順勢而行。

「以前真是好，現在不行了。」

「以前很有人情味，許多老闆都相當熱心助人。」

他斷斷續續地開口說。

「如果這有助飛田的宣傳那就好，不過要是對生意造成妨礙，寫一些會被逮捕的事，那可不行。懂嗎？」

六人十二隻眼睛再次同時看向我。

「我不贊成飛田，也不反對飛田。我想寫出這個街區確實存在的事實，想了解它。」

我回答得前言不搭後語。

「如果是宣傳就沒關係。知不知道？」

聽到他再次這麼說，我直覺反射地脫口說：「是！」

「很好，那個給她。」

組合長說，年輕人立即從另一個房間拿來一本冊子交給我。是用B5尺寸紙張影印再以訂書針固定的十七頁冊子，封面上寫著「飛田新地參考資料」。

「妳想知道的事全部寫在這裡。讀過就知道了。」

我趕緊翻開頁面，有用舊假名書寫的類似沿革的文章一頁（日後查明是一九四三年戰爭期間內部製作的東西），其餘是影印的新聞報導，標題如：「『紅燈區』再開發浪潮」、「『料理店』相繼歇業」、「『哭牆』年底前也將拆除」、「飛田　牆上暗淡的昔日燈火」、「對時代潮流感到迷惘再開發的腳步」，最後是年表和「歷任組合長」的名字。這是飛田新地料理組合的官方「公關資料」。

「這是從哪裡影印來的？」

我翻開用舊假名書寫的第一頁問道，「這我哪知。不過，讀了內容就會了解飛田的一切。夠了吧，我很忙的。」六人同時迅速起身離座。在離座的同時，副組合長這麼說：

「我想妳應該知道，不能出現真名。有一種東西叫隱私。絕對不能出現任何人的名字。明白嗎？」

我深深一鞠躬：「是！感謝您！」

「我們可是一邊配合預防犯罪，一邊低調再低調地行事。這部分妳也明白了？」

儘管問不到我想問的十分之一，但總算起了頭。之後我便經常拜訪公會的幹部。

菩提寺

吉原（東京）以北約一公里處的荒川區南千住有間淨閑寺，專門收容病死妓女的遺骸。安政大地震（一八五五年）發生時，許多妓女被扔去那裡，因此又被稱為「投入寺」。我在該寺聽說：「那時不是有很多結核病嗎？被扔進來的屍體數量據說有十萬、二十萬之多」。院內有座「新吉原總靈塔」，塔腳下堆滿了白色骨灰罐。另一方面，名古屋的中村（遊廓）附近則有中村觀音，聽說主要的十一面觀音像是由「無主孤魂」的遺骨建造而成。「所謂的無主孤魂並不等於妓女，而是泛指所有因病或飢寒死於街頭的眾生」住持這麼對我說，但人們很自然地認為當中包含了中村遊廓的女性。

就像這樣，遊廓總會有間弔唁在花街去世女人的佛寺。遊廓的女人罹患性病比率必然很高，況且直到昭和二〇年代，結核病一直被視為「不治之症」。身染疾病又回不了故鄉，悄悄地在飛田死去的女性被葬在哪裡？或是被棄置在哪裡？然而我在飛田附近並未看到這一類佛寺。我從公會幹部那裡聽說：

「確實沒聽過和附近的寺廟有什麼特殊交情。以前飛田的老闆很有錢，會去高野山參拜。有間叫Ｉ院的佛寺，從遊廓時代就是飛田的菩提寺。還有立石碑。」

那是二〇〇二年的事。他還說，前一陣子也特別安排一輛大巴士，載一群自願參加者去Ｉ院，「大家一起合十」。「前一陣子」指的是七年前，從當時往回推算就是「平成六年」。正常程序是透過檀家寺（譯註：即家族隸屬、認養的佛寺，所有法事都委託這間寺廟辦理，死後也由寺方提供墓地）將遺骨分葬在高野山，然而這裡一開始就葬在高野山。我首先致電Ｉ院詢問。

「大阪西成區有個叫飛田的老紅燈區，我是個作家，正在研究那裡的歷史。」

「嗯。」

「我聽說貴寺曾經是飛田遊廓妓女的菩提寺。」

「啊？」

「我想了解飛田的人在這裡被祭拜的情形。」

「跟我們沒有關係。」

對方在電話裡斬釘截鐵地否認。

「我聽說院內有座石碑，想找個機會去拜訪。」

「就算來了也沒有您說的那些事，因為和我們完全無關。」

「飛田新地料理組合的人說，平成六年曾組團搭巴士前來祭拜。」

當我這麼說，對方立刻請我稍待一會兒，換另一個人來接。

「我對飛田的人來訪隱約有些印象，不過目前已經沒人記得詳細情形了。」

沒有與飛田有關的墓碑和石碑。我被強烈告知「我們和飛田沒有關係」、被掛電話，以及佛寺遠在高野山上卻不曾反問我飛田在哪裡，這些都很不尋常。

既然如此，我決定去高野町公所等的各個相關單位詢問，可依然得不到解決。我也曾想過，難道和飛田有關的墓碑或石碑被遷移到擠滿墓碑（據說有二十萬座之多）的內殿？如果是這樣，據說一百一十七座塔頭（譯註：院內的小寺）的土地錯綜複雜，沒有辦法調查。

我心想，會不會是飛田的人因為某些因素搞錯了？於是再度向料理組合詢問，結果幹部幫我找到了檔案資料。

他們確實去了。「平成六年九月六日，大型巴士一輛，參加者四十二人（男性十七人、女性二十五人）」。他找到去I院祭拜，請僧侶誦經並交付費用的紀錄。

「對了，那時和尚有說，計畫再過幾年會把那塊石碑移到某個地方。我們有奉獻，我覺得不可能不記得。那之後確實很久沒問候，我一直想以後一年至少去祭拜一次。」

幹部不可能為了這種事情說謊。數日後（正好是年末），我去了一趟高野山。

從大阪難波到高野山山上，搭特急的南海電車和纜車，路程需一個半小時。我從山上站搭巴士前往塔頭林立的高野山中心地帶。雪靜靜地飄落中，我沿著巴士路線很快就找到I院。刻有五條線、顯示這是「位階」很高的寺院的圍牆，感覺威風凜凜。

「不好意思，我有一些事想請教。」

我向正在打掃院子的年輕僧侶遞出名片，並說明前幾天曾透過電話詢問，聽說這裡有座和飛田有關的石碑，所以想來看看。這位年輕僧侶幫忙通報後，領我走進建築物內。

鋪有榻榻米的房間裡有位中年僧侶正用毛筆在寫賀年卡。他瞥了我一眼，便視而不見地繼續寫賀年卡。我再次自我介紹並說明來意，但中年僧侶並未停筆，面朝下地這樣回答我：

「如我在電話中所說的，我們與飛田沒有任何關係。飛田的諸位曾經來訪一事，已經沒有人了解當時的情況。」

即使我告訴他，確實聽說這裡有座石碑。

「即使曾經有過我也不知道。幾年前在整頓時，就把不知道施主是誰的石碑都移至內殿，就算當中有那塊石碑，我也不曉得。」

他頭也不抬一下只是這麼說。我問內殿在哪裡，還是那句「不知道」。擺明的拒絕。所謂的毫不掩飾就是這種情況。當我不肯罷休地問他可否去查查看時，這回他沉默不語，最後說：「請回」。一座講究禮法的寺院如果公開自己與花街柳巷有關係是不是會不方便？我只好垂頭喪氣地離開。離去之際，回去繼續打掃院子的年輕僧侶對我說「不好意思」時，我不由得差點要落淚。

那之後我嘗試走去內殿，但在為數眾多的墓碑中要找出與飛田有關的石碑根本不可能。我決定放棄，想說難得來一趟就參拜一下再走，於是我無精打采地走在主要的參拜道上，一路注意看著墓碑上刻的文字。與其說是注意看文字，但也只是參拜道沿路兩側的墓碑，所以只是二十萬座中的一小部分。除了江戶時代大名或知名企業創辦人的名字我認得，其餘墓碑全刻著我完全不認識的人名。不過，我開始看到「大阪南地相生町」、「京都鴨川組」、「京都府貸座敷總合會」、「南地五花街」等花柳界的石碑，腦中浮現了一絲希望。在這樣的情況下，當我走近一座橋時，右手邊一座積雪的老石碑上的「飛田」兩字突然躍入我眼簾。

我撥開雪，貼在墓碑上。正面刻著「昭和三十二年四月二十三日建立」、「大阪飛田勢淨講納骨之碑」。「昭和三十二年」是賣春防止法全面施行的前一年。我繞到側面和背面，發現用小字列出捐款金額和姓名。我拍照並把所有文字抄在記事本上。共五十五人。

金額最大的是「五萬圓」，有兩人。其次是「參萬圓」，有十二人；「貳萬圓」一人。其餘是「五仟圓」，或是只有姓名，未記載金額。

這顯示飛田的老闆們會組織「講（譯註：江戶時代為達成宗教、經濟或社交上的目的而組成的團體）」，前往高野山朝聖。不過，這墓碑底下安放的骨灰是團體成員的親屬？抑或是小姐的？完全不明。或者，如果它是娛樂性團體，那麼也有可能只是一座紀念碑。

我仔細一看，發現墓碑所在位置不是I院的土地，而是另一座名為清淨心院的土地，所以似乎不是我想找的從I院遷出的石碑。但不論如何，我算是找到了飛田老闆們建造的墓碑。

我趕緊找出清淨心院坐落地點並去詢問，院方鄭重其事地翻查老帳本後，說：

「很遺憾，關於內殿的古老石碑，已無從得知原委。以前有數百人的骨灰安放在此，每年都會來祭拜，所以不確定哪位是飛田團體的成員」

回到大阪後，我去飛田公會回報結果。

「I院是座又大又氣派的佛寺對吧？」原本露出笑容這麼說的幹部，在我說明石碑已不在，也不曉得遷移地點之間，眉頭皺起，神情愈來愈黯淡。他沒有提出任何疑問地聽到最後，說：

「是嗎？真是辛苦妳了。」

委婉地慰勞我。之後問我：

「那，院方記得我們去過的事嗎？」

我回答「很抱歉」，他立刻沉吟一聲，癟起嘴來。

我談到和尚的冷淡反應（原本猶豫要不要說），還說：「佛寺本該是個開放的地方，就算是不速之客也不該是那種態度。」我以為他會同感憤慨，沒想到隔了一會兒他說：

「我懂妳的感受，不過，有時就是會發生這種情況不是嗎？」

他的表情沒有絲毫變化，語調也很淡漠。起初我楞了一下，但漸漸感到有點惆悵。

飛田的人因為是「外人」，以往至今被嚴重貶低，受到歧視。所以我才會覺得是過往無數的經驗，讓他學會用那淡漠的語氣說話，也就是所謂的護身符。他不可能不生氣。不過，如果每次為了這點小事就生氣，身體會吃不消，才會說：「高野山的佛寺收了錢卻把我們排斥在外？哎！又來了！反正我們就是……」

接著我告訴他找到「飛田講的納骨碑」。

「我不知道有那種東西，虧妳能找到。」

說完，他的表情終於舒展開來。然後把我抄回來的石碑上的人名拿去影印，不看我而望向微弱陽光照射下的窗邊，說：

「全是我不認識的名字，不過以前飛田確實有錢又團結。以前的老闆們做得很好。」

「昭和三十二年」出巨資在高野山建造石碑的飛田老闆們，他們的後代難道現在沒有一個在飛田？

三年後，先前提到刻有「請安心來此長眠……」碑文的飛田一隅建造了一座巨大的「母子觀音像」。

第三章 飛田的開始

市議員的瀆職

什麼時候開始有飛田的？

一般認為它是作為難波新地乙部的替代地點而設置的。難波新地乙部是一九一二年（明治四十五年）一月十六日被燒毀的遊廓。

後來發生的難波新地大火，俗稱「南大火」，起火點是澡堂的煙囪，燃燒超過十一個小時，附近五千戶樓房全數受害。一籌莫展的樓主（譯註：指妓院、酒樓的主人）們重建被燒毀的廢墟，為了重新取得營業許可向大阪府提出申請，這是一切的開端。不過，飛田作為替代地點只是表面話，由於貪汙和瀆職巧妙地結合，因此飛田似乎從一開始就充滿疑雲。

當時處於一八七二（明治五）年頒布的「藝娼妓解放令」底下，因此難波新地的重新許可被以「風紀上不宜」暫且駁回。

粗略地說，遊廓在江戶時代結束前一直是理所當然的存在，但因橫濱港外海發生「瑪利亞路斯號事件」，政府於是頒布此項藝娼妓解放令。這艘船從上海出發，在前往南美祕魯途中，一名中國人逃下船求救：「我們有兩百三十一位中國人在船內遭受奴隸般的對待」。日本政府給予中國人庇護，並做出「船長無罪」的司法判決，但因人道上的問題，拒絕將中國人交付船長。祕魯人的律師對此不服，於是惡人先告狀：「日本不是也有數萬名奴隸——娼妓！」為此，明治政府大驚失色：「要是演變成國際問題就麻煩了」，於是下令「遊廓業者解放娼妓」。

大阪府率全國之先，鑽法令的漏洞，支持呼籲「這可不行。請想想辦法」的眾多樓主。設置「若娼妓沒有負債，而是自由獨立業者，就可以提供賣春場所」和「貸席（譯註：即出租會場）營業制」。不過遭到嚴厲抨擊，於一九一二（明治四十五）年二月推翻此制度。在國家層級方面，一九〇〇（明治三十三）年內務省頒布「娼妓取締規則」，規定「年滿十八歲以上的女性，若非轄區警察署娼妓名冊中登記有案者不得從事娼妓業（也可以說「只要在名冊上註冊即可從娼」）」。難波新地乙部重新申請營業許可，就是在府方剛宣布廢止貸席營業制的時機點上。

「既然不能在同一地點重建，那就換個地方」，難波新地乙部的諸位樓主向大阪府遞出陳情書。同時也是市會議員的樓主代表上田忠三郎等人天天上府廳、上京（譯註：指東京）找內務省交涉等，不斷「幫忙」。替代地點在阿倍野附近？大阪港附近？還是淀川北岸？在傳聞滿天飛之中，四年後，即一九一六（大正五）年四月十五日，大阪府透過「第一〇七號公告」，突然指定飛田為遊廓替代地。

最重要的理由是「救濟失業的難波新地遊廓業者」，並未說明「飛田為何被選中」。這當中該不會有特權涉入？公告發布五天後，大阪朝日新聞獨家揭露飛田的部分土地已被立憲同志會系統的府會議員水野與兵衛收購的事實。

被指定為遊廓的土地面積多達兩萬兩千六百三十坪。在那之前一坪的地價相當於一圓，一夜之間飆高到三十圓。收購這些土地來開發，興建百餘戶房屋的是一九一六（大正五）年八月成立的「阪南土地建物」公司，資本額一百五十萬圓，由於代表人是前文提到的上田忠三郎，其成立經過顯然遊走在法律邊緣。

更何況，難波新地的樓主們很會見風轉舵，大火之後的四年間，被燒毀的難波新地乙部一百二十六間妓院中，七十六間早已遷移到京阪神的其他遊廓，二十五間改行經營其他生意，加上有不少人已搬回故鄉，在飛田被指定之時，幾乎沒有人需要替代地點，因此讓人感到無言。

飛田現在屬於住宅稠密的大阪市西成區，但當時的行政區是大阪府東成郡天王寺村大字堺田。是栽種青菜和蔥的耕地。

北邊僅僅七百公尺外的新世界，一九〇三年（昭和三十六年）舉辦第五屆內國勸業博覽會，之後在原址設置了天王寺公園、通天閣、月亮公園（遊樂園），以巴黎為模型進行區劃，開始寫她作為歡樂街（譯註：即餐廳、娛樂場所集中的地區）的歷史。然而，其繁華勉強擴散到大阪市區最南端的大阪鐵道（現在的JR環狀線）沿線一帶，並未及於飛田。

追溯起來，江戶時代它位在飛田墓地（又寫作鳶田、鴟田、鵈田）的東南端。飛田墓地是大坂市區改造中在偏遠地區設置的「大坂七墓」之一。飛田墓地同時也是執行死刑的刑場，據說火葬產生的濃煙不斷冒出，白骨堆積成山。直到明治初期，盂蘭盆節還有巡迴七座墓地祭祀諸靈的習俗，因而留下「此為與三途一步之遙的飛田之墓」的詩句。

「明治七年起，飛田墓地的骨骸慢慢被移往新設置的阿倍野墓地（現在是阿倍野區）和一心寺

（現在是天王寺區），所以明治中後期這裡成了十分寬廣的空地，好像有人把它闢成田地來耕種，但至少不是人會居住的地方。」

二〇〇二年告訴我這些事的是一家房地產公司的社長菊谷先生，公司位於現在飛田北邊約六百公尺的堺筋上。菊谷先生自主管理其公司大樓旁、刻有寬永二年的「太子地藏尊」和「飛田墓地無緣塔」及一座巨大墓碑，碑文上寫著「慶長十九年毀於義戰（大坂冬之陣）的墓碑，八十四年後，即元祿十一年，由天台沙門融順修復」。後來菊谷先生去世，二〇〇六年時三座全被拆除，很可惜。這些都是追憶飛田墓地的稀有之物。

當時大阪已有六個遊廓，即從江戶時代一直延續至今的南地五花街（現在的中央區宗右衛門町、櫓町、阪町、九郎右衛門町、難波新地的統稱）、新町（現在是西區）、北堀江（現在是西區）、曾根崎新地（現在是北區），以及大阪港開港後主要為接待外國人而於一八六九（明治二）年設置的松島遊廓（現在是西區）。這些遊廓的貸座敷（譯註：即提供房間讓妓女接客）分為以藝妓為主的「甲部」，和以娼妓為主的「乙部」，被劃歸為乙部的是松島和新町的一部分，及被燒毀的難波新地乙部。換句話說，飛田遊廓是近代大阪繼松島遊廓之後第二個新設的遊廓。

反對運動和知事的「臨別紀念」

曾經發生過激烈的反對運動。

帶頭的是基督教教徒，從以前就在推行廢娼運動的大阪矯風會（一八九九＝明治三十二年設立，會長為林歌子），和廓清會（藉一九一一＝明治四十四年吉原遊廓完全燒毀之機組成，會長為島田三郎）。林歌子同時也是現在淀川區嬰幼兒養護設施（當時為孤兒院）「博愛社」和女性庇護救濟設施「婦人之家」的創辦人。

「建設飛田遊廓的必要性何在？一旦設置遊廓，私娼只會增加，不切實際的爭辯簡直就像小孩……」林如此談道，公告發出的四天後，也就是四月十九日，她和島田三郎一同去拜訪大久保利武知事（明治的元勳大久保利通的三子）和新妻駒五郎警察部長，要求撤回公告，同時順道拜訪大阪朝日新聞，為了即將展開的反動運動請求報方協助。他們不僅在天王寺公會堂、土佐堀青年會館等地舉行抗議集會，四月二十二日更上京，與安部磯雄、山室軍平、松宮彌平、渡邊恆（譯註：原文為「渡辺ツネ」）、久布白落實等廢娼運動者一起向總理大隈重信提出訴求。結束後又疾奔岡山車站，責問正從台灣返國的內務大臣一本喜德郎等，精力充沛地四處奔走。

各家報社的記者追問新妻警察部長：「為什麼指定飛田？為什麼選在這時候？」他回答：「這是為了履行難波新地燒毀時指定替代地點的口頭承諾、解決遊廓經營者的失業問題、整頓市內散娼、抑制私娼。而指定之所以需要這麼長的時間，是為了防止土地暴漲」。結果，各家報紙皆連日發起活動，刊登文章，公開表達對飛田遊廓突然被指定的憤慨。

批准的最高負責人是大久保利武知事。不過他堅稱「這是前任移交事項」，以此逃避責任；大阪市長池上四郎也說：「市轄外之事與我無關」。責任歸屬似乎懸在半空中，不過，因前述大阪朝日新聞的報導揭發了特權，支持反對派的市民逐漸變多。

四月二十七日，廓清會、矯風會和一群基督徒（可能是救世軍）組成「反對設置飛田遊廓同盟會」。帶著陳述書前往大阪府廳責問大久保知事，並邀集山室軍平、島田三郎、矢島楫子、安部磯雄等人舉辦「大演講會」，不僅在大阪，更遠赴東京、神戶、橫濱等地舉行，之後並在五月十三日向內務、文部大臣和總理遞交陳情書。此外，他們還寫信給大阪俱樂部成員、律師會會員、醫師會會員、市會議員、各個學校校長、府立今宮中學和私立桃山中學（兩校都位在飛田附近）的職員、學生的父親和兄長、同窗會會員、飛田周邊住戶、眾議院議員等共兩千三百人，說明該會的主張，並附上贊成與否的回函明信片一起寄出。據說有九百二十人回信，反對該會主張的大約只有十封。

我讀反對設置飛田遊廓同盟會編印的冊子《飛田遊廓反對意見》發現，除了桃山中學校長是從擔心自己學校學生上下學路徑的觀點發表意見，多數評論者都是站在天下國家的理想樣貌、女性人權的立場陳述反對意見，其水準之高令我大為驚豔。在國外也引起討論，據說還登上五月十日的芝加哥日報。

十月二十一日，矯風會舉行示威。被視為日本首次只有女性參加的示威活動。由矢島楫子、林歌子領頭，一百數十位身穿和服的女性排成兩列縱隊，靜靜地祈禱著，步行到位於河對岸江之子島（現在是西區）的大阪府廳。她們試圖向大久保知事遞交反對的連署簽名和「請願書」，但大阪府廳陷入大亂，知事假裝不在。

反對運動日益壯大，一些反常的舉動也如影隨行。

隔年一九一七（大正六）年春天，一名叫中川藤太郎的木材商人從高知縣來到飛田遊廓預定地，在公眾面前用菜刀切斷自己的小指，用流出的鮮血寫下「祝融來」三個字。「祝融」意指火神，後來成為火、火災的代名詞，所以他是在詛咒火災發生。

此外，同年五月二日，為表演「特技飛行」來日的美國飛行員亞瑟．史密斯（Arthur Smith）對反對運動產生共鳴，從大阪上空撒下大量「反對設置飛田遊廓」的傳單。

儘管像這樣進行了各種抗議活動，但運動並未取得成果。同年十月，大久保知事辭去職務。他最後批准了飛田遊廓的建設作為「臨別紀念」。

輸掉了反對運動後，林歌子在可俯瞰飛田遊廓指定地的阿倍野外國人墓地舉辦集會。所有人都哽咽，但久布白落實站起來發表了一段劃時代的談話。

「各位，讓我們停止哭泣吧。失敗的原因之一就是婦女不具政治權力。接下來，我們就要發起一場爭取婦女參政權的運動！」

反對設置飛田遊廓運動的失敗，成為爭取婦女參政權運動的開端。

舊難波新地的管理者、市會議員、轉賣土地獲取暴利的上田忠三郎等人、土木承包商阪南土地建物的關係人，聽到核准消息八成都得意地笑了。他們將土地分成五個等級，預估將來地價上漲時的獲利，向各個地主募集評估價值二十分之一的捐款，同時從大地主那裡獲得大規模的捐款，成功籌得資金。進行土木工程，充實基礎設施，興建一百零四戶房屋，出租給希望重新開業者，並統一提供兩千五百圓的開業資金貸款。樓主們個個都希望「地點佳」，因此據說在房屋分配上也發生了一些混亂場面。

大門與開廓之初的街道

不論以前或現在，飛田大街的入口就是「大門」。

大門原本指的是一座城樓的正門，遊廓仿效它如此稱呼。京都島原遊廓和東京吉原遊廓的大門前都立著一棵柳樹，由於客人把心都留在遊廓的女人身上，離去時頻頻回頭望，因此被稱作「回望柳」，很有「日本」特色，但飛田至今仍然保留的大門柱子是混凝土建造的西式風格。

高約四點五公尺。右邊柱子上部被施以裝飾藝術風格的裝飾，頂上有著奶嘴釘似的突起物。建築師淺見雅之先生說，這突起物看來像是「現代建築在昭和初期流行轉向『帝冠樣式』的過渡期中，奇怪的帝國風格設計」。

明治以來，洋樓象徵了現代化，因而被大量興建，就大日本帝國的立場來看，「必須展示我們自己國家的威嚴」，於是開始蓋出洋樓配上瓦屋頂的「帝冠樣式」建築。愛知縣和名古屋市的官署建築、軍人會館（現在的九段會館）為其代表，飛田的大門說是過渡期建造的，在時代上也吻合。想不到在這種地方也看得到大日本帝國的影響力。

以前，兩支門柱之間有塗成黑色的木頭門。

「妳知道大門為什麼那麼派頭嗎？」

向我顯露出其知識淵博的是料亭經營者辻本先生。

「遊廓自江戶時代以來一直是特殊場所。如果有官府下令捉拿的傢伙混進來，它有權代替官府逮捕並處死那傢伙。遊廓的廓（郭）這個字，和城內是一樣的意思，指的就是它擁有這樣的權限。」

換句話說，他的意思是，為了炫耀它擁有如治外法權般的特權，需要有座氣派的大門。

「飛田遊廓建成的大正時代，這種長久以來暗地裡運作的規則已開始動搖，所以才在進入大門處設置『大門派出所』。只要把捉到的傢伙扭送大門派出所，剩下的警方會做（事後處理）。魚幫水水幫魚。就像這樣，飛田已不具有以前的時代完全的治外法權，所以嚴格講不能稱『遊廓』。證據就是舊的官方文件上記載的應該是『飛田新地』不是『飛田遊廓』。妳去查查看。」

這事意義深遠，不過我查遍所有官方文件，全都標記為「飛田遊廓」，所以我懷疑他的話有多少真實性。

一九一八（大正七）年十二月二十九日開業當時，已有這座大門和自大門延伸出去的高牆。而且，新地內東西南北向的道路也幾乎都鋪設完成，不知是誰命名的，由北到南依序稱為櫻木通、山吹通、大門通、彌生通、若菜通，南北向道路由西到東是下山下筋、北門筋、山下筋。東西向為「通」、南北向為「筋」是根據大阪道路規劃的原理。全是沒有出現在行政紀錄中的俗稱，而且現在仍然這麼稱呼。

「這些路名很有情調對吧？和寶塚歌劇團會取花組、星組這類很夢幻的名字一樣，遊廓也非常重視氣氛營造，才會取個漂亮的名稱。進入大門後不遠處還有段葛。」

在鄰近飛田的今池町出生長大的吉本柳子女士（一九一七年～）這麼說。段葛指的是路邊用葛石（譯註：即緣石）堆砌高出一層成的部分，飛田的是堆成一座小山，上面種了小棵的松樹和櫻花樹，並設有石燈籠。若借用吉本女士的話，有段葛也和「寶塚一樣」。據說前往寶塚劇場的花之道就有段葛。她硬是要攀比寶塚的感覺有點有趣。

若問飛田在一九一八（大正七）年十二月二十九日（週日）盛大開張嗎？倒也不盡然。大阪每日新聞（十二月二十八日）報導：「十二月二十七日原本預定四十戶貸座敷、三百名娼妓開業，但只有二十一戶貸座敷、二十一名娼妓獲得警方許可。並有廓內八戶、廓外三十四戶店鋪興建完成，但恐怕前途遙遙」；大阪朝日新聞（十二月二十九日）則寫道：「建設完成的一百零四戶中有三十三戶申請許可，但六戶未獲得許可，因此二十九日是二十七戶開業。平均一戶有三名娼妓，總數八十餘人。」

畢竟這是個「官方許可」的遊廓，所以不是說「任何人都可以在裡面工作」。許可未如遊廓業者的預期下來，最後比原定日期延後兩天，即十二月二十九日，二十一戶貸座敷（大阪朝日新聞上的數字。大阪每日新聞則是二十七戶）、二十一名娼妓（大阪每日新聞上的數字。大阪朝日新聞則是八十餘人）開業。此外，也有資料記述開業時的規模是貸座敷四、七、二十六戶，娼妓總數三十人。無論如何，可以確定的是起步時的規模很小。

開廓四個月後，即一九一九（大正八）年春天，松島遊廓著名的「天野樓」遷移到飛田。其原址被劃為市電軌道的鋪設用地，不得不撤離時，阪南土地建物公司再三懇求：「務必來飛田」，於是就帶著二十名娼妓搬到飛田。才讓飛田熱鬧了一點。即使如此，估計最多仍然只有貸座敷二十八戶、娼妓總數百餘人。花了一些時間才讓建好的一百零四戶貸座敷全部滿租。

對於想盡快開業但資金不足的業者，開廓之初便成立的「商業公會」提供了一些特別處置。代業者張羅家具，允許各業者從營業額中以分期方式償還費用。當我將這些取得的資訊告訴前述的菊谷女士時。

「這表示飛田的經營者必須向承包商借錢才能開業對吧？肯定有約定利息多少。（土木承包商）會愈來愈富有。這豈不是和妓女因背債而來到遊廓的結構一樣？」她說，我也這麼認為。

不過，開業兩年後，即一九二〇（大正九）年，貸座敷增為一百二十六戶、娼妓一千兩百一十四人；開業七年後，即一九二五（大正十四）年一月是一百六十八戶、一千九百五十六人，同年三月有一百七十九戶、兩千零五十六人，規模持續不斷擴大。那時正是大阪市都市化飛快進展的時期。一九二五年四月進行第二次市區擴張，將西成郡、東成郡全區編入（這時飛田地區變成大阪市住吉區山王），加上關東大地震後來自東京的移居者，算起來有兩百一十二萬人口。超越東京，成為日本最大、全球第六的大都市，直到昭和初期一直有「大大阪」的稱號。飛田遊廓就在這樣的時代中逐漸擴大。

「居稼」制

妓院的構造就像一般所謂的「茶屋」。大多是銀燻瓦葺的入母屋造式（譯註：中文稱歇山頂）兩層樓木造建築，臨街面為平面。一樓窗戶有格柵，二樓窗戶的上、下部設有楣窗式的切口。晴朗的日子，屋簷下會掛上印有家紋的布幕，吊著燈籠。內部隔著中庭配置了許多房間。

大門通上有「大青樓」之稱、講究排場的高級妓院林立，後面的彌生通、山吹通是中等規模的「中青樓」，再往後的若菜通、櫻木通是小規模的「小青樓」，妓院的等級高低與規模大小成比例。大正末年到昭和初期出現配備舞廳的西式建築，據說有些妓院馬上就在房間擺設床鋪。

配備現代設備的有：大青樓中的「本旭樓」、「巴里」、「御園樓」、「都樓」、「世界樓」、「日本樓」；中青樓中的「本家大一樓」、「東大一樓」；以及「大喜樓」、「梅枝樓」、「君之代樓」、「港樓」、「福愛樓」、「河萬樓」、「松谷樓」、「ＫＩＮＧ」、「大和」、「新大和」、「角龍田」、「第二梅枝樓」、「第三梅枝樓」、「三州樓」、「富貴樓」。

「『大和』和『梅枝』應該是經營者出生地的地名，但『KING』或『日本』之類的八成是想愈做愈大……懷抱這類的願望吧。住吉（現在的住吉區）有個幫人取名字的算命師，大家都去那裡請教他。算命費、命名費貴得不得了，我父親說，他也是在那裡請他取的名字。隔年業績沒有如願成長，他於是去求戎爺（譯註：指祈求生意興隆的今宮戎神社），回程去找他抗議：『你要怎麼賠我』，好像有把錢要回來。」

我的老朋友澤井德子小姐這麼說。她曾告訴我，父親是飛田遊廓業者的中堅要角，自己是他的私生女。

飛田遊廓的營業形態為「居稼」。

「居稼」是一種讓妓女在妓院裡有自己的房間，在那裡接客的形態。會這樣稱呼，是相對於藝妓在置屋（譯註：藝妓集中生活的地方，同時幫忙安排演出。相當於現在的經紀公司）待命，接到傳喚再前往的「送入」形態。原本，娼妓是面朝外排排坐在一間面馬路、被粗格柵包圍的榻榻米房中。和東京的「張見世」一樣，這種形態在大阪稱作「居稼」。客人從外面往裡面張望，品評娼妓；娼妓把臉「照向」客人展示自己的容貌。「居稼」就是取「照（てらす）」的音，再借字造出的詞。寫成「居稼」，表示「有人在這裡掙錢（譯註：日文原文是「稼ぐ」者が「居」る）」，多直白啊！

不過，一八九一（明治二十四）、九二（明治二十五）年左右，這種居稼的形態遭到禁止，改為「娼妓要在從路上看不到的店內等待客人上門」，一九一六（大正五）年甚至連這樣也被禁，此後一直到戰爭結束，都是採用把娼妓的照片掛在格柵內，客人再根據那些照片挑選、指名的形式。不過——

「看照片挑選是場面話，因為照片可以隨意修改，上樓（妓院）的客人會抱怨『跟照片差很大』而起糾紛。所以我們是在不被（警察）發現的範圍內把小姐排出來。」

名古屋中村遊廓的妓樓「春福」前老闆稻垣勝子女士（一九二三年～）說。如果名古屋是這樣，那完全可以想像飛田也會有妓院避開當局的耳目，讓娼妓們露臉。

在貸座敷裡工作的除了娼妓，還有負責現金出納的受雇店長，即帳房，和招攬客人的老鴇、端菜上二樓的「二階迴」。

飛田的特色和花代

直截了當地說，飛田的特色就是性交易專區。

其他遊廓多半都摻雜了相當數量的藝妓，但飛田在一九二〇（大正九）年時有五十人，一九二五（大正十四）年時或說二十九人或說二十五人，人數都微不足道。

前幾年當我告訴我父親「正在進行飛田的採訪」時，父親眉頭深鎖地勸我：「飛田不好。最好不要。」

一九二四（大正十三）年出生於西區的父親是船運商的兒子，會用「てかけはん（大阪話，意指「妾」）」一詞來指涉一種職業。

祖父有兩名妾。正室（祖母）公認的一位是新町，另一位是堀江的藝妓，祖父去世後，父親也與這兩位妾繼續維持親戚關係。因為父親有這樣的背景，所以我以為飛田也不算什麼，卻不料其他花街都好就是飛田不行，這是為什麼呢？

如果用低俗的講法，飛田就是「快速、便宜、可口」三樣俱全的男性天堂。客人不用預約便直接上樓，即便是生客也能輕易玩到。沒有太夫也沒有花魁（譯註：兩者都是江戶時代對最高級遊女的稱呼。原本都稱「太夫」，「花魁」的稱呼最早出現在東京的吉原遊廓）。所有娼妓平等，就是娼妓。客人也不分身分地位。即使不懂花鳥風月，一首歌也不會唱，只要有錢就能正大光明地來消費。換句話說，不可否認的，不問客人階級、專營性交易的飛田被視為「低人一等」。

既然如此，它的花費便宜嗎？

《東成郡最近發達史》中記載，一九二五（大正十四）年一月的「一個月間」，「賣揚花數十五萬八千餘本（譯註：即業績十五萬八千餘本的意思。花代表藝妓；本是藝妓出場費的計算單位）」、「遊興費二十四萬九千六百餘圓」、「登樓人員五萬八千四百餘人」，計算下來平均一位遊客的消費金額是四圓二十七錢（其中十二錢是遊興稅）。登樓時間平均一人兩小時三十多分鐘。這金額與當時的眼鏡鏡框價格幾乎一樣，是十四點六公斤的米價、四趟計程車的起跳費用。而一九二六（大正十五）年松島遊廓每人的消費金額是三圓八十三錢，所以飛田反倒稍微貴一點。

五年後，一九二九（昭和四）年發行的《全國花街巡禮》中記載「花代一本十五錢，一小時十本」，所以「一小時一圓五十錢」，和其他遊廓幾無二致。此外，該書並有以六小時為一個單位「包下」娼妓的記載：「午後六時至十二時，花三十五本（五圓二十五錢）」、「午前零時至六時，花三十三本（四圓九十五錢）」、「午前六時至正午，花十八本（兩圓七十錢）」、「正午至午後六時，花三十本（四圓五十錢）」，似乎有適用「長時間折扣」。

這一類基本收費在「大紋日（正月初一到初三、天皇誕辰）」加三成，「紋日（正月初四至初十、二月十一日、天神祭、住吉大社插秧祭）」加兩成，這也和松島遊廓完全一樣，和大阪府內其他遊廓相比，飛田的花代也屬一般水準。

另外，「玉代」一詞在關東地區是主流，關西地區則不這麼說。稱花代是因為將藝妓、娼妓比擬作絢麗的花朵，又因時間計算是以一炷香燃燒的時間為單位，因此又稱線香代。

娼妓是被賣來的

飛田的女人從哪裡來？

「絕大多數都不是城市小孩，現在和過去都是如此。」

「聽說以前有很多皮膚白皙的東北女孩。」

附近商店街年長的老闆們都這樣告訴我。

巧合的是，飛田開業的一九一八（大正七）年，正是第一次世界大戰期間發生米騷動那一年。同年七月，因軍隊出兵西伯利亞，商人預見軍隊會需要大米，紛紛囤積，使得米價比前一年翻了一倍。富山縣漁村的婦女們覺得「再這樣下去會餓死」，揭竿而起，米騷動便始於這場民變，並迅速蔓延至全國，也就是說，那一年全國各地不斷出現無法填飽肚子的民眾。

為求餬口的苦澀選擇。即使那意味著賣女兒也不奇怪。

視合法遊廓為必需的是三教九流之輩。俗稱人販子的一群人便以「買賣女孩」為業。即地痞流氓那樣的人，全國被劃分成數個區塊，每一區都有一個人販子的頭目，手下有無數人販子在蠢動著。他們一旦得知某處農村歉收，陷入飢荒，便飛快地跑去那個村莊買女孩。

「東北地方非常慘。到處都有沒飯吃的人。貧窮的小佃農家裡為了減少飯錢無所不用其極，很慘哪。工資是其次。不高也不低。（中略）不論多少錢都願意出。簡直就像行善。」

這是西口克己一九五六（昭和三十一）年獲得直木賞提名的小說《廓》裡，人販子對京都妓館說的一段話。根據《藝娼妓酌婦介紹業調查》，一九二〇（大正九）年全國人販子的實際成果為「招工一萬一千三百八十五人，求職者八千九百三十人，就業者六千六百人」。其中也包含飛田的招工和就業者。

他們會在明天要吃的米還沒著落的人們面前亮出大筆的錢，向「一家之主」提議。或者直接向女兒勸說。這時人販子的話術有三個重點：

- 絕口不提這是出賣肉體的工作。
- 可以穿好的衣服、過好的生活，拿到很多錢。
- 兩、三年就能帶著大量禮物衣錦還鄉。

人販子把大筆的錢交給「一家之主」，換取他的女兒。那金額再加上女兒做娼妓開始賺錢之前所需的花費，如交通費、餐費、治裝費、家具費等，就是娼妓的「預支款」。

飛田開業五個月前，即一九一八（大正七）年七月，大阪府驅黴院（驅黴意指治療梅毒）院長上村行彰（生年不詳～一九三七年）以《被賣掉的女人》為題，發表一項針對為了娼妓註冊而接受健康檢查的女性所進行的調查結果。儘管是飛田臨將開業前的統計，不過一、兩年時間看似不會有太大變化，因此我試著從該份報告書來了解大正時代娼妓的實際情況。

• 娼妓註冊

要在飛田等官方許可的遊廓裡從娼，首先要接受健康檢查，並附上申請書、戶籍謄本、承諾書、健康檢查報告送交警署。申請書上要載明（一）預支款金額、（二）從娼的原因、（三）出生年月日、（四）家長同意、（五）工作的妓樓、（六）現住所、（七）以前的職業、（八）若有在別處從娼的經驗要寫明。大阪府八年間湧出一萬八千四百四十一名「合格者」並發給「執照」。

• 娼妓的年齡

規定「滿十八歲以上」，所以等到年滿十八才註冊的人最多，占整體的二十五%，接著依序是年滿十九歲二〇%、二十歲十四%、二十一歲的一〇%、二十二歲八%，最大的是三十九歲。十五%的人結過婚，包括同居在內。其中的五十七%有小孩。全部都有性經驗，十六、七歲初嘗禁果者居多。

• 娼妓的家庭環境和學、經歷

父母健在的人約占五十四%，只有父親或母親的人占三十八%，雙親都不在的人占八%。「家長」的職業以務農最多，占二十八%、從商占二十一%、工業占二〇%、勞工（上班的人）十四%及其他。

至於當事人的學歷方面，未曾就學的占二十七%，一般小學（包含只讀過一年～五年）的占七十二%。女子高等學校畢業的五百人中有一人。以前的工作是在家幫忙的占三〇%、下女占十七%、酌婦仲居（譯註：酌婦是在酒席間幫人斟酒、陪酒的女子；仲居是女服務生。兩者都可能兼作娼婦）十七%、女工十一%、藝妓八%、家庭副業七%、雇女（譯註：臨時雇用的女服務生或兼作娼婦）五%及其他。

• 從娼的原因

我從上村具體列出的四十個實例中舉三個例子。

（一）前酌婦。為了挽救家裡的貧困。

父親是漁夫。十年前出海捕漁後失蹤。長姊和三姊出嫁，二姊從娼。本人的學歷是一般小學二年級。十五歲離家，做過學徒，十九歲當酌婦，但名義上是酌婦，實際就是「賣淫」。六年後返鄉，老家已破敗，極度貧困。被母親勸說：「親戚中有兩人也去當妓女」，於是以「四年兩百圓」的條件從娼。

（二）丈夫去世後，為了養活小孩

父親是工人，母親是紡織女工，哥哥年幼時去世，姊姊離家出走，行蹤不明，妹妹也是紡織女工。本人讀完一般小學的三年級後去當紡織女工，十六歲嫁給鐵工廠工人，但二十二歲懷第三胎時與丈夫死別。當她返回娘家，父親已去世。為了養育三個年幼的孩子，拜託從事娼妓的表姊妹，以「四年半兩百四十圓」的條件從娼。

（三）為了償還父親留下的債務

父親在本人十五歲時遠渡美國，在當地去世。母親和弟弟務農。姊姊已出嫁。十三歲開始當褓姆，輾轉做過許多工作，如女僕、旅館的女侍應等。父親留下未償還的旅費，本利合計五百圓。在母親的勸說下，以「三年半兩百七十圓」的條件從娼。

娼妓全是最下層的女性。上村在書中寫道，從娼是「窮困貧民的唯一手段」。

不過，下層中還有下層。像第一個例子中的女性那樣自由接客「賣淫」或當「野妓」，就比在飛田這種官方許可的遊廓工作更等而下之。因為預支款可以讓家人暫時得救。

「在飛田不說人販子，而叫周旋屋。就是職業介紹所。動物園前站稍微往北，在鏘鏘町周邊的巷子裡住著幾個周旋屋的人，他們會來跟我說：『老闆，我這裡來了一批不錯的女孩，來看看吧』、『知道、知道，那就去看看吧』，就像這樣。去看了之後，有不錯的女孩就帶回店裡。女孩子們都很老實。」

「不錯的意思是指美人胚子嗎？才不是。是指父親生病或哥哥受傷之類的需要很多花費的女孩。畢竟我們可是砸下重金，因此需要能確實理解這一點的女孩。」

前經營者奧田先生這麼跟我說。奧田先生開始在飛田經營貸座敷雖然是戰後不久的事，但猜想戰前應該也是同樣的情形。借款愈多就需要更多時間來償還。這毫無疑問是人口販賣，不過如果退一百步站在經營者的立場來看，邏輯上是說得通的。

飛田開業三日後，即一九一九（大正八）年一月一日。大阪每日新聞很醒目地刊出羽仁元子題名為「每個人從事某項職業都是為了發揮自己的才能」的文章，大阪朝日新聞同樣用很大的版面刊出平塚雷鳥的文章，標題是「（日俄）戰後的婦女問題」。兩篇文章都在鼓勵女性依自己的意志過生活。而這樣的訊息根本無從傳達給生活在遊廓裡的她們。

預借和阿部定

娼妓預借的金額各不相同。

前述上村行彰所著《被賣掉的女人》中「從娼的原因」裡的四十個案例，既有「五年兩百二十圓」、「兩年半一百八十六圓」，也有「四年半六百圓」，這應該是由「一家之主」需要的金額，而非商品價值，即女性的姿容、年齡等，決定的吧？服務年數也只是暫時安人的心，反正預借金額在工作期間一定會增加。

六年前，也就是一九一二（明治四十五）年發行的《東洋時論》上寫道，「最低一級的百圓上下，最高級的千圓乃至一千五、六百圓」；百圓到兩百五十圓左右的會被賣到小規模的妓院，三百圓到五百圓的則賣到一流的大妓院。一千五、六百圓的據說有「遊藝須知」，是相當特殊的情況。

不過，一九三三（昭和八）年發行的鄉土雜誌《上方》刊出的〈飛田遊廓沿革〉中記載：「如巴里樓新來的巳彌那般的竟高達四千五百圓」、「平均一人一千五百圓上下」。當時的四千五百圓約相當於現在的一千六百萬圓，一千五百圓約相當於五百三十萬圓。是物價突然上漲嗎？或是其中一方的內容缺乏可信度？我沒有能力去推斷。

可這些數字都只是表面上的金額。娼妓方實際收到的金額大約是「契書」金額的兩成，期滿時約五成。而且，要是債務繼續增加，永遠沒有期滿的一天，那後面的五成就不付了嗎？我原本覺得這太過貪得無厭，但後來聽認識的地下錢莊業者講述他的「黑道歛財哲學」：

「不管用什麼方法盡可能地搾出錢來，就是黑道歛財的門道。會上當的人你幹麼不騙？不搾光他每一分錢是想怎樣？這是常識。在這個圈子跟別人做一樣的事只會被人嘲笑。」

就我個人而言，確實感到格外地舒暢。錢就是一切。為了錢可以不擇手段的人，不論現在和過去都有。要用斯文人的常識去想像這些人的「常識」是不可能的。

即使一開始只打算在遊廓工作個幾年，但因不斷受到樓主和周遭人的種種壓搾，最後導致一輩子都無法回歸正常社會。

飛田還有那個阿部定（一九〇五年～卒年不詳）。就是一九三六（昭和十一）年幹下做愛中將情夫勒死，並用菜刀輕而易舉地割下局部性器官那案子的女人。

阿部定是東京神田榻榻米店的么女，不知是不是因為十五歲時在朋友家被一名大學生侵犯所受到的打擊，開始遊手好閒。父親看不過去她同時結交多名男性，說：「既然妳那麼喜歡男人，乾脆把妳賣去做妓女」，把她帶去橫濱。那時她才十八歲，起初是當藝妓，可最後卻受到與她發生關係的藝妓屋老闆剝削，成為娼妓。

阿部定後來還得養活在關東大地震中失去家園的藝妓屋老闆及其一家子，而老闆卻與別的女人發生關係，遭到玩弄。為了與老闆斷絕關係，阿部定搬去長野縣飯田。在飯田被迫當個不見轉藝妓（不挑顧客，看對方出多少錢，完全照顧客的要求去做），她心想「還不如乾脆當妓女」，一九二七（昭和二）年，二十二歲的她來到的地方就是飛田。

據說，這時她預借的金額將近兩千八百圓。之所以高到這麼離譜，是因為她與先前提到的那位老闆之間的紛紛擾擾依舊不斷，需要給他錢才能斷絕關係，以及需要償還她在飯田藝妓屋的借款。感覺也有考量到她的美貌，白皙的皮膚、挺拔的鼻子。

她在飛田大門通的高級妓院「御園樓」用「園丸」這花名做了一年多。案發後她接受預審訊問時，如此描述當時的經歷。

「御園樓是當時大阪一流的妓院，而我也相當受歡迎，不曾跌落三（保持紅牌妓女第一名或第二名），受人疼愛。從那時起，我因為不討厭接客，所以在御園樓工作得很愉快。

經過差不多一年，有位在公司上班的客人原本要幫我落籍（贖身），沒想到此時他發現部下竟也是我的客人，落籍一事便告吹，客人要我原諒他，給了我一筆錢。

就在我為此有些消沉時，受到掮客慫恿，隔年年初，我二十三歲時，預借了兩千六百圓，換到名古屋市西區羽衣町的德榮樓。」

據她說，她在名古屋的「德榮樓」被警告：「妳要是逃跑，我們就扣押妳父母的房子，全部奪走」，內心很恐懼。她在那裡做了兩年左右，因染患傷寒而感到厭倦，重返大阪，這回是以兩千圓左右的預支款在松島遊廓等級很低的「都樓」工作。不過，惡質的顧客令她厭煩，逃回東京，但被都樓派來的男人抓回去，被賣到丹波篠山（兵庫縣）的「大正樓」。在那裡等著她的，是即使在寒冷冬夜也得外出拉客的艱苦差事。她逐漸淪落到下級妓院。

逃出大正樓後，她覺得「我現在就算從良也追不上別人」，在東京日本橋、三之輪、淺草、名古屋等地多次淪為高級妓女（不隸屬於妓院或藝妓館，與單一業主合作從事賣淫的人）、被男人包圍，最後犯下那起案件。

娼妓的生活

阿部定追憶飛田時期提到她「工作得很愉快」，而若問，被賣到飛田的女人是否每日以淚洗面？並非全是如此。

在有如監獄般的高牆環繞、與一般社會隔絕的飛田，當初只能透過大門進出外面的世界，妓女外出必須呈報大門派出所，但基於「不便」這單純的理由，一九三〇（昭和五）年四月對客人和業者開放北門、南門、西門，稍稍拉近了「內」與「外」的距離。

戰前飛田娼妓們過著怎樣的生活呢？

因為是「居稼」制，妓院（貸座敷）會給每個人一個房間，那裡就是她們工作和住的地方。房間多半四疊半大（由於是依京都的尺寸計算，大約是現在的六疊大），附有壁龕。擺放了梳妝台、抽屜櫃、矮桌、寢具等，是個相當漂亮的房間。這應該是她們至今為止的人生中最豪華的了。

不用擔心餓肚子。廚娘會幫忙料理三餐。娼妓們要是因為腳氣病或營養不良病倒了可就得不償失，所以也會供應白米飯。基本是一菜一湯，重要節日會再加上一道魚。如果照老闆說的向客人索求的話，有相當大的機率可以吃到一頓大餐，像是天婦羅、壽司、蓋飯之類的。

穿著也與鄉下地方木綿製的銘仙（譯註：和服布料名稱）就是唯一一件好衣服的情況大不相同。一開始穿的是純絲。而由樓主和老鴇從經常往來的綢緞莊帶來的布料中挑選適合的布料做衣服，這種「好人家小姐般的經驗」也是有生以來第一次。

以上綜合了我從戰前曾在飛田「玩過」的前木材商吉本喜一先生（一九二四年～），和漫畫家木川KAERU先生（一九二二年～二〇〇五年）那裡聽來的內容。

娼妓稱樓主「老大（譯註：日文原文是「親方」）」、「老闆」、「父親」，對樓主絕對服從。大妓院有將近二十人，小妓樓也有數名娼妓在那裡工作、生活，構成一個家庭，樓主是「一家之主」。

「小姐們真的就和女兒一樣。簡單來說就是小孩子。」

飛田的前經營者奧田先生反覆這麼說。這句話可以解釋成他待她們如同自己的女兒那般疼愛，但同時也意味著他視她們為自己的財產。

「一個非常聽話，認真工作、賺錢的女孩，那真的是可愛呀。」

奧田先生繼續重申。

大阪遊廓的花代分配是「四六分」，樓主「四」、娼妓「六」，一般認為遠比東京吉原遊廓的樓主「六」、娼妓「四」，對娼妓有利得多。不過，這只是名目上。因為除了房租、伙食費、服裝折舊費、席費、寢具折舊費和償還預支款之外，樓主還要求娼妓每單位出場費要上繳五錢八厘（一九三七年的情況）作為佣金，所以到頭來不論經過多少年債務幾乎都沒有減少。何況也沒有清楚的帳簿和工資明細。就算有，多數娼妓也沒有能力解讀，所以對於自己到底賺多少、還剩多少債務，幾乎到最後都不明不白。也不敢問必須絕對服從的樓主。她們被教育成認為「遊廓就是一切」，說得更誇張一點，「妓院就是一切」的人。

在滋賀縣八日市市（現在是東近江市）的八日市新地遊廓有項成為娼妓的儀式，把女人浸入「告別人世最後的浴池」裡，類似為死者淨身，然後把她踹落地面，強迫她不用手去舔食淋上味噌湯的大麥飯。據說，這是要讓她們認識到自己正從人界墮入「畜生界」。並且會舉行「入根儀式」，即把一支叫做「男人」、上面寫著「男根神」的木棍強行插入性器官。飛田以前也會舉行同樣的儀式嗎？如今已不得而知。

唯一令人安慰的是，我們可以推想飛田的娼妓們也有一些小「幽默」。先聲明，「這不一定發源自飛田」，木川KAERU先生當它是戰前大阪的「雙關語」告訴我。

貍貓的睪丸［股いっぱい（譯註：意思是胯下脹得滿滿的。江戶時代流傳一種說法，指貍貓睪丸皮膚的延展性極佳，後來演變成貍貓有巨大的睪丸）→再來一杯］

狐狸針灸［こん灸（譯註：日語中用「こん」來形容狐狸的叫聲）→貧窮］

牛的屁股［モウの尻（譯註：「モウ」代表牛的叫聲）→知識淵博］

破掉的太鼓［ドン鳴らん（譯註：意思是敲不響）↓無可奈何］

佛龕上的碗［金碗（譯註：金碗的日語讀音為「かなわん」）↓不會實現］

青蛙列隊［向こう水（譯註：與「向こう見ず（不看前面的意思）」讀音相同。而青蛙的眼睛長在頭頂兩側，一旦像人一樣兩腳站立排隊，就只看得見後面，看不到前面）↓顧前不顧後、莽撞］

饅頭切腹［餡切（譯註：內餡切開的意思）↓傻眼］

鰻魚上京［う登り（譯註：「う」代表鰻魚，「登り」是上行的意思）↓自戀］

「剛才的客人滿牛屁股的，要是貍貓罣丸的話是不錯，不過說不定看來有（錢），不料卻狐狸針灸。那就破太鼓了。」

「妳該不會愛上他了吧？饅頭切腹啊！妳說那人也似乎對妳有意？鰻魚上京也要有個限度。終歸是佛龕上的碗。」

大概是出於服務精神吧？木川KAERU先生在「難波豪華花月（譯註：吉本興業經營的喜劇專業劇場）」的後台，藉手上的白板畫了一幅猜謎畫幫我舉例，「比方說，也可能出現這樣的對話」。他在白板寫下「貍貓」、「狐狸」、「牛」幾個字，接著畫兩個身穿和服的小姐，把那些字插入畫中。同時模仿女人的聲調，興高采烈地當場演起來。

難波醫院與篠原無然

娼妓們經常與花柳病，也就是性傳染病為鄰。大阪府令規定她們每五天要做一次「定期健康檢查」。

根據《南大阪名士錄》卷末附錄〈飛田遊廓沿革史〉的記載，一九三三（昭和八）年飛田遊廓組合開設「飛田診療所」，包括「祕梅科」在內的內、外科醫師會來看診，在一九三七（昭和十二）年完成的飛田會館（稍後會談到）二樓的「保健設施」進行「上診」、「下診」。

「醫生來的日子裡，身穿和服的妓女們一早就魚貫地走去檢查。由於平常那時間還在睡覺，因此都是邊走邊揉著惺忪的睡眼」

今池町長大的吉本先生回憶道。

根據前文提到的《被賣掉的女人》，大阪接受「定期健康檢查」的人數一年多達三十七萬一千人。相當於娼妓總數的八十二%（十八%因染病住院等休業中），經由這健康檢查發現花柳病被勒令「即刻住院」的比率為八%，如果把已住院的人也算在內，罹患率是二十六%，非常高。

花柳病的種類和比例為：黴毒九%、淋疾六十六%、軟性下疳二十五%。黴毒即梅毒，淋疾即淋病。不常聽到的軟性下疳是一種生殖器出現潰瘍並伴隨疼痛的性傳染病，聽說「當下層階級經濟景況好的時候就會看到這種病蔓延」。數年內不曾染患任何一種花柳病的人僅只三%。有七成的人「反覆染病」，機率非常高。

包括飛田在內的大阪娼妓，一旦被發現感染花柳病就會強制住院治療，這指的是當時位在住吉區帝塚山的難波醫院（前大阪府驅黴院。現在大阪府立醫院機構的前身之一）。我在調查這間難波醫院資料的過程中，發現一九二四（大正十三）年它被改建成可以收容八百一十人、鋼筋混凝土建造的三層樓建築，那前後的大約兩年期間，社會教育家篠原無然（一八八九年～一九二四年）在該院扮演了娼妓的心理諮商師的角色。

篠原無然出生於兵庫縣北部的諸寄（現在是新溫泉町），經過在早稻田哲學科的學習後，巡回全國各地演講，從事「社會教化」，據說不久後他渴望在深山裡找到一處休養之地，於是在一九一四（大正三）年進入飛驒山區。接到大阪府保健課的委託是在一九二三（大正十二）年。他視察了率先成為娼妓專門醫院的京都八阪醫院，走遍大阪的貸座敷對娼妓們進行訪談調查，不但在難波醫院改建時改善了軟體面，更在醫院裡與娼妓們同食共寢，照顧她們的心理。職稱是「住院娼婦督導」。

得知岐阜縣高山市平湯有座篠原無然紀念館後，我走訪了一趟紀念館，在那裡看到相當多有關難波醫院的資料。

大阪府娼妓一覽表

		開業總數	休業中	休業外宿中	失蹤中	在院者	目前執業數
松島	一月	1770	72	13	95	81	1509
	十月	2092	44	145	140	154	1609
飛田	一月	1728	9	51	133	70	1465
	十月	1797	22	81	166	101	1419

我頭一次看到有記錄「失蹤」人數的資料。人數之多令我驚訝。還有無然所寫的「不遲到」、「細嚼慢嚥」等的「食堂須知」，和「不要把肥皂等放入熱水中」、「盡可能在外面沖洗」等的「浴室須知」。這意味著這群娼妓屬於必須像教導小孩那樣耳提面命的階級。還有「飛田遊廓的武藤春尾和松島遊廓的花畑絹在醫院內打架，拳打腳踢」的紀錄。

最令我驚喜的是找到用歪七扭八的字跡所寫的「娼婦的輓歌」。而且有錯字百出用平假名寫的，及夾雜漢字謄改過的兩種版本。無然在難波醫院教娼妓們識字、寫下自己的想法。

像是川邊載浮載沉的竹子／沒有比這更痛苦難受的工作了／當二七的檢查到來／連父母都不給看的寶盒／不懂人情的醫生／輕微小傷也不寬貸／立即提報醫院／儘管不願住院／那樣年限只會不斷延長／也會更晚回鄉

生為凡人女子／注定與一夫相伴／但卻夜夜換人／書生、工匠、士兵、甚至馬伕／當我被他們任意支配時／已有一死的覺悟／我並不嫌棄將死的這副身軀／不介意留在故鄉在雙親的身旁死去／何況是在苦海中白白喪命／想到便覺得可恨／我再次振作精神／拭去淚水從二樓／往下俯視／良家婦女歡快雀躍地走過／我若是在家鄉／也會去任何想去的地方／身上有一點錢／三年五年都像夢一般過去／盛開的花朵也是在淤泥中／凋萎後離開依舊是苦海

「二七的檢查」是指尾數二和七的日子都要進行檢查；「連父母也不給看的寶箱」應該是指性器官。

一旦被診斷出染病便毫不客氣地送進醫院，但住院費用會被疊加在債務上，因而哀嘆離年限期滿愈來愈遠，還提到客人從事職業的前四名是「書生、工匠、軍人、馬伕」。靠「死的覺悟」來忍受被人「任意支配」，如果就這樣死了等於是「在苦海中白白喪命」，覺得很「怨恨」，因而振作起精神。在「淤泥中」度過女人的花樣年華，「凋萎後離開」依舊是苦海。「不介意留在故鄉，在雙親的身旁死去」的段落太令人惆悵。

除此之外還找到看到「良家婦女」結伴自由在屋外行走的身影，不禁為自己的不幸落淚，逞強地說：「我十七、八歲前，也是像蝴蝶呀花朵那樣被呵護長大的唷」，並細述思鄉之情及對父母的思念，和與客人相親相愛，對方說要幫自己贖身，但自己還有一身債務，只好分手，這樣內容的歌。但願她們透過書寫有得到一些慰藉。

為我導覽篠原無然紀念館的村山昌夫先生說：「無然先生被岐阜縣小學的補充教材列為鄉土偉人，可惜在全國並不為人所知。」

樓主們

另一方面，貸座敷的經營者又是怎樣的一群人呢？

有本一九四一（昭和十六）年發行的冊子叫《南大阪名士錄》。撰寫者是惠美須町（浪速區）一家叫做「新世界新聞」的日報社社長三橋義澄（一八九四年～卒年不詳）。推測應該是付費刊登，所以對內容不能照單全收，但這本紳士錄登載的官吏（警察署長）、議員（市會議員、貴族院議員等）、藝能相關人士（吉本ＳＥＩ、吉田奈良丸等）、新世界報社相關人士（通天閣社長、南陽商店街會長等）等共一百四十九人中，三十二人是飛田的樓主。

三十二人幾乎全部是從外地來到大阪，岡山、奈良、福井出生的人尤其多。高等小學（譯註：日本在國民學校令實施前設有尋常小學和高等小學，前者為義務教育，後者要收取學費）畢業，和中學或工業學校等上級學校畢業的人大約是二比一。也有人在家鄉時原本是小學教員，或在村公所服務。來大阪後靠著經營布莊、帽子店、魚板店、小吃店等其他買賣成為一方之主，經歷了起起落落，大概是存到了錢才會成為飛田的樓主。

從今里新地（大阪市生野區）和京都七條新地（京都市下京區，現在的五條樂園）遷移過來的不過數人。令我覺得奇怪的是，「飛田遊廓組合」組成、開廓兩年後的一九二〇（大正九）年，一直到一九四一（昭和十六）年的二十二年期間，負責管理飛田遊廓的高岩友太郎原本是巡警。我自然會懷疑他和警方的關係。

現在提雖然有點晚了，不過當時遊廓是合法的。樓主是「有聲望的人士」。我再次懷疑現在飛田的「料亭」中可能還有這些人的後代，還有從大正或昭和初期代代延續至今的老店，於是試著詢問耆老們：「這本紳士錄登載的人的後裔還在飛田嗎？」

但所有人都一笑置之：「哪有可能還在！」

「所有聰明的老闆都會教育他們的小孩，讓他們到（飛田的）外面去發展。卯起勁把兒子送去桃山（學院），女兒送去帝塚山（學院）。他們有錢，所以對教育（費用）不會設限。很多後來都當上律師、醫生、稅務師。如果是女兒，也會讓她們嫁給殷實的商人。呆瓜才會延續兩代、三代。」

一如前文中提到的，當初為了開發飛田遊廓而組成的阪南土地建物公司是「房東」，把房子租給樓主們。一九二六（大正十五）年六月，阪南土地建物公司被併入廣泛從事如新世界月亮公園（遊樂園）、南陽商店街（鏘鏘町）等經營的大阪土地建物公司，使得樓主們自動成了大阪土地建物的「房客」。

飛田的樓主們在金錢上錙銖必較。

一九三六（昭和十一）年，兩百三十四間貸座敷業者一同要求屋主大阪土地建物公司：「我們付的押金只是寄放在你們那裡，所以押金的生息應該給我們」。押金合計是三十五萬圓。因為大阪府保安課於同一年提案要求改善娼妓待遇，樓主們心想「以後沒得賺了」，不安掠過腦海。當時樓主們與大阪土地建物公司談判了三個小時，仍然遭到回絕：「這想法很好，但無前例可循，而從押金的性質來說，所有權也屬於公司，所以愛莫能助。」

樓主們團結一致，竭盡全力維護飛田遊廓。〈飛田遊廓沿革史〉中記載他們去「破壞」基督教團體主辦的廢娼論演講會，對廢娼派的眾議院議員展開「猛烈的反抗」將他們的行為描述成「以暴制暴」，宛如功績。前者指的是廢娼聯盟於一九三〇（昭和五）年六月召開的第一次全國大會，在大阪中之島公會堂舉辦時，飛田的樓主們帶頭動員關西一帶的遊廓業者去會場占領各個角落的座位，咆哮叫罵，阻攔開會。這不會太過粗暴嗎？

不管怎樣，飛田遊廓列入十六萬五千圓的預算蓋了一棟新辦公室（現在的飛田會館），基地面積約四百四十坪，為鋼筋混凝土建造的三層樓建築，於一九三七（昭和十二）年六月二十七日完工落成。

飛田會館

我在料理組合幹部的導覽下參觀了飛田會館的內部。

一進門的右手邊是開有一扇小窗的傳達和辦公室。往裡面走是協同組合和料理組合的辦公室，到此為止是至今仍在日常使用的空間。

它的隔壁是會客室（我第一次拜訪時被帶去的房間），再往裡面有「協商室」，左手邊有「影印室」、「會議室」、「娛樂室」、「夜班室」、「廚房」的牌子。

「一樓還好，要是妳看過二、三樓，就知道（飛田）有多少（錢）了。」

幹部說。飛田的人在衡量事物時，「錢」永遠排在第一位。

沿著厚重的石階上到二樓後，東、西側各有一個寬敞的空間。西側的空間堆放著盂蘭盆節和過年時裝飾的燈籠等，變成儲藏室，但幹部說：

「實在很想知道他們想到什麼才會設計出這麼出色的結構。妳看得出它是精心設計的吧？」

全面鋪設地板，有兩處地方拆下木板便露出「隱藏的階梯」。窗框是裝飾藝術的風格。的確很講究。在這當中，角落那邊有扇簡陋的木門。有點異質。

木門發出「嘎——」的聲音開啟，內部並排著一間男廁所和三間女廁所。其中三間用木片釘住，無法打開。只有一間好不容易才打開。有個髒兮兮的蹲式馬桶。橡膠軟管落在地上。想像得出它的用途。在這裡沖洗陰部，然後……。

「我想那時候醫生會來診察。」

這個寬敞的空間設有檢查台嗎？還是以坐墊或地墊取代檢查台呢？不論如何，以前女人會一個一個來到這裡，脫下襯衣，接受檢查。我想起在篠原無然紀念館看到的，七十年前女性所寫的詩。詩中寫道「二七的檢查」，也就是尾數二和七的日子所進行的無情的檢查。

另一方面，東側的空間可以擺放約兩百張椅子。是個附設舞台的集會場，據說現在仍然會利用這空間召開全會。

一上到「很長一段時間完全沒有使用」的三樓，有間感覺很穩重的房間，看起來像議事廳。前方有個講台，中間三人、左右兩人的桌椅面對講台排成階梯狀，共五列。

「是不是？這花了很多錢。」

我點頭同意幹部的這句話，同時感覺在這裡看到了剝削者不可一世的囂張氣焰。下到一樓時，幹部指著一面牆說：

「再給妳看一個厲害的好了，妳猜這是什麼？」

牆上有一扇大小足夠讓一個人進入的對開式的門。

「是金庫嗎？」我說。

幹部用鑰匙開啟那扇門。結果，那裡有一面鐵柵欄，後方是一片又大又黑暗的空間。

「哇！不會是現在還有大量的錢財或珠寶藏在裡面吧？」

我搞笑道，同時也懷疑是禁閉室，但閉口不提。這是個謎。

「要是滿地珠寶就好了，我徹底檢查過，什麼都沒找到。」幹部笑著說。這時我腦中不知怎地浮現「以管窺天」這句很少使用的成語。

戰前極盛期

飛田曾經很繁華。

戰前從一九三〇（昭和五）年左右到一九三七（昭和十二）年中日戰爭爆發為止為極盛期。

根據資料，一九三三（昭和八）年的規模，是貸座敷兩百四十間、娼妓三千兩百人；一九三六（昭和十一）年是貸座敷兩百一十七間、娼妓兩千六百四十六人、遊客數一百五十三萬八千八百六十四人。

前者是遊廓方的紀錄，後者是大阪市的紀錄，掌握到的數據雖然有出入，但可以肯定的是，娼妓人數大略是兩千數百人到三千人的規模。

這是國內首屈一指的規模。當時全國所謂的妓院（貸座敷業者）有五百四十五處營業地點，全國的娼妓人數為四萬四千九百零八人，所以平均每一處營業地點的娼妓人數為八十二點四人。一般認為「規模超過吉原、日本第一」的名古屋中村遊廓，妓院一百三十八間、娼妓人數約兩千人，因此飛田的規模遠在它之上。

有三本書在介紹戰前的飛田。由於其描述可以讓人感受到那街區的氛圍，我想加以引用。

舊大阪的南端，西邊鄰接西成區，東北與天王寺區相鄰，南邊接住吉區。交通方面，在南海電鐵阪堺線與田邊線交會的「今池站」下車，其車站下方就是飛田遊廓。從惠美須町搭車，單程車資四錢；開車的話，從舊市區任何地點過去都是一圓二十錢。

（中略）

貸座敷一百八十七間。娼妓兩千三百人。藝妓館一間。藝妓十五人。

以大門的中央大通為中心，街道如棋盤般縱橫交錯，房屋大小不一，但都是同樣的日西合併風格的兩層樓建築，入口為對開式的門，推開門進去便見一大排的照片。不愧是新設的遊廓，井然有序的景色令人心曠神怡。

大通盡頭的左手邊有「長谷川」，右手邊是「御園樓」，聽說兩家是此遊廓的雙壁。遊興制度　松島、飛田都相同，不是揚屋、引手茶屋（譯註：兩者都是會幫尋芳客引介妓女的茶屋，只是不同時期的稱呼）的類型，而是直接上貸座敷，藝妓也招去那裡玩樂。妓夫（譯註：在妓院拉客的年輕男人）全都由花樣年華已過的女性擔任。（後略）（松川二郎《全國花街巡禮》，一九二九＝昭和四年，誠文堂）

這本書是作者遊歷了東北到九州一百二十一處遊廓後寫下的旅遊指南。作者就是現在所說的旅遊作家。據說他「愛美人，就像愛大自然美麗的風光一樣」，抱著「各位在旅途中何不去住遊廓，取代住旅館呢？」的想法寫下本書。建築史學家，同時也是風俗研究家的井上章一先生在該書的復刻本中講解道：「和當地女子玩樂的渴望也激發了男人們對旅行的熱情。去到那裡就能和那樣的女人做愛。而那邊的話，好像會給你這樣的女人。很抱歉寫得這麼粗俗，不過觀光產業確實也因為這樣的意圖而擴大了」。那是個男人以遊廓為目的去旅行不會感到絲毫內疚的時代。

飛田幾乎就在大阪的南端，是大正五年（筆者註：正確是大正七年）建成的遊廓，四面完全被圍牆包圍。只有長邊的一道門開放，其他門除非有緊急狀況，否則絕對不開，但近來全部開放，而周圍又是大阪最繁華的地區，有一次半夜三點時分我走進某貸席（譯註：即貸座敷）問道：

「能不能來點吃的？茶泡飯也行。」

沒想到端來十幾人份的飯菜，讓我大吃一驚。在飛田，「半夜三點」只是夜晚的開始。應該是這樣的嗎？

在繪有多見丸、小政（譯註：前者是歌舞伎演員的名字，後者是明治時期的俠客）等的紅燈籠下，人稱「法界屋」，個個身穿袢天（譯註：日本和服的一種，綁帶式的短外套），生氣勃勃的一群人，奏著三味、太鼓、胡弓之類的樂器，唱著「關之五本松」走來，要搭南海電車兩點半發的車，俗稱報紙電車，因為來到這裡，接下來就有生意可做，簡直就是個「不夜城」。貸座敷的一切都非常豪華，裡面還有配備「彈子房」、「中式床」、「浴場」的大殿堂。

此處有兩千名以上的娼妓，和松島一樣，都是以娼妓為主。雖然也有藝妓，但那基本上是次要的。

近年因長足的進步，恰恰越過了關西線。以前靠近新墳，現在似乎整個周邊地區都生活在「飛田」的影響下。（後略）（食滿南北《上方色町通》一九三〇＝昭和五年，四六書院）。

食滿南北（一八八〇年～一九五七年）主要從事歌舞伎劇本的創作，是以大阪為據點的作家。他在這本書中介紹了京都、大阪、神戶、奈良等二十四個「紅燈區」，包括以藝妓為主的花街和遊廓。

當時去飛田的交通也許比現在更為便利。從大阪站上車的話，搭城東線（日後的大阪環狀線）經由今宮站的電車，或是轉乘市電，約三十分鐘即可到達，和現在幾乎一樣。雖然地下鐵御堂筋線延伸到天王寺，離飛田最近的動物園前站蓋好是一九三八（昭和十三）年的事，但當時有南海鐵道（現在的阪堺電氣軌道）的阪堺線、平野線和天王寺支線在飛田的四周奔馳。今池站是連通平野（現在是平野區）的平野線起點，而平野線設有飛田站。天王寺支線是從總站天王寺站連接到南海天下茶屋站，南海天下茶屋站又可通到難波、和歌山，而天王寺支線設有飛田本通站（一九四九年又增設大門通站）。就像這樣，原本有數個可以進入飛田的入口站。

即使如此，沒想到半夜兩、三點還有街頭藝人——法界屋——以三味線、小鼓、竹板伴奏唱歌，熱熱鬧鬧的。法界屋是受歧視的部落民（譯註：日本封建時代賤民階級的後代）的謀生方式。距離飛田不到一公里處，有西濱和渡邊兩個被歧視的部落。

飛田吸引來的客人，為飛田本通（現在的動物園前一番街、二番街）等鄰近的商店街帶來利益也是確實的。

「專為參與內國勸業博覽會工程的工人而設置鏘鏘町是明治後期的事。有了飛田遊廓之後，連通鏘鏘町和飛田的這條路上的店鋪便愈來愈多。」──（動物園前一番街商店會長）

愈靠近飛田，好像還有舊衣拍賣店，和有女人在、感覺不單純的店。

從這裡到飛田遊廓大約五町（譯註：這裡的町是日本舊制的長度單位，約相當於一〇九公尺）的大門通，可通到心齋橋、九條，非常熱鬧。雖然和其他區內的街道相比，這裡的店鋪簡陋無比，但就地段而言，經營得很出色。不過有一群普通女子，感覺像是遊廓的延伸。如果是一般街區，就只是普通的壽司店、烏龍麵店、關東煮店，但往裡頭一看會發現，女人才是主角，不是食物。偶爾還有梳著桃割髮型（譯註：一種年輕女孩的髮型。因頂髻狀似開始綻放的桃花而得名），服裝令人眼睛一亮的女子坐在店裡。

有彈子房。光著膀子計分的女子，滿不在乎地在客人面前化妝。有牛肉鋪。兩個年輕女孩促膝而坐，占據了通往二樓的梯子中央。以及，當我俯看路上行人照例會有的──

……進來嘛，進來坐一會兒。

（中略）

飛田的夜晚出乎意外的黑暗。

那棟美國化、國際風格的建築一直讓我感受到異國色彩。現在很出名的舞廳等設施，也有種與白天的色彩完美契合的感覺。

夜晚的飛田，電燈的裝飾零零星星，不甚明亮，有次看到終將入夜微明的暮色，曾覺得飛田也真有趣，但之後，我在某個冬夜去了一趟那裡，對它的陰沉、淒涼感到驚訝，以至於立刻轉身離去。（北尾鐐之助《近代大阪》，一九三二＝昭和七年，創元社／《復刻版　近代大阪》，一九八九＝平成元年，創元社）

大門通熱鬧得有如心齋橋，而飛田被「陰沉」、「淒涼」籠罩。起初我讀到這段記述時，很納悶怎麼會說擁有兩百間以上貸座敷、兩千人以上娼妓的飛田陰沉且淒涼呢？不過我很快就意識到，這是北尾鐐之助腦海中的風景。

為什麼呢？因為北尾以敏銳的目光注視著飛田。很抱歉，他與前面兩位是不同的等級。我發現這本書是北尾對大阪二十七個「城市風景」所做的多層次實地採訪報導。文體和卷頭的照片很現代，觀看城市的視角也很尖銳。透過他內心的濾鏡，飛田看起來就是個陰沉且淒涼的街區，因為它的熱鬧是很表面的。

更進一步說，我認為北尾保有現在所說的女性問題的視角。北尾當時是大阪每日新聞的記者。前一份工作是《周日每日》周刊的主編，該周刊每一期都採用年輕女性的照片當封面。全是眼神堅定、透露出自信的女性。他肯定是認真把女性當人看待的少數記者之一。

一九三七（昭和十二）年當中日戰爭爆發，軍隊行進的腳步聲開始響起時，飛田有愈來愈多出征前的士兵。

「在有錢人納妾稀鬆平常、一夫多妻制的時代，沒能力的平民百姓就在遊廓找『一夜妻』，這在當時的觀念看來理所當然。聽說有妓女會每次都假扮處女。對一個身經百戰、技巧熟練的妓女來說，要讓年輕士兵沉迷忘我很簡單。所以戰爭中他們還會唱這樣的歌。」

前廣播作家，二〇〇二年我見到他時，正在研究並實踐門付藝（譯註：街頭藝人的一種，會到人家的門口表演，收取賞金）的華房良輔先生（一九三〇年～二〇〇九年）這麼說，然後教我這首有人說源自神戶也有人說源自大阪的代表性「軍歌」——「軍隊窺視」：

第一班電車錯過
第二班電車爆滿
跳上第三班電車
到達之處是新開地

在格子門探頭張望
來吧、來吧，招財貓
清酒、啤酒、落花生
咕嚕嚥下一口口水
老鴇立刻來拍肩

（作詞者不詳，下條秀人補填詞。曲調為「萬花筒節」）

聽說這首歌在各地的連隊被大量傳唱，並把「新開地」替換成「天王寺」、「飛田」、「松島」等。

不久，隨著戰爭氣氛逐漸加深，開始實施燈火管制，就連飛田也不再是「不夜城」了。

不過，我從飛田新地料理組合那裡得到了一份戰時製作的傳單，上面寫道：「為確保廓內的防空無懈可擊，我們安裝了黑色遮光布幕，不會妨礙營業。」，所以也許他們當時還在孜孜矻矻地努力營業，用黑布將林立的妓院完全包住以躲避空襲。

戰爭期間，他們甚至「全廓同心協力，專心一致為後方服務」，慰問出征士兵的遺族，從業人員每人「捐出一錢的存款」，製做「慰問袋」，響應國防捐獻、報國儲蓄，為出征士兵「武運長久」祈禱，慰問「白衣的勇姿」，舉行戰歿者慰靈祭。這是「一直以來受到各界照顧。盡力配合國家」的純粹心意的表現？還是做做樣子？正是這一類「全廓同心協力」的架構和竭盡所能的努力，讓他們在戰後迅速恢復並再次繁榮，在賣春防止法施行後得以存活下去。

第四章　住下來是天堂，離開是地獄——戰後的飛田

逃過戰火摧殘

大阪遭到如一九四五（昭和二十）年三月十三日的大阪大空襲等三十三次無差別空襲後，變成一片廢墟，迎來戰敗的結局。不過，飛田只有大門東北部的一部分被燒毀，奇蹟似的留了下來。

「妳知道飛田為什麼沒被燒毀嗎？不知是真是假，據說是『拜五龍神之賜』。天龍、黑龍、金龍、銀龍、白龍五社有尊大蛇神。毀了祂會有報應，所以聯軍把祂（從空襲地點）移走了。」

包括新開筋商店街的咖啡廳「SONO」的老闆娘在內，周圍好幾人都這樣對我說。「五龍神」是飛田周邊的五座小祠。這類故事會像真的一樣傳開，就很像是這個看似廣闊其實很小的飛田會發生的事。除此之外，關於飛田在戰時戰後的情形，我還從一些人那裡聽到這樣的故事。

「戰況愈演愈烈，但有小姐跪求老闆：『我還沒報答老闆的恩情，請允許我留在這裡』，使得老闆想疏散到別處避難也沒辦法，不知如何是好。」

「復員回來的人拿著小姐的照片，拚了命地到處問：『有沒有這個人？』兩人已互許終身，可憐小姐卻下落不明，最後發瘋而死。」

故事像真有其事似地不斷為人講述，不過兩個故事都相當可疑。

我會聽到像這種都市傳說式的「佳話」，但我幾乎不曾遇過能告訴我戰後飛田真實情況的人，只有一人，我在開始採訪的第二年見到了這位「曾見過飛田戰後廢墟」的人。

高林貴之先生獨自一人住在阿倍野再開發計畫中興建的大樓裡的一戶。這棟大樓聳立在一處可俯看飛田的土地上。

「這人以前辦過報。在飛田和阿倍野交界上明明就住得好好的，一直抱怨一直抱怨，後來以等價交換換到阿倍野再開發的大樓」飛田的人壓低聲音這麼告訴我。

我直接造訪那棟大樓。千鳥格長褲配上阿斯特克式領帶，裝扮時髦、八旬過半的高林先生面對我突然提出的「希望您能告訴我飛田戰後的樣子」，先是投出一記牽制：「原來如此，妳是記者？我知道記者中沒一個好東西」，然後才稍微告訴我一些事。

首先，他從「軍隊也是見錢眼開」聊起。自己原本應該是炊事軍曹，「因為有錢，肚兜裡隨時都塞個一千五百圓，昭和十九年十月便免除召集，我是在飛田迎接戰爭結束的」。我於是問他對戰爭剛結束時飛田的記憶。

「燒夷彈落下後，飛田一帶充斥著砂糖燒焦的甜甜臭味。配給根本就沒配多少砂糖，這表示飛田有不少人家暗藏了黑貨的砂糖。燒焦的砂糖臭得不得了唷，是會讓鼻尖發疼的氣味，當時飛田就充斥著那種味道。」

「提到戰後的飛田，還有一件事，就是打架。都說『有錢人不爭吵』，但飛田的有錢人老是愛吵架。『到這裡為止都是我們的地』、『不，權利在我們這裡』，經常為了土地房屋爭來爭去，我曾調停過，用石頭在地上畫線，說『到這裡為止是A的』、『從那裡開始是B的』。」

他瞇起眼睛反覆強調飛田的納稅額之多在大阪數一數二，是多麼繁榮的街區，而關於自己是何方神聖，則提到他戰後用兩千圓買下一間咖啡廳，當起老闆。但覺得不滿足，又創立「報社」。

「最初是《關西中央新聞》。就是接飛田和新世界（的店家和公司）的廣告，刊登資訊的報紙。那時候這種報紙多如牛毛。別家報社是近乎脅迫地要人下廣告，而我因為受人信任，所以請我幫忙登廣告的人都是自己主動找上門的。我也會幫公所寫公告，是很好的報紙唷。有大報社主動表示要買下報社即可證明，所以昭和二十四、五年就賣了。」

很抱歉，我對於他的話是打折地聽。

人們接二連三地回到大半未被燒毀的飛田。即使那個年代生活非常貧困，可擺脫戰爭壓制的男人對性的欲求依舊無可估量。從「戰爭結束那年的年尾已有數間射擊店」的說法來看，復興、繁榮的腳步飛快，一九四六（昭和二十一）年底來到一百五十個業者、「接客婦（譯註：即女招待）」八百人的規模，兩、三年後甚至出現接客婦的團體「睦美會」。

「我已有記憶的昭和二十一、二年已經很熱鬧了。有很多穿著漂亮和服的小姐，簡直就是龍宮。」

在飛田長大的村尾利夫先生（一九四三年～）也作證道。

這裡又成了像高林先生那樣「靠飛田吃飯」，不，是「剝削飛田」的人的聚集地。和大阪站前、天六、新世界、鶴橋等一樣，飛田也「在地方頭人的支持下開設了黑市，成為黑市掮客、廟會攤商、幫派、流氓的巢穴，結果養肥了在幕後操控的大老闆，成了種種暴力行為的溫床」（大阪市民生局福祉課《大阪與賣春》，一九五七＝昭和三十二年）。

一九四六（昭和二十一）年一月，GHQ（譯註：全名是General Headquarters，即第二次世界大戰後駐日聯軍總司令部）的備忘錄「關於日本公娼制度的廢止」指公娼制度違背民主主義，內務省於是在一九四七（昭和二十二）年二月實施廢娼令。廢娼令的施行導致以往的「娼妓取締規則（目的在管制私娼，認可公娼制度）」被廢除，公娼制度本該走入歷史，然而警視廳卻令貸座敷業者和娼妓自發性暫時申報停業，並要他們改名稱，貸座敷改稱「接待所」，娼妓改稱「接待婦」，默許過去的遊廓繼續存在。飛田的貸座敷也只是把招牌換成接待所、珈琲店、料亭等，娼妓改稱女給、接客婦，賣春體系繼續運作，沒有任何改變。

這並沒有違抗呼籲「廢止公娼制度」的GHQ。因為內務省在「保護少女不受（美國大兵的）性侵犯」的大義之下，投入三千三百萬圓巨資，組織「特殊慰安設施協會（RAA＝Recreation and Amusement Association）」，設置專門服務美國士兵的慰安所。批判公娼制度的GHQ，實際上也認為為了自己國家的軍人好，賣春婦是必須的。

RAA是敗戰後不久的八月二十六日，在花柳界業者們主導下以公司形態成立，推出「招募新日本女性，提供宿舍、衣服和食物」等的廣告，甚至把一些因事先不知情而來應徵的良家婦女牽扯了進去。東京設置了吉原、新宿、玉之井、立川、福生等十三處慰安所。大阪的慰安所設在千日前的兼職沙龍（譯註：雇用打工的家庭主婦或女學生陪酒的酒吧）「夢幻國度」，飛田並未設置。「進駐軍搭吉普車來飛田看過，因建築物老舊過時而被剔除。」

飛田附近的山王二丁目居民竹島昌威知先生這麼告訴我。飛田的大妓院「日本樓」一度被選定為慰安所，但在翻修工程進行期間，GHQ驚訝於其他慰安所性病蔓延的情況，態度一轉，於一九四六（昭和二十一）年三月十日發布命令，禁止美國士兵前往RAA的各個設施和紅燈區，因此又回復成原來的「普通人」光顧的貸座敷。

我百思不解的是，在那之前一直是飛田貸座敷「房東」的大阪土地建物公司，戰敗後突然從飛田消聲匿跡。

我最後一次看到這名稱是在一九四二（昭和十七）年的電話簿上，登記的地址是「住吉區山王四丁目五番地」，此後再也沒看過有關它的紀錄。公司在戰爭期間遭到整併的可能性很大，而戰後也沒有東山再起。大阪土地建物公司的租賃條件是當時大阪常見的超過一定年數權利就會被移轉給房客嗎？還是像高林先生說的，戰後的混亂導致權利關係崩解，會爭會吵的人便隨意占有土地房屋？抑或是和農地釋放一樣，大阪土地建物公司的土地房屋被沒收並分配給房客？到底是哪一種情況呢？

紅線、藍線、皮條客和珈琲

戰後的飛田變成「紅線」。

所謂的紅線，指的是警方隨著公娼制度的廢除，限定只能在某些地區賣淫，即「特殊餐飲街」。由於管區警察會用紅線在地圖上圈出那區域，因而開始有此稱呼。據評論家神崎清先生（一九〇四年～七九年）的調查，全國紅線地區的賣春婦約六萬人，一人一年的平均接客收入為六十萬圓，總計起來一年被業者搾取三百六十億圓，繳了七千萬圓的遊興飲食稅。當初紅線被視為是娼妓轉行前的暫時措施，直到一九五八（昭和三十三）年賣春防止法全面施行前，它一直被允許存在。

大阪市內有五處紅線地區，即飛田、松島、今里、住吉、港區，合計有七百三十個業者。紅線周邊的賣春店密集區為藍線，如飛田周邊、大阪車站周邊、大淀區（現在的北區）的一部分等，業者數為一百四十六。更為周邊的皮條客聚集地區則被稱為白線。

「飛田是紅線，和那些藍線的不一樣。」

飛田的人們現在仍然會用這種方式來表現自尊心。他們很善於指出比自己更劣勢的人來顯示自己的優越。

「妓女要有執照的。藍線的不能有執照，所以梅毒、淋病蔓延，完全不一樣。」

前面提到的高林先生也如此強調。那是個在探究「集娼之社會必要性」的意見調查中，有八十二%的「勞工」、七十二%的「工薪族」回答「有一定程度必要」的時代。

松島遊廓遭受大阪大空襲的打擊呈毀滅狀態，許多業者於是遷入飛田。至今仍然住在飛田的土田先生也是其中一人。

「父親在松島的櫻之町經營一家一百坪大、有二十六個房間的遊廓。我在那裡長大，中學和大學都是京都的同志社。可是昭和二十一年三月我好不容易活著回來時，松島已燒成一片灰燼。是在早一步從松島遷去飛田的內人兄長介紹下，二十三年三月我用一百五十萬圓買下一間店面。是大正八、九年的房子，花了許多工夫整修。」

戰後的飛田有四類業者，戰前就來到飛田的本地業者、松島的遷入者、同樣遭戰火摧毀的花街新町（現在的西區）的遷入者，及其他地方的遷入者，他們借助地緣、血緣一個又一個地來到飛田。松島遷移過來的老闆們取飛田、松島的一個字組成聯誼會「飛松會」。土田先生遷入的前一年，即一九四七（昭和二十二）年，《松島新地誌》（一九五八年發行）中有段記述：「在飛田新地飛松會的幫助下，從銀行借了五十萬圓」。可以窺知松島的遷入者早早就在飛田擁有他們的勢力。

「尤其是戎神爺的日子（譯註：一月十日「十日戎」是大阪新年的傳統節慶。許多民眾這一天會去今宮戎神社參拜），拿著細竹的遊客大批湧入，非常熱鬧。而且有人居中介紹，不會讓小姐有任何不方便，真是個美好的年代。」

「說小姐們是『籠中鳥』或被債務壓得喘不過氣來是騙人的，（小姐的）老家的家人要是缺錢都會爽快地掏腰包不是嗎？還有誰能來幫小姐的家人？也有人是父親母親都生病，要扶養全家十一口的。要支撐這樣一個除了全家自殺別無他法的家庭很了不起，我們這些老闆也都待她如親人唷。」

土田先生向我強調經營者「光明」的一面。

一九五三（昭和二十八）年飛田新地組合的會員總數為一百五十四人（《大阪府下新地組合　會員名冊》），一九五五（昭和三十）年妓院一百八十七間，娼妓一千六百二十八人（《全國女性街指南》），重新復甦成為一個大家庭。

九州、四國人占絕大多數，代表性的妓院有桃源莊（前文中的百番）、日本樓、世界樓等。桃源莊的房子結構老舊，例如內部安放著一只國寶級的小型鐘，妓女則以頂著義式短髮的年輕女孩居多。

玩樂三百五十圓、住宿一千兩百圓為行情價，但另外還會收取諸如棉袍費、洗澡費、煤炭費、電扇費、茶水費等雜費，所以入內前會先提醒。是個蚊子算多的遊廓。

周邊是藍線密集區，入廓前有可能被抓，所以從地下鐵動物園前花七十圓租車進去才是明智的做法。

此外，沒錢時，有許多住宿費八十圓的廉價旅館，付個四百圓還有女人陪宿。不過，生病我不負責。（渡邊寬《全國女性街指南》一九五五＝昭和三十年，季節風書店）

飛田的住宿費一千兩百圓，與當時十四公斤的白米、七點三公斤的砂糖價格相同。這肯定讓它與用不到一半的價格就能住宿加做愛的藍線地區有了明顯的分界。不過，這條界線應聲崩解是遲早的事。

戰前有東西南北四個通往外界的通道，戰後增為十二個。因為不可能有執照的大批流鶯和情夫、皮條客、小混混一起湧入變得更容易與「外界」往來的飛田。

白線的跋扈——踏入飛田新地首先令我感到異樣的是，有很多皮條客。他們以往都在新地周邊拉客，但近來侵入內部，抓住調戲小姐的男人胸口硬是拖進去。周邊的散娼、皮條客與新地呈反比，最近一下子暴增。這些包圍在飛田四周的白線地帶大約擠了七百名的賣春婦

和三百名皮條客。（中略）

在消除暴力運動、取締硬性推銷後，的屋系統（譯註：在廟會擺攤的流動攤商）」也加入皮條客的行列，必然會引發暴力衝突。儘管大阪府警機動隊三十人、西成署特別巡邏隊十五人從日落到半夜兩點特別巡邏嚴陣以待，依然頻頻發生暴力事件。（中略）

還有報導指稱，有人被皮條客拉進去，遲遲沒有女人過來而抱怨，結果被拿走錢包趕出去。（《讀賣週刊》一九五七年五月二十六日號）

飛田的老闆們確實有種「紅線的自豪感」。不過，戰後到昭和三十年代初期，隨著流鶯群體從藍線地帶等周邊地區湧入飛田的皮條客、流氓、小混混等，在那裡揍人、踹人、恐嚇人、偷錢。惡質的拉客行為猖獗。拉住遊客慫恿人上門消費，一旦遊客面露難色，立刻遭兩、三人圍毆，被全身剝光的情況也並不少見。不過，連同這一帶是如此無法無天的形象在內，戰後的飛田如願贏了「大阪首屈一指的紅線」之名。

飛田和飛田周邊還有許多珈琲（重音在「琲」）店。珈琲店指的是提供洋酒並有女招待在一旁陪酒的風月場所，是酒廊的原型。

飛田周邊的珈琲店很好玩。

東、西、南、北各自有路通往飛田，東邊是從阿倍野筋沿旭町通往西，順著坡道彎蜒而下。河童横丁就在左後方，密密麻麻地擠了二十多間日式小吃亭，旭町通上則是成排略小的站立式酒吧。從路上往裡面看，若是興致勃勃地張望，立刻會有女服務生衝出來用力拉住你的袖子：

「帥哥進來嘛，我算你便宜一點。」

那力道之大的。好色紳士就會馬上被拉進店內。（中略）

從西邊去的話，從南海電鐵萩之茶屋站往東，沿商店街直直走，就會走到飛田本通。南側開了數十間的珈琲店，以便攔下前往遊廓的遊客。規模雖小但有特色，一旦在這裡被攔下，就會陷在這裡去不了遊廓，所以在地人都稱這一帶「地獄谷」。（《大阪春秋　第七十五號》〈我怎麼忘得了珈琲店？〉竹島昌威知）

「客人喝著威士忌兌蘇打水，和女人聊天，跳著笨拙的舞步，一旦默契成立就會被帶上二樓。當時這類珈琲店和傳統遊廓形式的店共存。因為政府默許它存在。」（竹島先生）

當我問，流氓和小混混不可能和珈琲店沒有關係，是不是經常有位大哥在一旁待命，只要發生什麼糾紛便大喝一聲出面支援呢？竹島先生輕輕點頭。

那時候飛田的經營者中還有位自稱「女次郎長」，以一身男裝——和服便裝配上及膝外套——闊步前進的任俠（譯註：即濟弱扶傾、俠義之士。黑道也常自稱任俠）。這位女次郎長在大峰山麓一個名叫洞川的小鎮留下一則軼事。傳說她試圖攀登禁止女人進入的大峰山（奈良縣），帶著三名和尚去到登山口，被洞川的居民擋下來。雙方協定「當女人登大峰山的禁令解除時我要第一個上去」，並帶走區長家傳的役小角（譯註：日本古代知名咒術師，也是日本修驗道的始祖）塑像，寫下字據，承諾「到時歸還」。

另外，飛田本通商店街浪速會在一九五七（昭和三十二）年四月向大阪府議會議長提出陳情，指「人數是飛田接客婦數倍的流鶯造反，可怕的藍天皮條客團橫行。懇請明察飛田所衍生的問題」。

賣春防止法

賣春防止法是在一九五六（昭和三十一）年五月二十四日頒布的。施行時間是一九五七（昭和三十二）年四月一日，但伴隨刑事處分的「全面施行」是在一九五八（昭和三十三）年四月一日。

一九四八（昭和二十三）年政府向第二屆國會提交「賣春等處罰法案」是第一步。因法案過於嚴格，審議未完成，成了廢案後，一九五三（昭和二十八）年起的三年間，神近市子、市川房枝等女性議員以議員立法的方式四度向國會提出相同主旨的法案，但四次都因為採多數決而被廢棄。其間，無黨籍的羽仁五郎議員提出反對意見，認為「將導致警察權限增強，侵害人權」，但不太為人所知。賣春防止法允許警方在沒有法官命令的情況下進行搜查，這將破壞新憲法下的法律制度，基於這樣的見解，他在一九五六（昭和三十一）年三月的參議院法務委員會上尖銳發言：「在社會和政治條件未建置完備的情況下，透過法律和警察防止賣春等於是不可能」。

第五次提出法案是在第二十四屆國會，最終通過表決是在一九五六年五月二十一日。一直拒絕通過法案的紅線溫存派議員被查出收授賣春業者的賄賂，加上第四屆參議院通常選舉（譯註：日本參議院議員一屆任期六年，每三年改選半數，稱為通常選舉）在即，自民黨議員為贏得女性選票，突然改變立場，同意賣春防止法通過，這就是法案通過的背景。

事實上我一直以為賣春防止法只是「不可賣春，也不可使人賣春」並「科以刑事罰責」的法律，但並非如此。

雖然有第三條的道德規範：「任何人都不得從事賣春或買春的行為」，但處罰的對象並不含賣春婦本人。

- 透過能引起公眾注意的方法勸誘人買春↓如：拉皮條等
- 仲介賣春者等↓如：掮客、流氓、小混混等
- 以暴力或讓人困擾的方式迫使人賣春的行為↓如：經營者
- 因上述行為收取報酬↓如：經營者、拉皮條
- 提供利益使人賣春↓尋芳客
- 簽訂涉及使人同意賣春的契約行為↓經營者
- 提供賣春的場所等↓經營者、（如果知情）屋主
- 使人賣春的業者↓經營者
- 為賣春場所或賣春業者提供資金的行為等↓金融機構

以上就是會受到法律懲罰的行為。

根據《大阪與賣春》所述，賣春防止法制定時最大的問題果然在於「單純賣春不罰」這點。第二十二屆國會上提出的法案第三條是基於處罰賣春本身的思維，但懲處規定不到一年就被撤銷。當時認為，為了處罰為數甚多的賣春行為人需要莫大的預算，不切實際。將來提出修正案，

盡速通過法律為當務之急。

然而，為什麼那之後經過半個多世紀基本上都未被修正呢？

「因為（選舉期間）提出不會引發輿論的賣春防止法，對選票也沒有幫助。」

專門處理賣春問題的渡邊和惠律師（隸屬大阪律師會）斬釘截鐵地這麼說。

戰後不久夫婦倆便在名古屋中村遊廓經營妓院的稻垣勝子女士，如此講述當年面臨賣春防止法的情況。

「那個叫市川什麼的女議員來（中村遊廓）視察，只在主要街道上走一走，沒和半個有苦衷不得不賣女兒的人談過話，就說『不可販賣人口』。

我聽到遊廓必須關閉的消息，雖然擔心以後該靠什麼餬口才好，但老實說很高興，不用再半夜起床。覺得以後可以一覺到天亮了。因為經營遊廓時，住宿的客人會半夜兩、三點要求『拿啤酒來』、『拿酒來』，每次都得起床，每天都睡得不安穩。」

小姐們不打菲洛本做不下去。有個小姐很慘。打到渾身瘀青，都不吃飯。打的時候眼睛發亮。最後像被澆了一盆水似的……就是因為這樣，亂糟糟的，我已筋疲力竭。所以我那時心想，這下子解脫了。」

許多妓院都是夫婦共同經營。男人負責鞏固外圍，女人負責打理店內的實際勞務。簡單易懂的男女分工。因此，面臨賣春防止法的全面施行，感覺飛田應該有不少女性和名古屋的稻垣女士有同樣的想法，但即使我拚命尋找也沒能遇到。

「飛田的太太們因為過度操心、勞累，幾乎都很短命。大致上都是太太先死。之後，先生十之八九都會和店裡的小姐再婚。」

我和飛田附近一間大眾食堂的老闆娘閒聊時不經意地問她，她的這番話在我腦海中揮之不去。

賣春防止法也規定必須為被迫停業的賣春婦設置「婦女諮詢所」，大阪除了一九五七（昭和三十二）年四月在梅田、中之島、天王寺、港區開設新的大阪市立簡易婦女諮詢所，同年八月並將原本設在府立森之宮醫院內的大阪婦女諮詢所遷到天王寺區的新大樓，擴大服務量能（此後被通稱為四天王寺婦女諮詢所）。經由這些諮詢所解送需要「庇護」的女性，並設置提供縫紉等內勤工作指導的「婦女庇護設施」生野學園（生野區＝營運主體是社會福祉法人）和朝光寮（西成區＝營運主體是救世軍）。另外，之後一九五九年五月在堺設立「大阪婦女輔導院」。這是更生設施，當賣春婦遭到逮捕並獲得緩刑，入住輔導院六個月就不會留下前科。全國設置了三處（其餘在東京和福岡），大阪的是全國第一間。

苦肉計

回來繼續談賣春防止法臨將通過前的飛田。

接到賣春防止法通過的消息時，飛田的老闆們個個抱頭苦惱。

約莫半年前才接到全國性病預防自治會（紅線業者組成的全國性團體）的捐款請求，「以阻擋賣春防止法的通過」。飛田的公會當然捐了一大筆錢。而從全國同業募集到的兩千三百萬圓巨款也已交給那一群代議士，所以老闆們都以為再怎麼樣賣春防止法都不至於通過吧，結果這是怎麼回事？

「沒能買通議員嗎？」

「國會更聽基督教的意見，而不是我們的。」

「我完全想不通遊廓為什麼不行！」

據說許多老闆拿著刊登了賣春防止法通過文章的報紙，像無頭蒼蠅似地驚慌失措。畢竟，諸位老闆對「剝削」的認知十分淺薄。換句話說，他們自認在做「和性有關」的小生意。「就像榻榻米店賣榻榻米、餐館賣餐點、蔬果店賣菜一樣，遊廓賣女人有什麼不對？」，反倒認為「我們一直在拯救家境貧困的女孩和她們的家庭」，並以此為傲。

「人哪，只要有男人和女人，就離不開『這個』。美國人不也對潘潘女（譯註：指日本在二次大戰後的混亂期，為駐日美軍提供性服務的妓女）睜隻眼閉隻眼嗎？」

「這只會讓施暴案件增加。就算法律說『不行』，需要就是需要。」

「要是別無選擇只能關門，那你得給我補償，否則我也沒辦法。」

一九七〇年代採訪過公會幹部的華房先生告訴我，當時這類聲音此起彼落。

「雖說是妓院老闆，但畢竟是不折不扣的大阪商人，只要提到賺錢的事就會絞盡各種腦汁。飛田約半數的業者打定主意，不管事態怎麼演變絕不放棄。意思就是，法律算什麼？那些政客也在玩赤坂、銀座的藝妓。一般市民有個可以玩女人的地方有何不對。誓死捍衛！

對繼續營業態度積極的老闆們想到一個主意，即取得『待合（譯註：指提供男女聚會場所的業者）』的許可，改採檢番制（譯註：即成立藝妓事務所，代為傳呼、接送、管理藝妓），把小姐們訓練成藝妓，讓她們像以前一樣接客不就沒問題了？寬限期間他們開始努力準備轉行。實際去南區的『待合』參觀、學習，覺得身為經營者必須了解什麼是賣春防止法，請來關大出身的律師，研究有沒有漏洞可鑽。為了讓小姐們遇到警方突襲檢查時能夠回答得出：『我們在做的和賣淫不一樣』，每週開學習會，要她們把賣春法死記硬背下來，即使這樣仍然不放心，還舉辦模擬考。然後馬上訓練小姐們跳舞、彈三味線，讓她們看起來像個藝妓。」

面對賣春防止法的全面施行，老闆和小姐們似乎都卯足全力。更何況，大家都有「在最後一刻，趁現在大賺一票」的想法。東京的吉原在一九五六年五月以後的一年四個月期間，出現接客婦增加一百七十三人的現象，因此同樣是紅線之「雄」的飛田，到了這個時候可能也有許多從其他地區遷入的女性。飛田瀰漫著一股超越勞資、奇特的團結氣氛。

不過，不是只有飛田的老闆們轉行經營「待合」。待合就是供客人與藝妓一起娛樂、飲食的貸座敷，就空間而言和遊廓沒有不同。只是「稱呼＝娼妓、常駐、有蒲團」和「稱呼＝藝妓、來來去去、無蒲團」的差異。

大阪府通告各紅線區，於賣春防止法全面施行的一個月前，即一九五八年二月底前停業，一九五八年一月，大阪府警為了「根除『非法賣春』」，具體定出業者轉行經營待合、酒吧等風月場所的限制，如：

- 超出風俗營業法所定的規模，即使只超出一點都將不獲許可。
- 現有從業婦女全數解雇，業者要提交新的商業計畫，代替書面承諾。原則上不允許重新雇用，但無處可去的從業婦女不得已滯留店內時，必須簽署書面承諾，表示已解除賣春契約，並將副本提交警方。

飛田的老闆們輕鬆地通過了這些規定，並計畫改變身分成為以賣淫為目的的待合業者。另外約半數對繼續經營賣淫態度消極的老闆們，則決定改經營寄宿屋（譯註：即收取房租、伙食費等提供住宿的人家）或旅館，但前身為妓院的寄宿屋住的是前賣春婦，而旅館當然是幽會旅館化。

當我去看飛田以外的大阪其他遊廓的動態，二月一日港新地（港區）三十三名業者中的十名業者，及二月十九日今里新地（生野區）的所有業者，舉行「解散儀式」；二月十四日松島遊廓向大阪府警請願：「希望將遊廓營業期限從原本公告的二月底至少延長至三月十五日」，同時提出「轉型為大眾旅館街」的方針。他們正一步步走向遊廓的終結。唯有飛田還竭力地喊出「讓我們營業到三月的最後一刻。想盡辦法鑽法律漏洞」。在其他新地如梳子的齒脫落般一個個轉業、停業的情況下，二月中旬以後飛田才放棄與定下二月最後一天為期限的大阪府警抗爭。

二月十三日，由四天王寺婦女諮詢所主辦的「接客婦就業懇談會」在飛田新地組合事務所講堂召開，約有三百位女性出席。根據每日新聞的報導，出席女性提出的問題類型為「即使重新做人，世人會溫暖地歡迎我嗎？我最害怕的就是因為在紅線區待過就被人冷眼看待」、「我想賺足夠養活我五個兄弟姊妹的錢。從事其他行業要是得不到我需要的收入該怎麼辦？」。

這些女性沒有選擇其他職業的餘地才會為了生存以賣淫為生。在失業人口充斥的時代，結束營業或轉行並不容易。而且沒有人帶頭。在東京，主張「組工會，以堅持我們的生存權，反對賣春防止法」的「接客婦從業人員工會籌備會」成立，但這股趨勢並未傳到大阪。大阪府宣布「為鼓勵接客婦轉行重新做人，提供每人五萬圓的貸款」。然而在飛田，更多的是如此哀聲嘆氣的女性：

「借那五萬圓，最後還不是得還？一點意義都沒有，跟著老闆比較好。」

大聲斥責前來進行個別更生輔導的四天王寺婦女諮詢所的諮商員：「妳們制定這樣的法律來欺負我們？」、「現在要我做女佣之類的工作，做不來啦！」的女性並非只有一、兩位。

與此同時，二月二十四日半夜十二點多，飛田本通發生大亂鬥。隔天早晨報紙新聞報導：「十多名皮條客揮舞日本刀砍傷四名皮條客的臉部、頸部和手，一人因大量出血不久後死亡，其餘三人亦身負重傷，生命垂危。在賣春防止法全面施行之前，許多窮途末路的皮條客為爭奪地盤以命相搏」，可這不只是飛田皮條客之間的地盤之爭。

過去飛田一直是黑幫鬼頭組的勢力範圍。鬼頭組當時在西成一帶勢力強大，旗下有一百多名皮條客。組向飛田及飛田周邊的店家收取保護費，皮條客與賣春婦勾結，時而以粗暴的手段圈客並搾取錢財的結構，事實上已確立。

「地盤算什麼東西！我們要徹底摧毀鬼頭組，進軍飛田！」

挑起「戰爭」的，是柳川次郎率領的愚連隊（譯註：日本舊時代的用語，即地痞流氓、不良少年集團、阿飛）八男。柳川十多歲在九州的中津時，對居住在日本的同胞僅僅因鄰居是韓國人就群起攻之而感到憤慨，故開始和日本人打架。戰後來到神戶，拿槍指著黑市老大搶奪財物。「搶壞人有什麼錯？」是他當時的主張。在柳川因強盜嫌疑而遭到逮捕、入獄後，他暫時回到九州中津，後來與昔日戰友一同去大阪，「要在大阪打天下」。那時八人還只是一個月向國鐵大阪站的豬肉鋪收取千圓保護費的小地痞，卻把野心轉向飛田。並為了打垮鬼頭組、拿下飛田，展開了殊死戰鬥。

柳川等人襲擊鬼頭組的販毒處和妓院時已種下火種，之後柳川的小弟遭鬼頭組圍毆並被擄走時，柳川因一時氣憤，當天便帶著日本刀、殺魚刀、手槍發難，揭開以僅僅八人攻擊百餘人的鬼頭組大亂鬥序幕。直到三月十七日為止，長達三週的期間反覆混戰，輕重傷者達到十五人。

柳川一群人「獲勝」，瓦解了西成最大黑幫鬼頭組。柳川次郎遭到逮捕，被關進大阪拘留所，九個月後就獲得保釋。之後成立柳川組，升級成擁有兩千名組員的黑幫。並且加入山口組，成為稱霸全國的馬前卒。他們被人稱為「殺手軍團」，瞬間聲名鵲起（之後於一九六九年解散）。

柳川組對鬼頭組的混戰現場當時人山人海。圍觀者也是搏命演出。「只有我們親眼見過沾滿鮮血的大亂鬥」，這怎能不增進飛田和周邊居民的同舟共濟之感？這起事件可能也煽起了飛田人奇特的團結意識。

同時全面取締

在這樣的情況下，警方對賣春防止法即將全面施行前的飛田，進行了一場大規模的取締行動。

取締行動的首領是一九五七（昭和三十二）年十月升上大阪府警本部警部補，受命負責「大阪府警本部風紀調查」，當時年僅二十七歲的四方修。

四方先生二〇一〇年擔任退休警官協會大阪府警友會會長、全國警友會聯合會副會長，並在大阪市中央區經營一家基金公司。

「西成署設了一個調查本部，跟我說：『你的工作就是取締色情和賣淫』，我吃了一驚。」

我對四方先生的名字感覺似曾相識，事實上，他就是日後一九八四、八五年固力果森永事件當時的大阪府警本部長。二十幾歲的資歷就主持飛田的取締行動。

「賣春防止法的目的不是要消除賣春行為本身，而是為了消除妓院管理者的剝削所制定的法律。五七（昭和三十二）年的除夕，愛知縣率全國之先讓它（賣春地區）一片漆黑，於是我以此為範本，賭上大阪府警的面子，在五八（昭和三十三）年三月底，非得讓大阪的賣春地區全部熄燈不可。我先派人假冒生意人或顧客去名古屋查訪，然後製做簡單易讀的共用資料『執法指南』，裡頭講解賣春法各條文的內容，並查閱文獻，把賣春始於伊勢神宮的巫女（譯註：日本神社中輔助神職人員的女性）的歷史也寫進去，用粉紅色的紙張印刷，以引人注意。我把它發送到檢察廳、法院。很幸運的，他們據此寫了一份搜索令，我們才得以拿著它進入飛田。」

首先要掌握飛田賣春管理的現況。四方先生每天去飛田。希望能記住客人的長相，等他出來隨即上前問話：「你今天來做什麼？付了多少錢給誰？」以取得口供。當他為此向菸草店或烏龍麵店商借店鋪門口時：

「我們多虧了遊廓才能做生意。忘恩負義那種事，我們不會做！」

遭到每一家回絕。這時四方先生想到的辦法是「喬裝打扮」。

「一班假扮麵攤。借來一台攤車，練習吹鎖吶，假扮成賣麵的。二班是拾荒者。穿著髒兮兮的衣服，裝作在回收垃圾，緊守在看得見妓院入口的位置。」

就這樣查明了有客人一個小時就出來，也有客人待很久，在賣春管理結構下女性一晚平均接五、六位客人。

接著，一九五八（昭和三十三）年二月二十八日清晨五點，警方陸續「咚、咚、咚」地敲了飛田兩百間左右妓院的門，一起衝進屋內。警察的數量大約一百五十人。

「什麼、什麼、什麼!?」

警方向大吃一驚的老闆亮出搜索令，奔上樓梯，撬開房門，進入小姐的房間。正在睡夢中的客人和小姐慌慌張張地跳出被褥。客人如果辯稱：

「我什麼事也沒做！」

調查員就會把手伸進被子說：

「這不是挺暖和的嗎？罪證確鑿！」

據說當時有個獨自在房裡睡覺的小姐挑逗他：

「警官，你好帥喔。好想抱抱你，不要錢的。」

他嚇死了，但依然不退縮地將小姐帶走。

「我們把兩千人左右的女性集中在一個地方，印象中好像是法圓坂（大阪府警附近）還是哪裡，給她們旅費，一個不剩地全部讓她們回老家。多半是四國和九州。哎呀，可是……」

四方先生他們暫時成功「讓飛田變得一片漆黑」。

不過，必須取締的不僅是飛田的牆內，淪為法外之地，且情況更加嚴重的飛田牆外也是。在藍線、白線地帶接客的女性，如上所述，多數都受到黑幫的剝削。女性與黑幫成員簽約，接待小混混或是其手下拉到的客人。在「有事發生時」獲得保護，但要上繳交易金額的至少五成，多的話七、八成。

「一名穿雨鞋、打著粗製油紙傘，肩上掛只哨子的男子守在西成署前，我們一離開警署，他就緊跟在後。」

雨鞋、油紙傘這樣醒目的裝扮是為了讓皮條客、混混同夥一目了然，哨子是為了傳遞消息。

「雖然有眾多皮條客在蠢動著，但我們一彎進小巷，那男子立刻『嗶——』地大聲吹哨打暗號，於是皮條客便一哄而散。」

貓捉老鼠的遊戲持續著。警方為了繞過油紙傘哨子男，將調查本部改設在阿倍野署，最後向鬼頭組亮出搜索令，才救出許多藍線的小姐。

「我們所做的就是把賣春婦從剝削和束縛中解放出來。徹底摧毀那些把女人當犧牲品、占女人便宜的業者。不過說到結論，淪落到當賣春婦的女性並沒有能力轉行。她們在老家無處容身。即使被飛田的經營者和黑幫壓搾，靠著賣淫生存下去仍是比較好的選擇，她們無法對抗這種貧窮的結構……」

四方先生們救出並給她們旅費、讓她們回老家的前賣春婦們，經過一陣子後一個一個又回來。

我想起二〇〇四年在旭町商店街（二〇〇八年完全消失）澡堂見到的木村美智女士說的話。昭和三〇年代木村女士曾在新開筋商店街的食堂工作過。

「這樣說雖然不太好，不過我一下就看出來了。啊，那個女的以前在那家店待過。這個女的是那家店的小姐。我們都心知肚明。提著旅行袋，起初像賊貓似的東張西望。只要發現認識的人立刻眉開眼笑。我們就看著回來的人一個又一個增加，心想能怎麼辦呢？」

四方先生等人執行清晨大規模取締的二月二十八日早上，飛田新地組合事務所擠滿了提交停業通知、轉業通知的人群。緊接著，下午在飛田新地組合事務所舉行公會和從業員團體「睦美會」的解散儀式。據說「來賓致詞聽起來像悼詞」。睦美會的解散儀式僅有寥寥幾位躲過清晨取締行動的女性出席。大家都拿到紅白饅頭（譯註：指小小一顆包紅豆餡的日式甜點）和餞別禮，不過臉上都無精打采。

那之後，三月二十八日飛田新地內的待合「京屋」的女老闆（六十九歲）因「繼續雇用接客婦，偽裝成關東煮店，讓人非法賣淫」遭到逮捕。這是本該都停業、轉業的紅線業者在關西的第一起被逮捕案件。由於她承認指控並供稱：「因為沒有其他賺錢的管道，便自願接客」，加上年事已高，大阪府警並未拘留她。

轉型成「兼職料亭」

一九五八年四月一日賣春防止法全面施行，全國約三萬九千家賣春業者、約十二萬的賣春婦歇業。從官方許可的遊廓發展成紅線區的飛田，表面上在一個月前已迎來完結篇，不過從那天以後飛田的感覺變了。可以聽到三味線的琴音。

「我採訪時聽說，在飛田，為了把前妓女訓練成臨時藝妓的練習受到了刺激。把教授舞蹈、小曲的老師請來飛田會館，每天『七咚鏘』。老闆們卯足了勁。另外分配住宿，一九五八（昭和三十三）年六月，全面重新漆上『待合』的招牌。」（華房先生）

一九六〇（昭和三十五）年八月三十一日飛田的商家數為兩百零五家，待合三家、料理店一百三十八間、珈琲店四家、旅館十八間、寄宿屋十一間、飲食店五間、其他（住宅、出租房、戲院、事務所、土耳其浴場、當鋪、醫院等）二十八間。在減到剩這「三家待合」之前，飛田有過一段待合林立的時期。

不過，那只是曇花一現。

「老闆們的辛勞轉眼間化為泡影。因為客人高度認識到『以後去買女人會出大事』、『如果被發現要付出昂貴的代價』。賣春防止法剛實施時，遊客不敢靠近，徹底失敗。即使有『都是你的提議』、『不對，是你先開始搞的』這樣的爭論，但並沒有發生決定性的分裂，也沒有放棄，我想這就是飛田的骨氣。」（華房先生）

當時的解決策略是「三業分離」。即把業者分成待合、珈琲店、寄宿屋三類，表面上沒賣春，而「由住在寄宿屋裡的女服務生去珈琲店上班，自己和客人約定好條件後使用待合的空間，業者則以貸席費、寄宿費的名義從娛樂費中抽取應得的分額」。

這比臨時藝妓要務實。賣春仍舊存在，而因賣春防止法全面施行以為「不能再買女人」的客人們也有種「痛過就忘了」的感覺，漸漸開始回流。結果換成老闆們心生不滿。

「啊，可惡！這麼一來，小姐們豈不比我們老闆還了不起？」

「怎麼是我們得從小姐賺的錢中抽成？這就像是小姐在養我們似的，會倒八輩子楣的！」

「就是啊！要改成錢先進老闆口袋，再從中把應得的分給小姐。不然太奇怪了！」

有這種追究結構本質的意見，也有「難道不能展現原本紅線的氣氛嗎？」的懷舊派。而後來想出的就是延續至今的兼職料亭。靈感來自兼職沙龍。

兼職沙龍始於一九五〇（昭和二十五）年「夢幻國度」在南區千日前開設的一號店，轉眼間便擴散到全日本。是一種類似現在夜總會的酒家。即由學生、公司職員、已婚女性等特種行業的門外漢兼差陪酒接待客人的形式。

可以感受到「完全不懂的門外漢」的新鮮感。為了將這套模式應用到飛田而絞盡腦汁的一位飛田老闆突然想到：「對了！兼職料亭啊！」也可以說是前面提到的珈琲店的進化版。

讓世故老練的小姐裝成沒經驗的樣子，並消除房間中的性暗示。換句話說，不鋪墊被，放置兩張以上的坐墊。只要設計成在房間裡喝著啤酒突然陷入「戀愛的感覺」，就不必刻意大費周章地安排「在待合或珈琲店相遇再去寄宿屋或旅館」。遊廓和舊紅線的氛圍加上業餘感。「以店家為前提」，而不是「以小姐為前提」。所有業者若能同時取得待合和珈琲店的營業許可，兩者兼營，那就無懈可擊。即向警方主張：

「我不是一開始就打算賣淫，這是自由戀愛，沒意見了吧！」

「大家都覺得這事非常簡單。」

這是諸多老闆的心裡話。

然而，以「兼職料亭」形式重新出發就一帆風順了嗎？也不盡然。兼職料亭本身運作得還算不錯。不過，與周圍舊藍線、白線的分界逐漸消失，廣泛地區加速度地貧民窟化。與黑社會組織的關係變得更加密切。

一九六〇年黑岩重吾報告

那時候，黑岩重吾先生（一九二四年～二〇〇三年）住在飛田附近的松田町。戰後從舊滿州復員回來的黑岩先生從事股票資訊收集工作，一九五三（昭和二十八）年生了一場原因不明的怪病，住了三年醫院。住院期間股市暴跌，無家可歸，一九五七（昭和三十二）年左右搬去釜崎的簡易旅館區。勉強靠著在街頭用撲克牌幫人算命來維持生計，同時寫下截取當時飛田一個切面的短篇小說，如：〈飛田飯店〉、〈飛田殘月〉。

〈飛田飯店〉的主角是個結束兩年牢獄生活，回到有「飛田飯店」之稱的公寓的男人。故事講述他為了向入獄前同居、在兼職沙龍工作的女友求婚而回來，不料人去樓空。主角聽說她與別的男人跑了後，便去找她。不過她卻自殺了，留下一封遺書寫道：「我喜歡你，一直等你回來，然而身體卻渴望男人……如果有來生，我想以處女之身成為你的妻子」。

出場人物還有住在同一棟公寓的賣春婦和皮條客們，而最打動我的是天不怕地不怕誇口說：「只要套著那個就跟抱圓木一樣，不算什麼」的流鶯。其實她因為喜歡主角，在主角入獄前曾和他發生關係並懷孕，那是她唯一一次沒戴「那個」。後來流產。

頑強、荒唐透頂、一無是處。愛欲在生活中占很大的比重。我感覺在某個意義上，這是一部在歌頌他／她們的小說。

這位黑岩先生在一九六〇（昭和三十五）年四月五日那一期的《公論週刊》（中央公論社）上，以「無軌道賣淫街區——大阪『飛田』」為題，描寫了當時的飛田附近。

子夜一點，阪堺線飛田站前的平價小酒館現在正是熱鬧的時候。用竹簾圍著的關東煮店，總是聚集著兩、三人的賣春婦、拉皮條的老人、老鴇。

其中一名皮條客是個白髮大叔。他今年五十歲，從岡山的中學名校畢業後，當舞台劇演員曾名揚一時，現在住在飛田車站旁的公寓，一直在幫兩名賣春婦拉客（他並未加入黑道賣淫組織）。

（中略）

「講白了我就是皮條客。話雖如此，但我不是吃軟飯的，我只是幫女人介紹客人，收取我應得的部分。除此之外，我沒有從女人那裡拿到半毛錢。我真的是個善良的皮條客，和那些黑道賣淫組織的皮條客靠騙女人來賺錢不一樣，別把我跟他們混為一談。」

意思是皮條客有兩類，即單純幫女性介紹客人再從中抽取費用、獨立作業的「善良皮條客」，和「黑道賣淫組織的皮條客」。經過先前那場大亂鬥後，這一區的最大黑幫由鬼頭組換成柳川組，此後皮條客的結構變得愈趨複雜。「黑道賣淫組織的皮條客」指的是以柳川組為首，盤踞在飛田一帶的四組黑幫。這四組黑幫旗下約有五十名賣春婦，每名賣春婦都配兩名「情夫」和兩、三名「馬伕」（情夫、馬伕統稱皮條客），「算起來一個女人養三、四個男人」黑岩先生繼續寫道。

「情夫」的職責是拉客，「馬伕」則負責把小姐送去，並監視之後有沒有警察來、客人是否逃跑，黑幫賣淫組織為多層結構。黑岩先生接近那賣淫組織並寫成報導。我將其文章摘要記錄於下。

子夜一時，身穿黑色西裝、二十歲上下的皮條客、馬伕群聚在飛田黑暗的十字路口。

「大哥，有不錯的馬子，才剛從鄉下出來，過夜八百，怎麼樣？」

當黑岩先生接受皮條客的引誘跟他走，馬伕便隨後跟上。出了舊遊廓，走到巷子的一個角落後，另一個男人馬上從電線杆的陰影下現身，與皮條客密商。

皮條客密商完便折返，由剛才現身的那個男人帶路，走去一家掛著「休息兩百圓、住宿一晚四百圓起」招牌的旅館。

一名「十八、九歲，還留有少女模樣的圓臉女子」走進房間。

「過夜八百圓，和房間費四百圓。」

黑岩先生給他一千兩百圓後，男人便留下女子離去。黑岩先生於是和女子聊天。

「這一陣子景氣如何？」

「不好。」

「一晚可以接幾位客人？」

「差不多兩、三人。」

「家鄉是哪裡？」

「哪裡都好吧，大哥有菸嗎？」

當他拿出「PEACE（譯註：香菸品牌）」，女子立刻說：「我只抽『新生（譯註：日本香菸品牌之一。目前已停售）』，我去樓下拿了再過來。」

女子走出房間後就沒再回來。「被放鳥了」（收了錢卻沒發生肉體關係、遶跑）——。

雖然覺得「多麼愚蠢」，竟然被一個十八、九歲的女孩拿了錢跑掉，但這也意味著他們的團隊合作比客人高段得多，並按照他們的規則巧妙地編排好情節。

換個角度，對女性來說，不必脫衣服錢就滾滾而來這太讚了。而為了讓這樣的好事發生，皮條客和馬伕都是必要的人才。說得更白一點，背後需要有黑道組織來支撐。我會認為這是很好的團隊合作，但黑岩先生指出「剝削的結構遠比紅線時代更加惡劣」。

比方說，如果是「五百圓」，扣掉皮條客、組、情夫應得的份，小姐手上只剩下約七十五圓。黑岩先生寫道，小姐一個晚上必須接六個客人，一個月才能有一萬五千圓過生活，並以「無論如何，大阪飛田一隅從傍晚到翌日清晨行人絡繹不絕，以『奇妙的無法地帶』之姿，迎來第三個賣春防止法實施紀念日」作結語。

賣春防止法實施後的飛田和飛田周邊，也成了無處可去的人們匯聚的大悶鍋。

西成暴動

一九六一（昭和三十六）年八月一日，與飛田相鄰的日雇型勞工城市釜崎發生了暴動。俗稱「第一次西成暴動」。

當天晚上九點左右，日雇勞工柳田先生打算橫越西成署東田町派出所前的馬路時，被計程車輾過。

根據隔天八月二日朝日新聞的報導，西成署交通隊人員一個多小時後才抵達車禍現場。他們查看了被棄置在路上的柳田先生，已無脈搏，斷定當場死亡，將屍體擱在派出所前的人行道上繼續檢查現場。

其間雖要求天王寺消防署派救護車來，但很晚才到，所以又過了大約二十分鐘才將遺體送達附近的醫院存放。

「為什麼不早點送去醫院？」

「瞧不起我們嗎？」

「早點送去的話應該能救活的！」

現場人群聚集，許多日雇型勞工紛紛表達對警方處置的不滿。

按理，唯有醫師可以判定死亡，西成署警員擅自認定死亡是不對的。暫且不論勞工們是否知道這件事，他們對警方的怒火爆發，演變成暴動。

勞工們用暴力來表達他們的「憤怒」。包圍西成警察署，翻倒巡邏車和停在附近的車輛，放火燒公寓。在二日黎明之前，有兩千多人參與這場暴動。二日晚，暴動進一步擴大，據稱暴徒人數達一萬人，已是「戰爭」狀態。

「當時整個西成可慘的了。我們不是不能理解勞工的心情。也覺得警方的態度不對，但爆發的怒火卻朝錯誤的方向去。很可怕。我們為免淪為箭靶，關上大門，在暗濛濛的屋內摒息關注著電視新聞的報導。即使是飛田，大家也和我們的感覺一樣不是嗎？」

飛田本通（舊名）上一間生活雜貨鋪的主人這麼說。

面對這場暴動，大阪府警動員六千人的警官隊應戰，予以鎮壓。大阪地方法院研究是否適用騷亂罪，警察廳為根除煽動分子，決定「長期戰鬥」。三日晚，繼續鬧事的群眾有五千人，滿身是血的勞工接二連三被帶走。持續三天的暴動逮捕二十八人，另外有數十名勞工、約一百名的警察受傷。

這起事件也被提上當時的國會、大阪府議會和大阪市議會討論，並實施了一些減輕「日雇型勞工不滿」的措施，如由地方政府負擔醫療費等，不過之後又發生了幾次暴動。於是——

「西成是個可怕的地方。」

「釜崎是個難搞的地方。」

出現這一類傳聞。為導正這個地區的不潔形象，一九六六（昭和四十一）年五月，大阪市、大阪府、大阪府警將釜崎地區更名為「愛鄰地區」。此後，行政和媒體上都使用這個名稱，不過——

「就是『親愛的鄰居』的意思對吧？總覺得像在嘲笑我們，妳不覺得嗎？故意來挑釁的感覺。鍋子就鍋子（譯註：釜崎的「釜」字含有鍋子的意思），很好啊。」

二〇〇九年十月，當我在飛田本通的咖啡廳「COCOROOM」向鄰座「三十年前就來到西成」的日雇型勞工木村先生提起「愛鄰」這名稱時，他立刻用激動的語氣這麼說。

對女性的「庇護」

根據賣春防止法第三十四條為「預防有賣春之虞的女子（需庇護的女子）的墮落及更生保護」而設立的生野學園，是女性可以求助的設施之一。規定收容人數為六十人，賣春防止法施行後有百人進出。谷本上枝女士在《女人的戰後史～來自大阪的報告》（柴田悅子編，創元社）中如此記述：

「在低工資和社會福利、住宅、教育政策貧乏之下，導致女性走投無路被迫賣淫的情況不斷發生。」

她自一九五八（昭和三十三）年起擔任生野學園的指導員長達三十多年。

「我們的工作就是援助這群被稱為賣春婦的人，到她們能夠自力更生為止。想說為她好，幫她介紹工作，卻做不久。不知什麼時候人就辭職不見了。各式各樣的人都有。」

我透過電話提出採訪申請，希望谷本女士能告訴我一些實例和當時工作的情形，不過只能問到這一類的事，採訪「因事涉個人隱私」未能實現。

隨著我對坩堝時代飛田的了解逐漸加深，我心裡開始有種想法：「希望當時從事賣春婦的人能告訴我她們的故事」，但事情沒有那麼簡單。因此，我想引用（摘要）我在《婦人保護的兩年》（大阪府民生部，一九五八年）和《大阪的婦人保護　第二部　案例集》（同前，一九六一年）中找到的與飛田有關的四名賣春女性的簡歷和「保護」過程。

・A子小姐（三十一歲）

京都府M市出生。十一歲時與生父死別。由於貧困，母親與後來的繼父同居，卻遭繼父侵犯。高等小學一年級時輟學，在製絲工廠當女工等，十九歲結婚。不過很快就離婚。回到娘家，但被母親和繼父視為負擔，於是離家出走。二十一歲在鳥取縣的I樓當接客婦。那年上阪前往飛田。五年八個月期間在飛田新地內換了六處妓院，之後又輾轉松島、京都的七條、島原、名古屋的中村等地。三十歲之前有八年時間靠賣淫度過。

在母親的勸誘下成為天理教信徒，開始踏上更生之路，然而，「多年的賣春生活已滲入體內，成為難以絕斷的需求」，因而再次「墮落」。在新世界的食堂工作但無法繼續下去，淪為流鶯。遭到逮捕，被判緩刑，經過婦女諮詢所的短暫庇護後，住進婦女庇護設施T寮（可能是朝光寮）。目前在寮內專心一意地做著家庭手工。指導員總是擔心：「她會不會克服不了性慾，再度墮落？」

・B子小姐（三十六歲）

因父親的工作與海軍有關，從小在廣島和長崎縣長大。手足三人，一個哥哥和一個弟弟。實科（譯註：即以實用為目的的學科，並注重實做）女校畢業後前往韓國。二十歲時母親病逝，父親的事業陷入低潮，加上長兄應召入伍，家境轉趨貧困。二十二歲（一九四六年）被遣返原籍地兵庫縣。

她的「墮落」之路始於父親與從事特種行業的女子再婚。她請成了掮客的弟弟幫忙，來到大阪。由於生活的艱辛和誘惑，她開始在酒吧和兼職沙龍當女招待，並在飛田新地的A樓當接客婦。輾轉各地，大約做了三年。二十九歲起自己接客。遭逮捕十餘次。一九五八年七月被移送大阪婦人輔導院。在院內成績良好，二十天很快就獲准假釋離院，但因無人擔保，入住婦女庇護設施。

在寮內穩定地從家庭手工轉到外勤工作，不料一九六〇年因「右肺浸潤」住院，搬離宿舍。

• C子小姐（三十六歲）

兄弟姊妹六人中的次女。父親是大阪市內一間寺院的僧侶。舊制高等女校中輟。在新京的關東軍司令本部擔任會計。與擁有僧籍的T談了一場辦公室戀情，但後來分隔兩地，迎來戰敗。

一九四五年末回到大阪，拚命尋找T的下落，總算重逢。離開老家的寺廟，展開有實無名的夫妻生活。因父親亡故，C子夫婦成了娘家實質的繼承人。不料，T在她懷孕期間與姊姊關係變得親密，因而深受打擊，離家出走。胎死腹中。之後回到娘家，得知T和姊姊已正式結婚。T勸她與其他男人再婚，她再次奪門而出。

開始在西成經營賣淫。為了不讓小姐逃走開始使用毒品，自己也染上毒癮。被依毒品防制法的現行犯遭到逮捕，並入監服刑。

一九五三年，二十九歲刑期終了返回老家，但陷入狂躁狀態。在精神病院接受「腦白質切除術」，四十天後返家。不過，家人又提起再婚之事，因而離家。（「腦白質切除術」指的是大腦前額葉切除手術，它被指出在醫學上、人道上有諸多問題，如引起人格改變等，現在已禁止施行這樣的手術）。

她以老巢山王町附近作為自己的地盤，再次經營賣淫。賣春防止法實施後，自己站上街頭拉客。一九五九年五月三十日被逮捕。獲判不起訴，暫時留置在婦女諮詢所，後來被移送生野學園。

入住生野學園後，在鋼材公司任職。但遭到社長性騷擾，離職。之後因胃潰瘍住院、動手術。出院後，獲得新興宗教家的傾聽，漸漸得到救贖。

• D子小姐（二十二歲）

愛媛縣的中學畢業後來到大阪。寄宿在西成區的朋友家，但過沒幾日就為生活費發愁，於是成為賣春婦在紅線區住了下來。賣春防止法施行後，與熟客M先生同居，但M先生的父母得知後反對，於是分開。憤而投入組織賣淫，但因為墮過胎，無法賺到自己想要的那麼多，失望欲絕企圖自殺。自殺失敗後，聽到M先生說：「會努力說服父母同意我們結婚」，於是經由婦女諮詢所，入住婦女庇護設施。

入住時一頭褐髮、濃妝豔抹、花枝招展，並老是端著一副架子，不過，當指導員視如己出地對待她、告戒她，她慢慢能夠當一名女工。開始工作十天後，遭同事中傷：「她是從妓女寮過來的」，於是在失意中辭掉工作。

就在這個時候，M先生的母親來宿舍，同意他們的婚事。她在宿舍生活一個多月後，因結婚離開宿舍。隔年生產，建立起美滿的家庭。

半個多世紀以前的四個案例。

因貧困、家庭不睦、繼父的性暴力等失去投奔之處，成為賣春婦或操控賣淫的業者。我再次覺得那些盛裝打扮面露微笑的女性、以輕佻口吻騙取客人錢財的女性，都是懷著苦衷來到飛田的。同時認為，如果是現在，A子等人的情況應該會被診斷為「創傷後壓力症候群（PTSD）」、「性成癮」等，需要精神醫療上的照護，然而在缺乏這樣認識的當時，備嘗辛酸的女性恐怕不在少數。

走上吸毒、造成精神異常……這些都不容忽視。然而我在轉錄這些文字的過程中有種心情——「這不是妳們的錯。是社會的錯，是社會讓妳們變成這樣的」。此外，當初以為，畢竟那個時代戰爭的傷痕歷歷在目，才會有那樣的案例，但日後我在採訪現在的飛田時，開始認為那樣的結構在半個世紀後沒有絲毫改變。我會在第六章談到這個部分。

「當時賺得像阿呆一樣」

飛田新地的內部在賣春防止法施行後情況如何？老闆們有確實賺到錢嗎？他們經過一些紛紛擾擾，才以公然賣淫的兼職料亭林立街區之姿，起死回生。

即使到了六〇年代，走進舊遊廓，不論店鋪的格局、老鴇和小姐們的模樣，都與合法時期沒有太大不同。管「帳房」的男人常駐在入口後方。客人在店門口選好小姐後，走進店內，付錢，一套七、八百圓。交涉成立。小姐擺好兩張坐墊，取代蒲團，就在那上頭進行「坐墊賣春」。

「（老闆們）當時賺得像阿呆一樣。」

重複這麼說的是第二章提到的「阿龜」老闆原田先生。「像阿呆一樣」在大阪話中是「非常多」的意思，與「像笨蛋一樣」的差別在於好感度。它隱含了一種溫暖的、稱讚的意味，就像「好呆」、「好傻」被用來表達「我實在無話可說」的意思一樣。

原田先生的雙親所經營的料亭「平均有十七名小姐」。高度經濟成長期的繁榮非比尋常。大阪為了舉辦七〇年的萬國博覽會，正處於一片欣欣向榮。絡繹不絕的客人全都用現金交易。營業所得塞滿裝橘子的水果箱或一斗罐（譯註：即十八公升的汽油桶）。由於很快就滿了，聽說帳房會施加自己的重量用腳壓住箱子。分配比例是老闆四、小姐五、老鴇一，但小姐的「五」會再扣除她的借款。

「飛田每戶人家的楣窗上或掛軸背後，都是一捆一捆的百萬圓鈔票。小偷根本怕得不敢來。」

原田先生的父母開業數年就在大阪郊外的枚方一處高級住宅區（森繁久彌的宅邸也在那裡），蓋了一棟「像城堡一樣的家」。占地四百坪，建坪兩百坪。院子裡有池塘，池塘裡有錦鯉，愛車是凱迪拉克。還有「心思細密的幫佣阿杏」。

「以現在的感覺來說，我想一年的淨利應該有六、七億。」

如此談論雙親經營的料亭的原田先生，據說孩提時代就住在枚方的豪宅，寒、暑假和春假都在飛田度過。一九六四（昭和三十九）年高中畢業後在一家飯店的廚房工作。起薪八千圓。

「媽，我發薪了！」

他拿給母親看，然後在去年過世的父親牌位前雙手合十，說：「我借走一些喔」。把家裡的鈔票全部「悄悄拿走」。

「十八、九歲的年紀，口袋裡隨時放著約三萬圓。」

在大學畢業生起薪兩萬一千圓的年代，他十八歲口袋裡就有三萬圓。

「現在想來，真的是不義之財留不住。」

許多老闆都用賺來的錢在飛田以外的地方買房。在「不寫進書裡」的承諾下，我另外訪談到四位經營者的公子，聽他們聊在阿倍野區、住吉區的高級住宅區長大的故事。這與市中心的商家在郊外購置住宅的情況不太一樣。而是不希望自己的小孩被人用「飛田小孩」的有色眼鏡看待的天下父母心。

「雖然賺到了錢，但也被人瞧不起。妳知道『亡八』嗎？」

說這話的是四人之一的吉田先生。他曾被小學的級任老師調侃：「你住在大房子裡，你的父親是亡八嗎？」那是他第一次聽到這個名詞，當時幼小的心裡已感受到自己被鄙視。亡八是對遊廓老闆的蔑稱，被認為意指「仁、義、禮、智、忠、信、教、悌八大德目全都欠缺之人」，含有對人格全面否定的味道。

「像阿呆一樣賺錢」，不用說，與賣春防止法施行前和戰前一樣，都是靠背負債務簽下賣身契的小姐的勞動創造出來的。多少小姐都是二十歲上下來到飛田，四十歲左右契約期滿改做老鴇，一直在飛田生活，直到老死。

住下來是天堂，離開是地獄

「記不太清楚是什麼時候，不過公會做了許多驅逐暴力、打造可以安全玩樂的場所的宣傳活動喔！」

料理組合前幹部這麼說。

前文提到，賣春防止法施行後，皮條客、馬伕、流鶯依舊在飛田內外橫行，還包含一些有黑幫背景的案例。

徹底殲滅這些人之類的前幹部所謂的「離譜的事」，他們並不考慮。「就是強調這裡是個可以做一些好玩的事的街區。從能做的事做起，一步一步地做到淨化。」他說。

其中之一就是盆舞。一九六五（昭和四十）年前後接連好幾年在大門通架設高台，請來唱河內音頭（譯註：音頭是日本傳統民歌的一種類型，可以讓人隨歌起舞的歌曲。河內音頭是大阪代表性的民歌，常常被用於盂蘭盆節的盆舞）的鐵砲光三郎。「鐵砲節河內音頭」當時紅透半邊天。我問：「你有什麼門路嗎？」他就一句話：「錢哪」。

「另外，○○○○和×××，我們也都出高價邀請，感覺像是有飛田支持，他們才會賣得這麼好。雖然他們很感激飛田，但人一紅就得意啦，從此就沒來過。」

○○○○和×××現在仍然是人氣屹立不搖的演歌歌手。

盆舞的日子，料亭以「特別收費」營業，小姐們會輪流溜出去參加盆舞。據說來參觀的遊客也會加入一起跳。

還有一件事是，創作飛田的主題曲。

「好像是昭和四十年左右吧？我們為飛田寫了一首歌。」

獨立製作。在ＴＥＩＣＨＩＫＵ唱片錄音。

封套照片是用慢速快門拍攝料亭林立、霓虹燈耀眼的大門通上車燈移動的軌跡。背景聳立的通天閣是合成的。

歌名是如封套照片所呈現的「當華麗大門的燈光亮起」和「飛田小曲」。為了盆舞也能使用，「飛田小曲」還附上舞蹈動作的插圖。

二〇〇九年的秋天，我從公會幹部手中拿到這張「從飛田會館的金庫裡翻出來」的黑膠唱片，並放出來聽。當我把唱片放上唱機的轉盤，落下唱針，隨即聽見充滿旋律的歌曲。節奏單調，像口號似的句子不斷重複。

當華麗大門的燈光亮起

詞／友田澄之介　作曲、編曲／稻葉實

唱／平井治男　演奏／齋藤正男及其樂團

華麗的大門　燈光一亮起
隨風搖曳的楊柳　她的笑容
明亮的西成　歡樂的飛田
妳和我的　新天地　新天地

要喝杯茶嗎？　要看場電影嗎？

昭和三十年代的大門通（飛田新地料理組合提供）

歇業的料亭

愈夜愈青春　微醺好心情
明亮的西成　歡樂的飛田
夢想綻放　新天地　新天地

飛田小曲

詞／友田澄之助　作曲、編曲／山室敏男
唱／小山悅子　演奏／齋藤正男及其樂團

HA——　浪花（譯註：大阪市附近的舊稱）很快樂的　如果去到西成
懷念舊時光　霓虹燈在召喚
飛田是個好地方　真是這樣沒錯
紅花微露　隱隱約約　若隱若現

HA——　想見那女孩　想再次相會
穿過那扇門　便是溫柔的酒窩
飛田是個好地方　真是這樣沒錯
愛情之柳也　輕輕柔柔　婀娜多姿

起初我覺得這歌詞「真厲害，把賣淫置換成『戀愛』」，但後來轉念又想：「也沒錯啊，飛田就是個和『業餘』女子一生一次『戀愛』的場所」。我突然想起，那時候常跑飛田的E先生（出現在第一章）說過，他在結婚前「不曾碰過太太一根汗毛」。我再次體認到，當時飛田確實是很寶貴的模擬戀愛場所。

岔題了。我最想問的是，飛田是如何擺脫（至少表面上）「暴力街區」形象？讓皮條客、馬伕、街頭流氓變少的呢？然而飛田的人對這方面的事守口如瓶。

「府衛生課還是什麼的會來突襲檢查，問：『你們那裡有幾人？』你如果說『五人』，他就會要求：『給我看五人的許可證』。要是有雇用沒接受檢查的小姐，許可證的數量和小姐人數不合，他就會問：『這是怎麼回事！』昭和二十七、八年時，國稅局啟動全面調查，之後飛田的稅額便暴漲。

一有什麼事我就會被警察叫去。接受指導啊。應聲：『是！我明白了！』再回來，就照章行事啊。像是老鴇不能在路中央拉客、計費透明、不能與黑幫扯上關係之類的。就是由我們做個榜樣給大家看，告訴大家：『你們也要這樣做喔』。我們還自掏腰包裝設屋外燈，讓光線亮一點，花了十年、二十年的時間才讓飛田變得像現在這樣安全。」（前料理組合幹部）

我只能問到這些。

另一方面，小姐們也不遺餘力。

飛田從遊廓時代起就有以各種動作展示女性生殖器的表演，稱為「花電車」。據說是飛田的小妓院（也就是便宜的妓院）為吸引客人所想出的花招。

詞源是辦活動時用鮮花和人造花裝飾車廂讓電車奔跑的花電車。由於它不會載客，於是被借用來指涉「只是讓人觀賞的成人秀」，據說一開始是在生殖器插上鮮花或人造花展示給客人看。而在飛田，小姐們互相交換情報，使表演升級。

- 咬香蕉——香蕉剝皮後插入陰部，並吃完它。
- 晴天娃娃——插入紙製人偶，巧妙地讓人偶跳舞。
- 抽菸——用陰部含住附菸嘴的「敷島」牌香菸，點燃它，靠下腹部施力吸菸。
- 吞蛋——坐在餐桌上，把碗裡的生雞蛋整個吞入口中，過一會兒吥出來，說：「說不定變水煮蛋了」，逗人發笑。

指稱飛田的小姐是最早開始做這一類類似脫衣舞秀表演的，是料亭衛生用品的供應商加藤先生。

「聽說有些客人會（做愛）做到一半做不太下去，所以就對這些客人提供服務。漸漸的便有客人專程為了看表演而來。因為比做（愛）要輕鬆，客人也開心，於是有些女孩便開始以表演為主。」

除此之外，不用保險套也被認為是一種「服務」。老闆們教小姐們把海綿塞進陰道深處，每次接客完用水清洗陰道內部即可避孕，小姐們都照著做。

萬國博覽會帶來的榮景早已結束，一九八〇（昭和五十五）年設置阪神高速公路松原線，將飛田從中間剖開，然而即使料亭數量減半，剩下的兼職料亭仍舊頑強地繼續存活，這也許是因為飛田「內」的人們內心深處有種緊迫感：「無論如何我就是得靠這份工作維生，沒辦法改行」吧？

飛田有一句話，不知道是誰先說的，「住下來是天堂，離開是地獄」。

咖啡廳老闆娘的「小姐」雜感

在飛田工作的都是怎樣的小姐？

飛田「內」有幾家咖啡廳。我常光顧其中一家「美雪」。這是一家穿著羊毛製和服，說冬天「這樣才溫暖」的年邁老闆娘，和可能比她更老的丈夫，兩人邊看電視邊等待客人上門的店。店裡並排著四張表面貼裝飾板的四人座餐桌。傍晚去的話，會看到煤油爐上的鍋子正煮著夫婦倆的晚餐。自一九六三（昭和三十八）年開始營業。

由於「飛田大映（譯註：指大日本映畫製作公司）」就在前方，所以在一九七五（昭和五十）年以前，店面前的馬路除了飛田的遊客，還有其他人來來去去。大約十年前，成群結伴的遊客上料亭前後會把這裡當作集合地點，小姐們上班前、下班後也會來這裡喝杯茶。而今，老闆娘說這樣的客人「也被便利超商或罐裝飲料自動販賣機搶走，已經不行了」，但關於「飛田的小姐」，她這樣告訴我：

「很多小姐會來我們店裡唷。對小姐們來說，當天就能領到報酬很吸引人。隨便就提議『我們去飛田吧』的女孩不會來，處女也不會來。來我們店裡喝茶的小姐多半都有清楚的目的意識。像是為了去念服裝設計學校而存錢之類的。還有小姐因為必須還債，經常從明石搭新幹線往返。」

「讓我印象深刻的小姐嗎？曾經有個北海道出身，正在準備司法考試的阪大研究生。是個很有規矩的女孩唷。男朋友是警察，她是在男朋友的同意下來飛田的。女孩下班時男朋友會來接她。她肯定有什麼隱情，像是以前出過車禍之類的，必須支付和解金，而瞞著人在北海道的父母。好像來這裡做了一、兩年吧。最後有來跟我打招呼，說『通過司法考試，要回去北海道』。她說會再來（這家咖啡廳），我跟她說『不行！絕對不可以再來這種地方。也不能跟別人說妳知道這種地方。因為不知道消息會怎麼傳出去，所以以後要是哪裡有人提起飛田，一定要說『不知道』』，然後就送她出去。她是個聰明人，應該沒問題。我想她現在一定是一名好律師。」

「我忽然想到，還有小姐說『不是錢的問題』。一個是普通的家庭主婦。先生那方面不行。所以就覺得很煩躁，於是先生同意她白天來飛田。到了傍晚一臉神清氣爽，在我們店裡喝杯咖啡再回家。我跟她說，來飛田的那一天也可以對先生溫柔一點。另一個是在百貨公司上班的小姐。她很乾脆地說：『工作環境全是女人，交不到男朋友。沒辦法做愛』。那位小姐百貨公司下班後來飛田，接了一、兩位客人便早早回家，因為明天還要上班。說女人沒有性慾是騙人的。」

「大家都在危險邊緣。飛田這地方，如果想得通，它是個好地方喔。十個女孩就有十種情況。就算兼差縫製筷袋，也無法償還債務對吧？原以為會揹債揹到死，但後來意識到還有跟人做愛這條路可走。這比死好得多不是嗎？」

我沒有特意要求「美雪」的老闆娘讓我採訪，以上是我在一杯咖啡的時間中與她閒聊延伸出的內容。老闆娘提到的每個例子對我來說都太沉重。「如果想得通，它是個好地方」、「比死好得多」這兩句話聽起來很關鍵，感覺與前文所述「住下來是天堂，離開是地獄」是意思相同。飛田的小姐們真的都處在「危險邊緣」嗎？

第五章 生活在飛田

「不要碰」的戒律

我漸漸明白了「飛田是不能採訪的地方」這件事。

對任何人來說，全區都在做非法的事是顯而易見的，但這裡存在一股「不能說」的無聲壓力。連公共機構、組織也與這樣的氛圍「共存」。西邊僅僅三百公尺外有西成署，也有記者俱樂部，但偶爾登上大眾傳媒的飛田，幾乎都是以「鯛よし百番」為切入點，介紹這個「古老而美好保留了花街情調的街區」。

這裡要復習一下前面所寫的內容，飛田「料亭」的主要成員是經營者、小姐、拉客歐巴桑（老鴇）。料亭數量為一百五十八間（二〇一〇年）。有人一人擁有多間，所以經營者為一百四十多人，小姐日夜合計推測有四百五十人，拉客歐巴桑估計有兩百人。經營者包括自己持有土地建物的人，和跟屋主（絕大多數是以前的經營者或其後代）租借的人，兩者皆隸屬飛田新地料理組合。除此之外，一九五八年一群當時的經營者自願組成飛田新地協同組合，以持股形式擁有飛田會館和旁邊的停車場，但該組合的會員數目前已減少至二十二人，只有昔日的約三分之一。大多是一九五八年當時經營者的後代，早已搬離飛田從事其他行業。有幾人是重複加入料理組合和協同組合。

凝聚力好嗎？它算是挺大的家族，但卻沒有一家料亭有網站，更別說是官網。

料亭的經營者以前就經常光顧的咖啡廳主人說：

「飛田裡面的事，外人碰不得。」

據說老闆們之間永遠是這幾句話——

「最近如何？」

「馬馬虎虎。」

「那很好。」

只是把空洞的對話包裝成「很親切」罷了。

「我們也不想捲進那些麻煩事，就算知道也無濟於事。」

飛田區內的居酒屋「喜一」的老闆娘也是，儘管說：「（飛田的）客人的多少會直接影響到我們」，但「就算客人問我『哪家料亭好？』、『價錢如何？』，我也只會說『不知道』。因為我真的是不知道」。

飛田的料亭之間存在一種默契，即不提及也不讓人碰觸內部事務。

夏季慶典

不過，一年有兩天會對「外」開放。即舉辦「夏季慶典」的七月二十四、二十五日。

我聽說「在天神祭的同一天，小孩扛著神輿在街上遊行。可熱鬧了」，便去看熱鬧。神輿的出發點是位於阪神高速公路高架橋下飛田連合町會、飛田社會福祉協議會的場地。那裡聚集了大批孩童，多到令人吃驚飛田哪來這麼多小孩？還有穿著領子上印有「飛田連合町會」字樣法被（譯註：工匠穿的日式短外套，領子或背上印有字號）隨行的大人，合計不下百人。

遊行在豔陽高照的午後展開。手持旗幟的大人們走在隊伍前頭，所有人齊聲大喊「嘿咻、嘿咻」，同時拉動載著小型神輿的板車。隊伍中既有懷裡抱著小嬰兒，一手牽著蹣跚學步的小孩的年輕媽媽，也有額頭上綁著圓點花布、俊俏的年輕男子。板車上載著六名小學高年級學童，他／她們是引人注目的焦點。神輿在各家料亭的門口停下，「咚、咚、咚」地擊響太鼓，發出充滿活力的聲音：

「〇〇〇，一起慶祝吧，唷～嘿咻、嘿咻，一起擊鼓吧，再一次，T～antoTanto……」

這時，營業中料亭的小姐和歐巴桑會笑瞇瞇地遞上預先準備的禮金袋。景氣好的時候有些店家會心一橫包個兩、三萬圓，但近來的行情據說是三千到一萬圓。也有小姐會從乳溝畢露的胸口掏出禮金袋，讓看的人不自覺地打哆嗦。而孩子們似乎完全不在意。

遊行途中會休息三個半小時，並分發飲料和西瓜。兒童神輿繞遍飛田各個街道後會回到出發地點。發給孩子們一大袋裝得滿滿的糖果後散會。

我在二〇〇一年到二〇〇八年之間參加了四次夏季慶典。頭一年我首先就被小孩的人數嚇到。

「住在飛田的小孩屈指可數。不過像是（料亭等的）工作人員的小孩啦，住在附近的小孩啦。

應該沒有其他街區像飛田這樣大手筆地發糖果吧？大家都是為了那個來的」町會管理人說。

「一般不是都說神輿是神明前往休息或住宿處所時乘坐的工具？這神輿也拜過守護神嗎？」我一這麼問——

「那不可能啦。沒有『這個』。」

管理人用右手大拇指和食指圈成一個圓，笑了笑。

「飛田沒有七夕和地藏盆（譯註：日本關西地區每年八月中旬，為祈求孩子們健康成長所舉辦的慶典活動）這類小孩子的慶典活動，不會覺得很可憐嗎？所以好像是從昭和五十五、六年左右起，就開始辦這個。因為那時候裡面還住了許多小孩。」他說。

所以說，那是頂神明缺席的神輿。

我居住的千里新市鎮也是。覺得沒有在地原生的慶典活動「很可憐」，所以區內小學有以神輿為主的秋季例行活動。每年當這一天將近，家長們會集合起來，把模造紙捲起，貼上彩色圖畫紙，製做神輿，由孩子們扛著它「嘿咻嘿咻」地繞行校區。覺得「何必特地這麼做」而無法配合的家長不只我一個，高年級的孩子也興趣缺缺。總之，大人和小孩都沒有那麼天真爛漫。

相較之下，我便覺得飛田的夏季慶典多麼的純真而熱情。我希望受到飛田這個街區歡迎，第二次去的時候就包了三千圓的禮金給孩子們。孩子們問我姓名，然後面向我，擊鼓大喊：

「井上小姐，讓我們一起慶祝吧……」

拜此之賜，休息時我才可以和孩子們一起吃西瓜稍微聊一聊。

「幾年級？」

「六年級。」

「每次都是以六年級學生為主嗎？」

「嗯。固定的。」

「很帥耶。之前有練習嗎？」

「沒有。」

「沒練習就上場？」

「對呀！」

「慶典好玩嗎？」

「嗯，好玩！」

第一次只是這樣不著邊際地閒聊。第三次去的時候，我把去年拍的照片也帶去「送」給他們，並大膽地問他們：

「你們知道料亭做的是什麼生意嗎？」

看似領頭的孩子回答：

「當然知道！」

滿臉一副「阿姨，別問這種無聊問題」的表情。經過片刻的尷尬，站在後面的圓臉男孩右手握拳，大拇指從食指和中指之間冒出頭來，搞笑說：「就是這個」，周圍的孩子隨即猛敲他的頭並罵他「白癡」、「呆瓜」。

再說一次，飛田是個「禁止攝影、拍照」的地方。但只有夏季慶典的這兩天允許遊客拍攝神輿和遊行隊伍時可以讓街景入鏡。

碰巧那時候我所屬的旅遊筆會要編一本介紹大阪府各地節慶活動的歲時記《大阪的慶典》（東方出版），我在裡面寫了一篇關於這個慶典的文章。出版的隔年，即二〇〇六年，我去參加夏季慶典時，發現觀眾席明顯增多。因為透過該書知道這個慶典的人會來拍照。事實上，他們似乎是想拍背後的街景，而假裝把焦點對準神輿和遊行隊伍。我感覺應該是飛田的常客。全是一群很像「阿宅」的人。有人手上拿著《大阪的慶典》，我便順勢跟他打招呼：「我是這篇文章的作者」，不料他一味地對我說：「把它寫出來不簡單，謝謝妳」，甚至跟我要簽名，令我大驚失色。

原田先生的真實經歷

飛田夏季慶典的管理人之一是原田先生。我在第二章中提到他讓我參觀曾是料亭的建築物內部；在第四章裡寫到他告訴我飛田「賺得像阿呆一樣」的時代。他同時也是居酒屋「阿龜」的老闆、町會會員。儘管每年他都嚷嚷：「好熱，受不了了」，卻仍然自告奮勇擔任慶典的旗手，頂著像喝了酒似的紅通通的臉，擦著汗，揮舞著旗幟走在神輿隊伍的前頭。

去了幾次「阿龜」後，原田先生開始叫我「阿理」，偶爾還叫我「小妹」。如前文所述，初次見面那天我就聽他講述他當過廚師，後來在黑門市場和台灣做生意，之後返回大阪的經歷，童年時在枚方的豪宅和飛田的家之間來來去去。

人有許多面向。當被人問及過往經歷，回答時因著重的點不同可以有各種說法。或是自我正

盂蘭盆節和年假期間會懸掛燈籠。傍晚以後很熱鬧（酒井羊一／攝影）

當化，或是自我貶低，往往會非故意地編造一些內容。任何人都一樣。畢竟與聽者的關係還不算親近，不主動提及不便告人之事也很自然。原田先生也是，隨著我們的關係愈來愈親近，我從他那裡聽到了一些與之前聽到的不一樣的事情。

其中之一是童年時的事。枚方的豪宅裡有個幫佣叫「阿杏」，之前一直聽說她是個「心思細密的好女孩」。阿杏當時十六歲。姊妹倆一起從熊本來到大阪，姊姊很快就到原田先生家的店做「小姐（賣春婦）」，而年紀太小的阿杏作為「未來的小姐」，先住進枚方的豪宅當女佣。然而，這位阿杏不是一句「好女孩」就能道盡。

我與原田先生的談話總是在「阿龜」居酒屋進行的。原田先生咕嚕咕嚕地喝著「白波」（芋燒酎）兌熱開水，我則是適度喝一些，同時聽他一再講述同樣的話題。這次也是，不知道是第幾次聽他聊童年故事了。

「飛田家裡的浴缸水龍頭接著一條水管。小時候很納悶，不知道那是做什麼用。隱隱約約感覺那東西有蹊蹺。當時我不知道那是用來洗小姐的那裡，對店裡的客人和小姐在做什麼，也還一知半解。」

就在聊到這類話題之後。

「妳猜是誰奪走那樣幼稚的我的童貞？就是阿杏。」

他說。

「當時我才小學三年級或四年級。還是個穿著短褲的小鬼。我總是阿杏長阿杏短的很仰慕她，時常要她跟我玩，可是有一次，枚方的家裡沒人在，好像原本在玩扮醫生的遊戲，後來演變成她脫我衣服，撫摸我，硬是騎在我身上。」

年少時的原田先生並不完全理解自己遭遇了什麼事，於是向母親告狀：「阿杏對我做了奇怪的事。」結果母親「抓住阿杏的頭髮痛打她一頓」。原田先生表示，反倒是這件事他記得比較清楚。他說，一段時間之後他才明白，那次經驗和飛田「家裡」在做的生意是一樣的。

不用說，對原田先生而言，第一次的性經驗很悲慘。但我覺得阿杏這位十六歲少女也令人同情。遲早都得成為「飛田的小姐」。或許是想做個「實驗」吧？不知道阿杏的身體和心理有多大的內在衝突？

另一個是成年後的經歷。在黑門市場開侵略者（遊戲機台）咖啡廳取得成功後，想要進一步開創新事業而渡海到台灣，經營KTV……這一段。聽了他的話以為他是「帶著億萬財富回到飛田」的我太天真了。

「阿理啊，乞討很慘哪。」

某年年終，五、六杯白波兌熱開水下肚後，原田先生突然這麼說。店內的電視機剛播完釜崎三角公園義煮請街友吃飯活動的新聞，就在那之後。

「嗯？無家可歸的人不少喔，這邊也是。」

「不是、不是，是我啦，我。人有順風的時候也逆風的時候。我在外國當過乞丐。」

原田先生在黑門市場開「我以為賺了很多錢」的咖啡廳是一九七八、七九年左右。他說，那時候母親在飛田的料亭「一天營業額約有六十萬」，所以開店資金和營運資金都來自母親。他說：「我明明就眼光準確，卻被壞人騙。」侵略者咖啡廳最後以失敗收場，母親很生氣：「你這小子到底從家裡拿走多少錢！」於是「被家裡除厄」。

「被家裡除厄？」

「就是斷絕關係，被逐出家門了。」

因此才渡海到台灣。

「為什麼是台灣？」

「我想說，去到溫暖的地方就有辦法養活自己。」

「台灣的哪裡？」

「我不斷往南走，走到最南端的高雄。」

我不太理解事情的脈絡，不過對一個喝了酒的人深究細節（大概）也無濟於事。只能聽他說。

「等我抵達高雄時，身上只有三萬圓。氣候溫暖，所以不需要旅館。我可以滿不在乎地睡公園。可是，很慘哪。我在高雄當了兩、三年的乞丐。」

咦？你不是在台灣經營KTV嗎？

「阿理，人家說話妳要好好聽到最後。有一天，公園裡有人叫住我，問我是日本人嗎？是一位長野縣的社長。他問我有沒有辦法引進卡拉OK，我向人在大阪的母親詢問，她竟然說可以。我請她把八台卡車價值五百萬圓的機器送過來，和那位社長一起在高雄做銷售。我接二連三說動買家，大獲成功。轉眼間從乞丐變成一年毛利一億唷。我在高雄買了一輛賓士，買了一間三房兩廳的高級公寓，是個成功人士喔。覺得這樣就可以放心了對吧？不過，人就是無法這樣順順利利。有一天，我駕著賓士行駛在高速公路上時遇上車禍。車禍發生前的事我記得，但眼前的景象變得像慢動作的錄影帶一樣，之後的事就不記得了。意識昏迷，傷重生命垂危。下一次有意識時就在日本了。在三重大醫院（譯註：指三重大學醫學部附設醫院）的病床上。」

他遇上一場足以讓他喪命的嚴重車禍，「全身肢離破碎」地被用擔架送回國。原田先生這樣說。他再次變成窮光蛋，連醫藥費都付不出。「後來是我母親付的，所以在我母親面前，我再也抬不起頭來」。如此這般。

假使這些全無虛假，那真是有如雲霄飛車般的人生。

「到頭來，飛田的人注定要回到飛田，難道不是嗎？」

在一旁聽我們談話的太太說：「我聽過多少次了還是有些地方不太明白，不過大致上似乎就是這樣」。據說原田先生年輕時有過一段婚姻，但黑門和台灣時期是單身。他九死一生回到飛田一陣子之後，旅行途中在北陸（譯註：指日本本州中部日本海沿岸的福井縣、石川縣、富山縣、新潟縣）溫泉的輕食酒館認識了現在的太太，年近五十歲時再婚。

「以前聽他說在大阪的花街待過，跟他結婚來到這裡大吃一驚。覺得來到一個自己無法想像的地方。以前很少走進來。」

太太說。原田先生的母親不久便因病去世。「我實在不想繼承料亭。」原田先生說，開始和太太一起經營「阿龜」是在一九九七年左右（這部分和我最初聽到的說法一致）。

「我無論如何都不想繼承料亭。但這不表示我否定母親所做的事。我母親很了不起。是我沒志氣。就適合當個小酒館的老闆……」

「真的，把拔真的很沒志氣」太太輕輕笑道。太太和前夫之間有個小孩，也有孫子。原田夫婦沒有小孩，卻以「把拔」、「馬麻」相稱。「我母親是教母。之前我不是說過好幾次，小姐們有可能因為想念我母親而回來？到時候要是料亭（建築物）不在了，小姐們會不知道該去哪兒才好。很可憐呀。所以，不管別人怎麼說我是『傻子』、『飯桶』，只要我還籌得出錢來，就不會拆料亭（建築物）。我會讓它一直保持原樣。」

這番話我聽過許多次，但始終如一。

開始採訪飛田的頭幾年，我滿常去「阿龜」的，但間隔逐漸變長。二〇〇三年到二〇〇九年期間，一年頂多一、兩次。大致上都是一個人，偶爾才帶朋友去。

如果是一個人去，會聽到原田先生這樣那樣的生命故事，或是「飛田這些年不行了，我們店也不行了」的話題。而如果和朋友一起去，就會重複聽到飛田黃金年代的故事，「那時很有情調，不知有多熱鬧」。啤酒和白波兌熱開水一杯接一杯地喝，配上KIZUSHI（醋漬鯖魚）、納豆、醋漬章魚等非常普通的居酒屋菜色，三千五百圓左右。盡量在能趕上動物園前站二十三點四十一分發車、開往千里中央的御筋堂線最後一班車的時間告辭離開：「多謝款待，下次再來」。如此一再反覆。

「我開這家店時還有一些客人很不得了。只喝一杯啤酒就留下一萬圓說『不用找』。這是在替接下來要去飛田的自己打氣。真大方。現在已沒有像這樣大方的客人了……」

這種話我聽了好多次。不過，二〇〇五年左右之後，我在「阿龜」即使待上兩小時、三小時，幾乎都不會遇到其他客人。我希望只是剛好我去的日子是這樣，但店裡潮溼的空氣足以讓我感受到並非如此。

不開放的房間

我還想補充一件和原田先生有關的事。

某天晚上，喝了不少酒的原田先生主動提出：「要我告訴妳真心話嗎？」

「我不願拆料亭還有一個原因。」

「什麼原因？」

「這是過去的事了。只是過去的事喔，知道嗎？這點可不能搞錯。」

「我知道。」

「不是有間不開放的房間嗎？妳知道嗎？」

原田先生緩緩道出的是，母親經營的料亭從外面看去是兩層樓，但其實三樓有個閣樓。他認為那是讓染病小姐睡覺的地方。

「那種事就連對阿理我也說不出口。妳明白的吧？妳能明白吧？」

這意思是，也有人就這樣死在那個房間嗎？難道它不僅是病房，還具有懲戒室的功能？想像不斷擴大，但原田先生顯然不願再多說。寫起來容易，但從他開始敘說到講到這部分已花了大約一個小時。原田先生猛灌白波兌熱開水，彷彿在說：「這種事哪能清醒地說？」

「想看那個房間嗎？」

「嗯。」

太太勸道：「不要吧。我光是走到門前就感到一陣寒意。會寒毛直豎喔。最好別去碰它」，可是好奇心獲勝。

「就連我也不曾進去過。因為從我小的時候它就一直關著。只是覺得好像見過小姐端飯菜過去……連我也有種像『見到什麼可怕的東西』的感覺」

「阿龜」居酒屋後面有條走道可以通到以前的料亭。這是我第二次走進前料亭的建築物。第一次是初次見到原田先生那一天，我一邊想起那次進去時心裡很害怕，一邊跟著原田先生走進建築物。現在我已完全信任原田先生，所以並不害怕……可是當我們開燈，走上二樓，站在走道盡頭那扇門的前面時——

「就是這裡。」

我立刻明白太太說得沒錯。那只是一扇木頭拉門。然而，我卻感到裡面有些「動靜」。不由得覺得有股什麼從門後方飄來。

「我要打開咯！」

原田先生拉開拉門。門好緊，已經變形。拉門「卡、卡、卡」地開啟。裡面有一道漆黑、又窄又陡的樓梯。

「要上去嗎？」

「呃，嗯。」

我的「感覺」不是特別敏銳。即使去別人說的能量景點也不曾有什麼感覺。不過，這次不一樣。我沿著漆黑又窄又陡的樓梯往上走了兩、三階，立刻毛骨悚然。感覺手臂、腿、全身的汗毛都豎起來。覺得好像有種類似電影「龍貓」中的「小黑炭」，但更為陰沉的黑色物體同時動了起來。同一時間，我確實感受到一股冷風從樓梯上方迅速灌入。嘴裡在打顫，心臟彷彿已跳到嘴邊似的，止不住地顫抖。

「原田先生，我沒辦法……」

「是嗎？我也……算了吧……」

兩人一起轉身，將拉門照原樣關上。

「看吧，我就說不要去。」

回到「阿龜」時，太太對臉上看來毫無血色的我這麼說。「不行了，喝酒、喝酒！」同樣臉色慘白的原田先生說，同時把手伸向白波的瓶子，並說道：

「我說啊，除了我家之外，飛田不是還有幾間已經沒營業但建築物還在的店嗎？妳仔細看，都有三樓。總之，就是這樣。」

不可輕忽

「西成、飛田都是很可怕的地方，不是嗎？」

當我提到自己常跑西成的飛田時，一些朋友這樣問我。

「一點也不。」

我當然這麼回答。日雇型勞工聚集地也近在咫尺的飛田周邊，在月底被稱為「發薪日」的生活保護費發放日之後的兩、三天最為熱鬧，確實大白天就有醉漢在街上閒晃，可是人們是根據什麼說那裡是「可怕的地方」呢？我想，如果是用有色眼鏡來看它就太膚淺了。

不過，我曾五度親身體會到不可輕忽飛田及飛田周邊。第一次是第二章中提到的遇上「裝熟的扒手」（雖然我沒被扒走任何東西）。第二次是我走在飛田西北方約六百公尺處的太子町十字路口附近的巷子裡時，被一名八成是毒販的男子搭訕：「耳勺一勺分兩萬圓就好」。第三次是在巷子裡的立食酒吧遇上客人雙方大打出手。第四次同樣是在附近的小居酒屋，我點了一小瓶啤酒、毛豆和豆渣，被索取三千五百圓。以及第五次，我深夜從書中多次提到的「阿龜」離開，返家途中感覺到「暴打族」的動靜。

那是二〇〇八年的十月二十七日。我很晚才獨自去「阿龜」，不小心待了太久，走出「阿龜」時已深夜一點半。末班車已駛離，櫛比鱗次的料亭全部熄燈之後。離去之際，原田先生提醒我：

「有些暴打族……算了，我想不會遇上，不過走路還是要小心。」

「暴打族？」

「就是把人打趴在地上，渾身剝光的傢伙。但他會讓妳留條小命。」

「真的嗎？」

「真的、真的。如果有人要對妳怎麼樣，就說妳是原田的朋友。然後打電話給我。我會馬上趕過去。」

聽了這樣令人不安的話後，我穿過萬籟俱寂的飛田，沿著已拉下鐵門的商店街朝地下鐵動物園前站的方向走去。

商店街上只有幾個老頭一動也不動地在睡覺，幾乎沒有人在走動。只有一位遛著小白狗的阿伯，我向他打招呼問好。這位阿伯和小狗消失在岔路那頭。就在這之後。

我突然感覺背後有人。有股不祥的預感。那其實近乎直覺。剎時，我像是被鬼壓床似的全身僵硬。不行！僵在這裡就完蛋了。我想要趕緊往前走，但我一快步走，後頭的腳步聲也加速。我背脊發涼，心臟狂跳。當我拔腿狂奔，後頭也快跑起來。

我心想糟糕，有人在追我。那時我看見左手邊一家改裝後重新開張的拉麵店亮著燈，瞬間大喊：「我回來了！」並衝進店裡。

我意圖假裝是這家拉麵店的人。我認為背後這位不知何方神聖應該不會對本地人下手。我在向他示意他找錯對象了。

對於猛然衝進來並用力關上玻璃門、癱倒在地上的我，拉麵店主人起初摸不著頭腦，但不知是否洞察了一切？他不說一句廢話，立刻冷靜地問我：

「醬油？還是味噌？」

我回答：「醬油」，心想得救了。其間我不敢回頭看，因為可疑人物可能正從店門外經過。

那之後，我吃了幾口老闆端來的暖呼呼拉麵，同時不經意地聽見一些坐在我前方座位、兩個看似老鴇的歐巴桑的談話，「AMI很可疑。把二樓拿到的小費藏起來」、「連錢都敢。她以為我們不知道嗎？一肚子壞水」，過了一會兒我走出那家店，快步走去動物園前站。來到汽車和計程車往來交錯的動物園前站前的大馬路，我才打心底鬆了口氣。

發生過這樣的事情後，我暗自記在心裡：不可輕忽飛田及其周邊區域，不過，我也曾遇到為自己這樣的心態感到羞愧的場面。

在老舊公寓裡

我再多寫一些關於飛田周邊的事。

二〇〇九年一月，我得到消息說我的一位朋友「認識在飛田開店的人」，於是與那人取得聯繫。她後來答應接受採訪：

「如果不介意只就我理解的範圍，那我就告訴妳飛田的事。」

事情就發生在我興沖沖地前往那人指定的咖啡廳那一天。

我等了又等，那人始終沒有出現。打手機給她也總是轉接語音信箱，好不容易接通已是約定時間的一個半小時後。而且——

「啊，經妳這麼一說，好像是有這樣的約定。我完全忘記這事，跑去打小鋼珠了。」

她若無其事地說。即便是我求她才答應受訪，但讓人枯等一個半小時竟然一句「抱歉」都沒有。

「我花光了兩萬圓。今天很忙，改天再約。」

就這樣。那段時期我的採訪一直毫無所獲。講這些很瑣碎，但我從家裡到飛田的地下鐵車資單程要三百七十圓，所以今天同樣又耗去來回的地下鐵車資加一千三百圓左右的茶資，和半天的時間，令人沮喪。我失去了進入飛田「內部」採訪的力氣，但決定在四周轉一轉再回去，就是這個時候。

我在飛田和阿倍野區交界附近的巷子盡頭發現一棟大型公寓，目光隨即被它吸引住。說得好聽是帶有古老而美好時代的風情；而如果照實說，就是一棟破破爛爛的兩層樓木造建築。面寬可能有三十多公尺。我感覺它已疲憊不堪。有欄杆的曬衣場和玻璃窗都是木頭框。破掉的玻璃窗上貼著膠帶令人感到悲涼。入口前的右手邊有水井和一處廢棄的共用炊煮區，和學校的飲水區一樣為混凝土構造。正面入口沒有門，裸露的地面停著三輛腳踏車。

和我第一次踏入飛田新地時一樣，感覺這簡直就像電影場景。至少，這是我懂事（一九六〇年左右）以來所見過的集合住宅中最古老的一個。老實說，我腦中浮現「最底層」三個字。當我目不轉睛地望著它時——

「有事嗎？」

一名騎著腳踏車回到巷內、身形微胖的女人瞪著我問道。長褲加短圍裙，上頭披了一件寬鬆夾克。這是這一帶中高齡婦女冬天的典型風格。我以為「她在生氣」，感到有些膽怯，一個勁兒地道歉：

「不是的，因為它看起來十分古老。我覺得木頭框很酷，便參觀了一下。對不起、對不起……」

但沒想到——

「這是昭和八年蓋的。還真的有電影來拍過。要看看裡面嗎？」

竟然是這樣的展開。

「真的很古老對吧？」

我跟著這麼說的女人沿著階梯上到二樓，便見一條寬闊的走道，左右兩側各有五個房間，入口有木頭拉門，有個石頭做的共用盥洗室。水龍頭是I型，不是X型。感覺不到有人在。

「我住二樓，現在只有我一戶。」

走道上堆滿三層櫃、紙箱和掛著衣服的吊衣桿。我被帶去的房間四疊半大，有電毯。擺滿調味料、橘子、盤子、原子筆、廣告傳單等的矮桌、電視機、佛龕。蒲團對半收折在角落裡。還有一台感覺是全新的大冰箱，上頭貼著兩張紙寫著「學習很有趣」、「理解很快樂」。

她問我：「妳打哪兒來？」我回答：「豐中」。

感覺從這之後，女人的措詞似乎變得有禮貌了。

「這樣啊，您喜歡老公寓嗎？」

「是啊。我喜歡在城市裡散步，雖然走過大阪許多地方，但還是頭一次見到這麼有味道的公寓。真是棒極了。」

一半是真的，一半是瞎掰。

「以前這裡住很多人，但大家都搬走了。而且預計今年會拆除。」

「什麼？會被拆除？」

「是的，秋天時。」

當我仔細觀察這女人，不由得覺得她的年紀也許與我相仿。不一會兒，她說：

「喜歡的話，請吃，要趁熱。」

把裝在透明塑膠袋裡剛買回來的大阪燒遞給我。

「這家的還算好吃。我賣過大阪燒，所以我說的不會錯。」

「妳是賣大阪燒的嗎？」

「對、對、對。我賣大阪燒。可是失敗。這裡的人常常賴帳，賴到我覺得太過分。店愈開就賠愈多。」

談話途中，一身運動服、膚色黝黑的男人拿著牙刷和牙膏走進房間。咦？這四疊半的房間住兩個人嗎？

「不好意思，打擾了」，男人對於低頭這麼說、素不相識的我，絲毫沒想要提防，拿坐墊給我：「是客人嗎？請坐、請坐。」

「這傢伙的大阪燒店當然賠錢啊。從沒看過哪家店如此慷慨加那麼多料的。」

「這樣才好吃啊！」

「牡蠣什麼的，放一大堆，很貴的說。」

「整整一包全放！」

「妳得計算一下。」

「我討厭小鼻子小眼睛的。人家也知道浪費呀。可是手就是會一直放（笑）。」

「豈止這樣，妳還借錢給沒付半毛錢的客人對吧？」

「人家也是一方之主。身為店老闆，我不想客人要求借個一千、兩千卻被拒絕。我告訴他用那些錢去哪裡賺錢，賺了錢回來再還我。」

「有人還過嗎？」

「沒（笑）。」

我邊吃大阪燒，邊笑著聽兩人像漫才似的對話，然後揭露自己的身分。

「真的喔，妳是自由作家。就是寫文章然後去書店賣嗎？這工作不簡單。妳說妳想寫飛田？那很好啊。」男人說。「我很少去。到目前為止只光顧過兩次。我們那方面已經……而且，即使住在這裡也不會往那裡去。」

「光顧過兩次。」引起了我的反應，但就只是「年輕時老闆帶我去過，那時候覺得那地方不得了啊，不過都忘記了。」無關宏旨。

「如果有來到附近，隨時可以過來坐坐。」

我和這對如此坦率的夫婦突然便拉近了距離。而且，臨走時女人還這麼說：

「我現在是歐巴桑。」

意思是她現在在飛田做老鴇。那時我壓抑住想立刻抓住她不放的衝動，只說：

「哇，是喔。那以後再告訴我一些飛田的事。」

這是我從先前的約訪失敗學到的教訓：「呷緊弄破碗。」

田口這對夫婦是創價學會會員。原本有座大佛龕，但在一場火災中被燒毀。「這把年紀沒辦法貸款了」，所以房間裡只擺了一座小型佛龕。日後我去拜訪時，他們說：「我們現在要去聚會，井上小姐也一起來」，便跟著去了。

聚會地點是那附近一棟較大的房子。走上三合土夯實的地面便是約八疊大的起居室，裡面排排坐著十七人，有褐髮青年，也有看似八十多歲的婦女。當時是二月。聚會從合唱「學會歌」開始。

唱念完「南無妙法蓮華經……」後，主持人說：「現在介紹一月二日池田先生八十一歲誕辰當天正式入會的朋友」，隨即為眾人介紹獨自端坐在前方、年約七十的男性。大概是從事體力勞動活，皮膚曬得很黑。這男人對眾人說：

「我想成為一個好人。現在真是糟透了。」

說完立刻一鞠躬。

接著是「每個人簡單報告自己的近況」，從坐在最旁邊的人開始報告，如：「我早晚都會唱題」、「當我面對佛龕便感覺很平靜」，而輪到剛才那位向眾人一鞠躬的七十歲男性時——

「我來參加聚會才第二次……在學校的時候就不曾像這樣說話……覺得很傷腦筋。」

他小聲這麼說之後，嘟嘟囔囔地繼續說道：

「我以前只要一不爽，尤其是喝了酒之後，就會馬上動粗……可是最近我開始會先在心裡……唱題。等我唱念完，不爽的感覺就消退……現在不會動粗了。」

主持人回應道：「這樣很好。如果你覺得情緒快爆發，就請唱題，可以想成你在自言自語。要盡量一二〇%地轉換自己的腦袋」，所有人都為這男人鼓掌。田口夫婦也大力鼓掌。男人露出「又開心又難為情」的表情。

這就是住在飛田周邊的人們。

夫婦的經歷

田口夫婦住的那間公寓租金一萬三千圓。其他住戶就只有一個帶著小型犬、綽號「前賭棍」的中老年男性，和穿黑色運動服的年輕男子。

前賭棍先生總是笑瞇瞇。而那位年輕男子，我每次與他擦身而過，總是一臉憤世嫉俗的表情。

這年頭會住在種公寓的人究竟有怎樣的隱情？——很抱歉，我確實這麼認為。認識不到一個月時，報紙和電視新聞中有一則消息：「山王二丁目『第一、第二豐島莊』附近起火燃燒，導致一棟木造兩層樓公寓六百六十平方公尺中大約五百平方公尺被燒毀，並找到兩具遺體」。我心想不會吧，火災隔天趕去時發現，被燒毀的公寓和兩人所住的公寓近在咫尺，老舊程度也半斤八兩。距離之近，甚至令人匪夷所思竟然沒被延燒。

「不就福祉住宅？」

「真可憐。」

充斥著焦臭味的現場有不少人這樣說，然後雙手合十、獻花。那天田口夫婦不在家，日後他提起火災當天的事：

「好可怕。真的好可怕！火花辟哩叭啦飛濺……」

說完後我如此問道：

「怎麼搞的？這一帶常有火災。你知道為什麼嗎？」

因為老人很多？

「才不是，是因為酒和煤油暖爐。」

啊？

「這裡的獨居老人很寂寞。沒事幹就喝酒。要說喝多少呢？『喝到醉為止』。每天買醉，喝到不醒人事，開著煤油暖爐就睡著了。所以才有這麼多火災。」

我周遭也有許多人愛喝酒，喝到酩酊大醉也不稀奇。我自己也是如此。生活中遇到快樂的事就喝，遇到難過的事也喝。但「這裡的老人」的喝法完全不是我們這種等級。他們是每天喝悶酒。為了「喝醉」而喝。而且是用煤油暖爐，不是用空調或暖風扇取暖。反正用我的標準是無法理解這裡的生活狀況。

不久，田口夫婦同意接受我的採訪。以下是兩人告訴我的經歷。

先從一九五〇年出生、要求「叫我阿笑」的太太開始。

「我一直都在飛田。九個月大時被丟棄在公園，被人收養。父親是學校老師，母親是朝鮮人，在家裡釀酒和製作配菜。她說姊姊出生不久就夭折，之後一直沒有小孩，五十多歲才領養我。這一帶雜草叢生，那邊的公園甚至還有蛇，所以不缺玩耍的地方。大人都交代，不能超過信用金庫到對面（飛田）去。

我覺得我母親很了不起。在家裡的泥巴地挖洞，用圓鐵桶釀酒，賣三十圓。這裡有許多人家跟我們一樣，但我母親最能幹。她跑到鶴橋採買，說花錢搭電車很浪費，我還記得她頭上或肩上頂著許多東西走路回來的樣子。至於配菜，她會做土手（味噌滷牛筋）、燉菜，一盤一百圓。很多人會來買唷。我也會幫忙。哎，說起來我也是備受呵護長大的女孩。」

阿笑還說：「提到西成，大家可能印象都很差，但這一帶可是『西成的蘆屋（譯註：指兵庫縣的蘆屋市，是關西地區有名的高級住宅區之一）』。」

「長大後，我從梅田搭公車去北區的公司上班。十六歲，正值愛跟朋友們一起捧腹大笑的年紀，我卻早早就結婚。我在咖啡廳認識的人，剛開始交往就突然帶他的母親和姊姊來我家，建議我們去鶴橋買結婚的禮服。

一結婚就有了小孩。有了小孩，對方就跑了。然後我就回來這裡，但那個時候我父親熱中研究易經，非常擔心，嘴裡念念有詞地拿兩根針立在水面上卜卦，幫我算命。為人父母呀。不但如此，聽說他還擔心我能不能平安回家，每天站在家門前。」

阿笑流淚講述父親如此牽掛著自己，並說：「我也當了媽媽，所以能體會父母心繫孩子的心情」。阿笑的小孩已三十多歲。有三人。兩人已結婚，有孩子正在念高中，住在附近。另一個二十多歲時得了怪病，同樣住附近，阿笑每天騎腳踏車送餐去他住的公寓。

「我做過各種工作。賣過保險、起過會，在居酒屋的廚房當過助手、洗過碗，還在SPA WORLD（譯註：大阪的大型溫泉渡假飯店）工作過。我一直做到指頭彎曲，疲憊不堪，覺得再這樣做下去會沒命，開始賣大阪燒好像是三十八歲的時候。初期景氣好，生意不錯，但這裡的人真是壞。開始賒帳，最後竟然說，妳應該可以借我三千、五千吧？愈來愈荒唐，所以兩年十一個月我就把店收掉，去打小鋼珠。那樣更好，還能賺錢。跟把拔在一起是在我開大阪燒店的時候。」

在此之前的兼職、打工全在自行車可達的範圍內。看到徵人廣告便去應徵。大阪燒店時期據說也「非常辛苦」。

「所以我才請附近的朋友幫我問問看，開始當起歐巴桑。歐巴桑的工作也不輕鬆，但比賣大阪燒好多了。」

而關於「歐巴桑的工作」，她這樣告訴我：

「以前只要說『今天剛到的小姐。沒經驗的喔』，（客人）就買單了，但現在這樣是不行的。因為得為了折扣大戰一場。現在的客人殺價都臉不紅氣不喘的。一點都不會不好意思。而且多半只問不買。對於那種說『哪家店才多少錢』的客人，我會委婉地告訴他：『對不起喔，別人是別人，我們是我們。大哥在這麼可愛的小姐面前說這種話很沒禮貌不是嗎？』不過很難。

剩下就看小姐們的本事了。嬌嗔和微笑，太多太少都不行。懂得拿捏的小姐自然會有客人。聰明的小姐如果覺得今天年輕的客人很多，就會裝扮成動漫人物；要是覺得年長的客人多，就會換穿迷你裙。只是坐著不動的話，現在是行不通的。

當喝得醉醺醺的客人上門時，婉拒他：『大哥喝得這麼醉了，我覺得有點勉強。畢竟小姐這麼年輕。對不起喔』，這也是歐巴桑的職責。要是什麼奇怪的客人，小姐會很可憐。歐巴桑不能要客人體諒小姐的感受。不能太出風頭，也不能太低調。訣竅是穿著乾淨、樸素的衣服，讓（客人）感覺這是可以放心的店。一週四天，很累人的。」

在一旁一直聽我們談話的「把拔」田口先生問：「最近很多人只問不買是吧？」阿笑立刻說：「真的是，淨是這種只問不買的客人。昨天還有客人找碴兒，要我們把飲料的價目公布在門口」。這時，田口先生說：

「聽到人家說『兩萬圓』，便爽快地掏出三萬圓，這才是男人的志氣呀」。

接著是「今年將滿六十二歲」的田口先生的經歷。

「我出生在玉造。現在那裡還有親戚，但我們去只會惹人厭，所以不會去。因為我一直以來都活得隨心所欲。中學畢業後混黑道。不是有人說命運怎麼走與個人意志是兩回事嗎？就是那樣。有人二十出頭就被判刑進了監獄，也有人運氣好，幹了同樣的事卻沒被發現。我屬於運氣好的一方。

十八歲結婚，二十歲有了小孩之後改邪歸正。我姨丈的兄弟是做大型油墨製造機的設計，我透過他的關係成了設備商。就是把新機器之類的帶去下水處理場等的施工現場。差不多三十五年前了。景氣很好。大學畢業生月薪七、八萬時，我一天可以拿到五千圓。

總之就是做雜務。我不會焊接，不會修機器。沒有技術，所以講話措辭很重要。雖然不會文謅謅地說：『請問您要修理哪裡呢？』但『嘿，要修哪？』可不行。還要記得說：『一直以來承蒙您的照顧』。我能夠做到這一點。每個人都想輕鬆省事。都想把卡車停在（工地的）旁邊。可是不能沒有那個（停車位的順序）。要明白這種事才行。

我改邪歸正了，老婆卻帶著孩子離開我。在我二十來歲的時候。那時我住寢屋川。一個人待著也沒意思，就喝酒。錢都花光光。沒轍了，只好去找寺田町（天王寺區）的前輩借錢。結果他說：『去西成（工作）。你如果去西成，我就付你現金。』。

所以我差不多三十年前第一次踏上西成。我這裡住、那裡住，在各個貧民旅舍間遷徙。做建築工人日薪換算大約四、五千圓，所以想說，住月租三萬的地方就行了。結果根本沒有那三萬圓。因為我每天喝酒。每個月的錢都花光光，向工頭預支。如果借了十五萬，下個月三十萬的薪水就會扣掉十五萬，剩十五萬。可是，一拿到這十五萬，出手就闊綽起來，跑去南區、北區一晚就花光了。不夠用啊。又借十五萬。就這樣一再重複。真是蠢哪。住貧民旅舍的傢伙全是蠢蛋。不過幾年後我就租了一個房間。

西成的泡沫破裂是在平成七、八年的時候。那之後雖然一直喊不行、不行，也還算過得去，可是平成十三年環球影城出現後，就真的沒工作了。

四十二歲時我發生一場意外。在滋賀縣結核療養院工作時，從高處跌落，摔斷兩腿，但奇蹟似地獲救，住進堺的醫院。動手術把「不鏽鋼」管子放進腿裡。當我被告知『左腿可以治好，但右腿的骨頭都碎裂，會有後遺症』時我很害怕，那害怕和打架時的害怕完全不同。不過，朋友幫我介紹一家很好的醫院，在那邊開刀治好了。

因為是職業災害，一天給付兩萬三千圓，且不管週末假日或下雨，所以我領到整整一個月的錢。我心想這太驚人了。住院期間，我還曾經在朋友的邀約下，打著石膏去龍神（堺的風化區）買女人。

接下來就是差不多兩年前開肚子。他們告訴我肝臟壞了，大腸、小腸也都長瘤必須摘除，就這樣，我沒辦法再工作，現在是領生活保護費。

和現在的老婆嗎？差不多二十年前吧？老婆開大阪燒店的時候。我跟（老婆的）兒子在柏青哥店認識，他要我去她媽媽的店坐坐，之後就在一起了。」

只是這樣的訪談我們就見了好幾次面。去前文提到的公寓拜訪，夏天夫婦倆搬家後，也去兩層樓的新家打擾過。孫子來的時候，還會一臉得意地說：「我們現在在受訪喔」。總是請我吃這個、吃那個，端出許多餅乾、薯條招待我，而我如果帶伴手禮去也一直推辭：「我不是說了，對我用不著這麼客氣」。兩人的古道熱腸使得話題跳來跳去。感覺跳躍的幅度是我二十多年來採訪過的對象中最大的。

每次聽他們談話，一個個熟悉的「流行語」便在我腦中浮現又消失。窮忙，好像不太一樣。人生勝利組／魯蛇，那是個遙遠的世界。責任自負，這也不對。溜滑梯社會，他們又沒有跌落深淵。階級社會，這確實是，不過……。

跟著欲望走

我也結識了飛田「裡面」的人。與我是舊識的西梅田一家居酒屋的老闆娘說：「對了，我在天滿市場（去採買）認識的人中有飛田的經營者」，願意幫我介紹。是一位六十多歲的女性，梅田女士。她和九十好幾的母親一起經營一家「料亭」。我聽到跳了起來。我很想會一會這樣的人。

「我母親了解得更多。」

梅田女士在電話中這麼對我說，於是我在二〇〇九年一月的一個週日，先訪談了母親松乃女士。她比約定時間晚了十分鐘騎著腳踏車出現在我們約好碰面的咖啡廳。那模樣實在不能用颯爽來形容。而是以和走路沒啥兩樣的速度，姍姍來到。其容貌感覺就像是女版的聖路加國際醫院的日野原重明先生。採訪當時她已九十二歲。妝化得有點濃。脫下做工精緻的米色短大衣後，露出胭脂色的毛衣。看起來比實際年齡年輕許多。而且沒有重聽。

當我提出想請她談一談飛田的過往時，她斷然回絕：「不記得了」。那可以請您談談個人的成長歷程嗎？我想用它作為書寫飛田老故事的參考，她不帶一絲笑容地說：「我的人生可以拍成一齣連續劇或是電影。」

「您是在大阪出生嗎？」

「南區。」

東、西、南、北各區出生的年長者都對自己是「大阪的原住民」感到非常自豪。我自以為奉承地說：「那不是大阪的正中央嗎？」但根本是自討沒趣。

「我三歲就移居巴西……」

父親夢想著經營一片咖啡園，於是舉家移民巴西。當時在大阪能夠維生的一家人，沒道理會移民巴西。她說，一年到頭都「和日本的六月差不多」溫暖、極度空曠，「好遠才有一戶鄰居」的里約熱內盧的曠野，是她「懂事起最初的記憶」。弟弟和妹妹都在當地出生。然而，開墾困難之極，最後一家人搬到聖保羅，改種馬鈴薯。

「我也從早到晚都在幫忙。」

是念當地的小學嗎？我問。又是一個白癡問題。

「環境不允許我去上學。」

她說，父親過勞導致肝臟受損，在當地去世。

十一歲時，她和母親、弟妹一起回國，住在浪速區的鹽草。那裡離有「皮革城」之稱的蘆原橋也很近，是家庭工廠的密集區。母親與開鐵工廠的男人再婚。同母異父的弟弟出生後，她順勢成了「六個兄弟姊妹中的長女」。年僅十一、二歲就必須自己籌措自己的生活費。

「我去市議會議員齋藤先生的家裡做幫佣，他們讓我去上夜校，十一歲念小學一年級。」

松乃女士的臉上首度露出一絲微笑。

不過，夜校生活兩、三年便畫下句點。不幸繼續發生。因為繼父去世了。繼父的鐵工廠可能落入親戚手中，十四歲的梅田便「為了弟妹們」繼承了它。

「無論從哪個角度看，它都是一個年長男性的世界」，她帶領約十名的車工，騎著腳踏車四處拜訪客戶。據她說，工廠主要是製做「腰帶（皮帶）扣環」。自己也操作車床，弄得滿身油汙。

「我很努力，別人一小時做四百個，我拚到五百個。完全不以為苦，非常強悍。」

不久，她和老主顧為她介紹的「某大工廠的廠長」結婚。老主顧說：「如果和這人成為一家人，妳家鐵工廠將更加壯大」。不料日後卻查出對方在婚前已有意中人。

「我母親和親戚都知道這事，我就像是被騙去結婚。」

戰爭期間，這位丈夫被徵召前往舊滿州。松乃女士也渡海到了異鄉，但戰爭結束前帶著孩子先行返國。被疏散到滋賀縣躲避空襲。戰後被遣送回國的丈夫在滋賀縣開了間打鐵鋪。不過，「趁我一不注意」就和女人跑了。

「珍妮颱風那一年（一九五〇年），我帶著孩子來到大阪。住在津守（西成區），靠著白天賣麵包、晚上賣大阪燒維持生計。」

當她安頓下來，便開始在本町製做蕾絲襯裙。她想把做好的襯裙帶到「有很多女人的地方賣」因而來到飛田，從此與這個街區結下不解之緣。

「那大概是昭和三十年左右吧？飛田人山人海。襯裙轉眼間大賣……」

她在飛田靠阿倍野區那一側的入口附近開了一家只有吧檯幾個座位的小吃亭。店裡擠滿帶著飛田的小姐來光顧的客人和附近「公司」的客人……。

到此為止，松乃女士都依照時間順序侃侃而談，但講到「大約是昭和三十四年吧？我經人介紹，買了飛田的店」之後，話就變少了。

「生意如何？應該很好吧？」

「還行。況且初期有人幫忙介紹小姐。小姐經常流動。」

「這樣嗎？那您一定花很多錢買小姐吧？」

「小姐簽賣身契是以前的事。現在一般情況……」

「一般情況是指？」

「……」

隔了一會兒後，她說：「我也在『日本生命』（譯註：公司名稱，即日本生命保險公司）做過喔，做了很久。」

「保險業務員也是很辛苦的工作是吧？」

「……」

無回應。我心想反正她都不願意說，不管了，就大膽地問吧。我毅然提出這樣的質疑：

「當時您對身為女性利用女孩子這事心裡沒有抗拒嗎？」

這時，她稍微調整一下呼吸後這樣回答我：

「工作是工作。為了維生……」

我還問道：

「什麼樣的時刻會讓您覺得慶幸自己做這門生意？」

我期望聽到營業收入多的時候、看到存摺的時候之類的回答，但事情沒那麼簡單。過了一段很長的時間，她字斟句酌，不是長篇大論地如此回答我：

「我做這門生意，不曾覺得有什麼好高興的？」

之後我試圖問她「您覺得最好的年代是哪個年代？」、「現在的小姐都是什麼樣子？」、「怎麼找到她們的？」、「有多少人？」……她都不回答。我幾乎要懷疑她被人下了封口令。能問到大概的生命故事是否就該滿意了呢？我覺得她對初次見面的我算是願意開口說的了，我向她道謝，拿起帳單走到收銀台，頓時臉都綠了。包包裡沒有錢包！怎麼會這樣！我忘記帶錢包出門了。

真是丟臉丟到家。當我說明要意，她馬上「好了、好了，不要緊」，笑著幫我付了兩人份的茶資，接著說：「真可憐。肚子餓了嗎？我請妳吃烏龍」，帶我去烏龍麵店，要我「喜歡的都可以點來吃」。

這人是我遇過第二個幾乎沒上過學的人。另一位是幾年前採訪的住在日本的外國年長女性，我記得曾聽她說：「就算是搭電車，因為不識字，要是錯過『下一站鶴橋』的車內廣播就完了，會下不了車，所以每次都很緊張」。而這人想必是在實際工作中學習讀、寫、算盤，令人欽佩，雖然同樣必須面對諸多不便。在烏龍麵店時，我也想問她這方面的事，可她三緘其口，儘管會告訴我她每個月都去名古屋打青春還原針，但無法問出更多。

接到松乃女士的電話後前來烏龍麵店的女兒梅田女士，是個神似松原智惠子（譯註：日本女演員，一九四五年出生）、洋溢知性美的美人。一九三九年出生，所以年近古稀？但從容貌看來，像是松原智惠子那一代的人。

「啊？接下來要採訪我？跟我母親的一生相比，我的根本是小菜一碟。而且我不曾在外面工作過。我母親十九、二十歲就開小吃亭了不是嗎？就是像現在說的輕食酒吧。總之，我母親很嚴格。去溜冰場、去百貨公司她都跟來，說是為免我交到不好的男友。也被迫學過茶道、花道。花道是未生流。並擁有執照。」

她爽快道出的人生大致經歷是這樣的。

一九六一（昭和三十六）年二十二歲時嫁入帝塚山（住吉區）一間有七名員工同住的貨運行。雖然當了「老闆娘」，但受到來拉保險的「日生阿姨」請託，又加入日本生命成為外務員。由於推銷保險的工作不適合自己，一年就辭職。要辭職就必須介紹其他人進來，於是她介紹自己的母親。母親似乎很適合當外務員，「日生阿姨」一直做到八十歲。

一九六三年女兒出生，之後離婚。在新地（北區）開過夜總會，在天滿（同樣是北區）開過溫浴美體店。在南船場（中央區）開輕食酒吧開了很久，還雇用兩名小姐。雖然一點兒都沒有想要「回飛田」，但五年前罹患大腸癌動了手術。無法再繼續經營酒吧，便回到母親身邊。從此，母親經營的兩家店的其中一家便過到她名下，由她經營。不過，兩年前她又罹患乳癌。開刀切除一側的乳房。

要不是罹癌她不會回飛田。一如原田先生也是如此，飛田老闆們的子女會回飛田都是「逼不得已」、「苦於生計」。

「十年前，我連跟小姐們一起吃飯都不願意……身心俱疲之後，便跟著欲望走。」

「咦？跟著欲望走？名言耶。」我忍不住讚嘆。

她笑著回我：「就是呀，這種工作如果不是跟著欲望走，做不來的。」

「應該很賺錢吧？」

「不。我們店（客人平均消費）是一萬五千圓。要付給小姐五成，歐巴桑一成，所以經營者拿四成。」

多半是怎樣的小姐？

「沒有個性陰沉的女孩。全是很看得開的女孩。現在十點到四點做白班的小姐，是把小孩送托兒所，跟父母謊稱是『在公司上班』，所以晚上和六日都沒辦法。晚班是四點到十二點，有四位小姐。我常說，如果和男朋友有什麼糾紛會被密告到警方那裡，所以『要和男朋友好好相處』。我不會訓斥小姐，頂多要她們『（對客人）溫柔一點』。」

她比母親更願意開口說。在烏龍麵店進行的這次訪談多次因梅田女士的手機接到電話而中斷。當時我還不知道電話是誰打來的。

在房仲公司

梅田女士說她把母親名下兩間料亭的其中一間變更到自己名下，但我想了解新人是可以加入飛田的嗎？新開筋商店街有兩家房仲公司。我去當中有張貼廣告的那家店看。

一間「料亭」的廣告和「六疊附廁所三萬四千圓」、「兩房＋餐廚五萬五千圓」等的廣告並排貼出來。被貼出來就表示它是公開的資訊。

「山王三丁目

山吹町

客房三間

保證金兩千萬

租金兩百萬」

「最好不要。」背後有人這麼說。

是有幾面之緣的光頭阿伯。這位阿伯是二十四小時營業的KTV店老闆，他總是在自己的店面前招攬客人。我心想凡事要勇於嘗試，便以客人身分去光顧過一次，但我無法消受櫃台內一位據說沖繩出生、已相當歲數、缺了門牙的老嫗連續開黃腔，彷彿這是最好的待客之道似的，從此沒再去。

「妳想開店嗎？」

「呃，嗯。」

「妳很有錢？」

「呃，嗯。我不久會得到一筆父母的遺產……」

我說了一個以瞬間反應來說似乎滿合理的答案。

「有多少？」

「不多也不少。」

「做過陪酒賣笑的工作嗎？」

「沒有，第一次。」

「妳真的想做？」

「想。」

「我勸妳不要，賺不了錢的。」

「怎麼說？」

「這不是外行人能做的生意。」

光頭先生走進房仲公司店內，對店主說：「你說是不是？外行人要經營料亭是絕對不可能的」。店主搖搖右手，像在說「不可能、不可能」。

「料理組合不會幫我介紹小姐嗎？那還有仲介呢？」

「沒聽過這種事。大家都得自己想辦法找小姐才行，很辛苦的。」

「你說自己想辦法，那大家都是透過什麼方式找人呢？」

「這一言難盡。意思就是，內幕重重，我不知道。」

他還告訴我，除了表面記載的金額，還需要加入料理組合的費用五十萬圓、全區同一價格的路燈費、暖簾費、招牌費等，及付給行政書士的委辦費。

廣告單上寫的山吹町就是飛田最熱鬧的「青春通」，即使是這樣，三個房間的料亭竟然保證金要兩千萬、租金兩百萬，是不是高得離譜？平均一個房間月租約七十萬圓，假設一個月營業二十五天，一天的租金就要約三萬圓。一個客人平均消費兩萬圓，假設老闆拿一萬圓，考量到各種雜項開支的話，四人可以打平。一天接九個客人才能賺五萬圓，接十四個客人才能賺十萬圓。既然如此，房間就要充分利用。在青春通開店真的能招攬到這麼多客人嗎？

不過，我後來認識的四間房的料亭經營者說，自己的店是「押金九百萬圓，租金四十七萬圓」，主要大街的店面行情是押金八百到一千萬，租金四、五十萬。他還告訴我：「空屋不會公開招租，而是私下轉給排隊等待的人。房仲公司公開的都是因為某些因素找不到租客的案件」；「就算順利找到小姐，也只有一小撮人做得久。早、午、晚都要打點照料，營業之外的時間也得經常電話聯絡才行，不是只要有錢就能做的生意」。與梅田女士訪談過程中多次插入的電話就是小姐們打的。

料亭生態的改變不小。

我也遇過「想繼續卻無法繼續，因而（放棄經營）把店出租」的人。喝醉的客人付了六萬圓走出店後，帶著一桶汽油回來灑在入口的地毯上。當他低頭賠罪：「是不是小姐做了什麼失禮的事？真是對不起，非常抱歉」，準備退還六萬圓時，客人竟然用打火機點火燒了那六萬圓。火勢瞬間蔓延。

「我被警方找去不下十次。警方向犯人詢問詳細情況，並取得筆錄、口供，使得賣淫行為被攤在陽光下。我們和警方是魚水關係，總有辦法解決，但檢方可不吃這一套。我也不想坐牢，就爽快地同意提交停業通知。」

這人說，他花了一千五百萬圓修復店面燒毀的部分，透過房仲公司找到了租客。

第一次採訪黑幫

採訪飛田的過程中，我怎麼也無法理解的是飛田與黑社會組織的關係。如我在第四章所寫的，紅線時代的飛田，包含周邊的藍線和白線區在內，沒有黑幫不可能存在。不過，即使問飛田的人也只會聽到「肅清了」、「現在已經不是那樣的時代」這一類的回答。料理組合的規約中就理事資格特地載明「非隸屬於黑社會組織，或與其無關連者」，而對於會員資格則沒有這一類記述也耐人尋味，但幹部們也強調：「我們和黑社會組織沒有半點關係」。而在我看來，走在飛田也不曾特別感覺到黑幫的存在。

不過，賣淫地區不可能沒有黑社會組織參與其中，這應該是「普通常識」。於是我毅然決然經由熟人，同時也是一家中小企業的會長北村先生的介紹，向傳聞「應該和飛田也有關係」的幫派老大提出採訪請求：

「飛田保留了古老而美好的遊廓風情，我想寫下她的故事。我想，因為有組裡各位的貢獻，共存共榮，紅燈區才能存在。可以請您告訴我是怎樣的運作機制，並穿插一些具體的例子嗎？」

當然這非常困難，勉強答應受訪的是某列管幫派旗下團體的組長。我在北村先生和擔任其祕書的女性陪同下，在對方指定的私鐵沿線一家壽司店的二樓與他會面。儘管事前我已在電話中被告知：「先聲明，我們和飛田沒有直接關係」，但我出門時仍然鼓舞自己，說不定能問出什麼線索。

組長頭戴棒球帽半遮臉，以便裝現身。中等身材，相貌端正。

「原本覺得採訪沒有意義，但小弟我的兒子受到北村先生照顧，大概拒絕不了吧。不過，絕對不能提到小弟我的名字。」

他開口就這麼說並笑了笑，以啤酒乾杯後隨即問：「所以呢，妳想知道什麼？淫媒的仲介機制？」溝通起來很輕鬆，不必我多費唇舌。他沒動手去夾桌上的生魚片，以不容我打斷發問之勢豪爽地開始述說。

「大約昭和四十五年，小弟我透過他人認識了飛田的老闆娘後，開始進出飛田。因為那時候有很多從九州和沖繩上來的女孩，（飛田）又有賭場。」

幫派的組長也自稱「小弟」，我在這奇怪的地方被打動。

「那時還有（飛田的）媽媽桑迷戀杉良太郎，買下（演出的）所有門票。在賭場拿票在我們眼前晃呀晃地（笑）。我們都虧她是『靠膣屄流涎去買的。』」

冷不防地冒出限制級用語讓我大吃一驚。而且很大聲。

「現在說預付款，用詞好聽，總之就是預借現金，用債務把人綁住。」

「只有飛田不一樣。松島和堺的龍神都有兼職料亭不是？小姐和老闆都是四六分帳。話說得好聽，但不論銀座或北新地的小姐，或是飛田的小姐，風月場所都一樣。只要一腳踏進去就出不來。一方是賣了身離不開，而酒吧是因為高額的服裝費、客人賒帳不還等而脫不了身。」

「應該說，是貴組織讓他們無法脫身的不是嗎？」北村的祕書說了句尖銳的話，讓我捏把冷汗。害怕組長要是突然動怒該怎麼辦，不過——

「哈！來這招！」

組長露出大人物會展現的從容笑容。可以鬆口氣了。

「從我們的角度來看，（賣淫）不是我們喜歡的領域。為什麼呢？因為那是靠女人的膣屄吃飯，（飛田的經營者）個個都是有錢人。就是只要把女人綁著，錢自然會進來的生意。」

他說完這話之後沉吟一聲，接著說：

「這只是昭和四〇年代的普遍情況。就是吩咐小嘍囉『你去大阪車站〝cha-bo〞』。〝cha-bo〞就是物色新人的意思。那個時候，去到大阪車站就有很多從鄉下出來的女孩，要多少有多少。去問她們『有地方住嗎？』、『有工作了嗎？』挖掘新的小姐。就是san-bya-ku-dai-gen。」

「san-bya-ku-dai-gen？」

「（大阪府知事）橋下就是個san-bya-ku-dai-gen，利用得淋漓盡致。怎麼寫？我哪知道！就是一下倒這邊、一下倒那邊，伶牙俐齒的傢伙。要是跟律師說，他們會生氣的。我們用得很平常，像是說一個人『你是在san-bya-ku-dai-gen喔』。」

北村先生的祕書滑動手機螢幕，「找到了！是個正式的四字成語」。三百代言。「原本是對沒有執照的狀師（律師的舊稱）的輕蔑稱呼。就是花言巧語哄騙人。『三百』是指三百文，比喻價值很低。『代言』就是代理人，以前人如此稱呼律師」祕書說。

「然後呢，如果在大阪車站物色到女孩，我們就電話聯絡飛田等的老闆娘：『我這有不錯的小妞，三萬圓就好』。是八百圓就能買春的年代的三萬圓喔。然後呢，我們和白牌運將是一夥的。告訴女孩『妳搭這輛車，他會載妳去可以住的地方，放心上車』，直接載去用三萬圓談妥的料亭。很壞呀（笑）。」

「三萬圓拿到後，我兩萬。兩人（負責物色的小囉囉和白牌運將）分一萬。然後讓女孩工作一天，叫她跟老闆娘借個一、兩萬之後，跟她說幾點在店裡等著，把空的波士頓包留在店裡，幫助她逃走。從老闆娘的角度，波士頓包留在店裡，所以沒想到她會逃跑。」

「老闆娘會急忙打電話來說『小姐不見了』，我說『這可不得了。我去找找』，然後拖拖拉拉的，再帶另一個女孩去，說『這次的妞絕對不會錯』，又是三萬圓。對於那個做了一天就跑掉的女孩則跟她說『這次的店絕對錯不了』，再帶去別家店，又是三萬圓。女孩應得的分？哪有這種東西。很壞呀！（笑）」

「好過分！真的是壞蛋！」北村先生的祕書說。

「說了好幾次，這只是普遍的情況。昭和五〇年、六〇年代以後，不再有這樣的時代了。不過，現在（誘騙女孩的方法）也沒變，不是嗎？現在你去大阪車站已經沒有那種一眼就能看出是逃家的女孩。因為鄉下小孩和都市小孩都同質化了。現在反而是黑衣人（風月場所的工作人員），黑衣人的工作就是騙女人。」

「像這樣的物色、誘騙是以組織在進行的嗎？」我終於插嘴提問。

「以前是，現在不是。黑道也現代化了，以前是賭徒、的屋、愚連隊，現在是倒賣土地、放高利貸。仲介小姐的（不是整個幫派）是個體戶。是底下小囉囉為了上繳（給所屬幫派）的錢才去幹的事。橫向連結？那是在『別墅』認識的。」

「以前在飛田很強的是Y組嗎？」

「不是，他們是殺手集團。」

「那，是S組？」

「不對、不對。還有其他的？。」

「現在的飛田還有幫派分子經營的店嗎？」

「就算有也看不出來不是嗎？他們會交給一般人去經營。小弟我能說的全部就這些。」

一口氣說到這裡，組長才拿起筷子去夾生魚片。他似乎不太喜歡啤酒，大約喝了兩口就沒再繼續。

我試著針對剛才聽到的內容提出幾個疑問，例如：是怎麼認識料亭老闆的？飛田的賭場是什麼樣子？對那些女孩有感到良心不安嗎？有遭警方逮捕過嗎？……不過組長「哎呀，好了、好了」之後便沒理會我。什麼能說、什麼不能說有一條清楚的界線。始終不發一語地聽我們談話的北村先生問：

「順便問一下，〇〇先生也會去那裡嗎？」

「那當然。我不在三十六、七、八、九、四十、四十一年了」組長咧嘴一笑。

「有件事我實在想不透，黑道中人會剁手指對吧？那是為什麼？」

北村的女祕書很唐突地這麼問。

「我還想問妳呢（笑）。還不出錢來，或是沒錢上繳時，就自己剁掉手指拿過來。好像有的老大會把它浸在福馬林裡擺在客廳當裝飾，我家老婆說很惡心，所以都埋在後院。妳去我家後院挖挖看，到處都是手指。」

組長哈哈大笑後，我問：

「再請您告訴我一件事。您不是說，黑衣人的工作就是騙女人。這樣說來，意思是現在飛田的小姐全是經由牛郎俱樂部來的嗎？」

「不對、不對。小姐妳認識不足。妳去看看體育報、晚報之類。登了多少招人廣告。也有沒經驗的看了那個自動跳進來的。」

「不過飛田的人都說從來不登廣告。」

「他們當然這麼說，可是妳仔細看看報紙。」

「我會去看。所以以前是這樣做的嗎？」

「當然是。只要有男人和女人就能賺錢。哈哈哈！」

「這是違法行為。不會被警察抓嗎？」

「意思就是法律分檯面上和檯面下。況且組裡也有法律顧問。不過，最怕的是小姐被警方逮到，訊問時被問到『是誰介紹妳的』。會有一串名字被爆出來。」

意思是，料亭和負責物色的人都會被抓嗎？

「是啊。我們這一行和政治圈、企業界都一樣，背面有另一個世界。要搜捕時，警方會提前通知業者。」

「咦？真的假的？您是說，警方會跟業者協商，決定要搜捕哪家店嗎？」我問，但組長對此不願回答。

在那之後，組長終於開始吃起握壽司，同時也稍微談到自己的事。

他以前很窮。國中畢業後就到工廠做工，領著微薄的薪水。有天晚上來到「燈紅酒綠的鬧區」，一位萍水相逢的大哥大方地請他吃「鐵砲（河豚）」。讓別人請客和吃河豚都是有生以來頭一次。他心想「說不定還能吃到這麼美味的東西」，於是便跟著那位大哥，從一個小混混變成了幫派分子。他笑著說：「中途也曾考慮過退出，但這一行沒辦法轉行」。據說現在都在做土地倒賣和高利貸的生意。

「我們高中時雖然調皮搗蛋，但是否加入幫派仍然有著一線之隔。我想有很多這樣的傢伙。我之所以沒有加入幫派，我想是家裡經營寺廟的關係。如果不是這樣，那就難說了。」

北村先生的這番話也令我印象深刻。

拜訪幫派的辦公室

我另外還採訪了一位黑社會人士。

飛田北方約三百公尺外的北門通上有間A組的辦公室。根據《平成二十一年警察白書》關於「黑社會組織形勢」的記載，A組是一九九三年被指定列管的黑社會組織，成員人數約一百六十人。辦公室為一棟像是建築師設計的白牆兩層樓建築，停車場內停了一輛亮晶晶的黑色勞斯萊斯。我聽說過A組與飛田有關係的傳聞。

原本想事先提出採訪申請，但查不到電話號碼，便直接登門拜訪。那是某個冬日的午後兩點左右。

我一按下入口處的門鈴，約四公尺寬的馬路對面一棟建築物二樓的窗戶立刻開啟，傳出怒喝聲：

「嘿！妳！」

「……。」

小平頭、運動服、一臉嚴肅的兩個大哥斜斜地從窗戶探出身子，明顯對我有什麼不爽。我忘記A組旗下組織的辦公室就在馬路對面。聲音大無端令人害怕。我內心微微顫抖，同時又感覺很像劣質的連續劇，一面告訴自己「冷靜、冷靜、冷靜」，一面向怒喝聲的主人行禮問好。

正好這時A組的建築物中走出一位年輕人。同樣是小平頭、運動服裝扮。將入口的門半開露出臉來的他，向怒喝聲的主人比手勢暗示他們「夠了」，怒喝聲隨即停止。

「什麼事？」

「對不起，我不知道電話號碼所以就直接來拜訪。敝姓井上，是個作家，我想把飛田的發展史寫成一本書。聽飛田的人說，飛田有今天的繁榮全要歸功於A組，因此前來拜訪，希望貴組能就這部分稍微接受我的採訪。」

我從正面審視年輕人的臉龐，遞上名片。當我看出他的年紀可能比我二十歲的兒子還小，恐懼立刻減輕。

「現在上頭的人不在。」

「我幾點來能見到面呢？」

「傍晚。六點左右。」

「好的。我六點左右再來。」

那天在六點之前我做了什麼呢？我四處去問飛田周邊已熟識的餐飲店、洋貨店老闆「在A組有門路嗎？」，結果徒勞一場。冬日午後六點天色已暗。黑暗會放大恐懼。六點多我再次按下A組的門鈴。果然，馬路對面二樓的窗戶「啪」地一聲開啟，但沒有怒喝聲。好家在。不過，出來應門的白天那位年輕人說：

「上頭的人說沒辦法。」

我纏住他要求一下就好，但年輕人轉眼便關上門，消失在門內。

那之後，我寫了一封請求採訪的長信給「A組組長大人」，並投入辦公室的信箱，不料大約兩週後接到自稱「A組的人」來電，採訪成真。

「雖然不知道會不會辜負您的期待，但如果您住豐中，請來這裡的辦公室」他說，我被細心地引導到豐中市內的幫派據點，在不太清楚他和A組的關係的情況下，生平第一次踏入了幫派的辦公室。

這人的辦公室位在高速公路高架路段旁。我開車前往，兩名年輕男子走出來，移動其他車輛，空出高架下方的路邊停車位給我：「這邊請」。

如果這是我第一次與黑道人士見面的話應該會更緊張，但由於是在上述那位組長之後，所以沒有那麼緊張。有接待櫃台的辦公室，具有典型中小企業辦公室的氛圍，長條形的空間裡並排著兩、三台事務機和電腦。電腦的螢幕上顯示著雅虎的頁面。跟我的一樣。架子上是有田燒的大餐盤。我被帶到最裡面的會客沙發，一位像銀行行員一樣身穿普通深藍色西裝，感覺年紀與我相仿的紳士出來接待我：「妳好、妳好！」

我們交換名片。我再次說明採訪目的，他隨即說道：「我不清楚飛田的各位是怎麼說的，不過A組有貢獻的，大概是指煮飯賑濟居民，或者應該說請客吃飯吧」。我再說一次，他是一位紳士。

「煮飯賑濟居民？請客吃飯？在這之前，可以先請教您與A組的關係嗎？」

「早上我去了A組，今天剛剛才回來。我們和A組是喝過交杯酒的。」

「就是像分號那樣嗎？」

「是次級團體。那麼，飛田是吧？雖然（A組和飛田在地理上）很近，但飛田所有店家在經營上與我們是涇渭分明喔。講白了就是料理組合大權在握，黑道進不去。以前的小姐多半是以借錢形式被賣到飛田，但泡沫經濟前後起，半數以上的小姐是自動跑來的。現在似乎只要借錢（給小姐），料理組合就會先代墊還掉，盡量不讓小姐與地下錢莊和高利貸接觸。」

「是這樣啊。不會收取場地費嗎？」

「不可能、不可能。以前好像有個年代會四處去料亭強迫推銷一株十萬圓左右的松樹，現在是不可能的。」

「那，黑道的人不會進出飛田嗎？」

「不會。西成現在工人的形象比較強烈，但大約三十年前它是黑道的聖地，光是西成就有七十幾個組。不過現在已寥寥可數。當時A組會在飛田本通的各個角落用汽油桶生篝火。說我們對飛田有貢獻，應該就是指生篝火或請客之類的吧？」

事情是這樣。

生篝火始於一九八五年左右。冬季裡每天都會在飛田本通的十字路口進行。傍晚之後，年輕組員便把木片放進汽油桶裡燒。它為附近居民提供了取暖的火源，同時將一看就是小混混的人阻絕於外。換句話說，此舉達到喝阻效果，保護了路上行人（包括飛田的遊客）不會被扒。只不過，低矮的屋簷下，火花飛濺，曾引發小火災。消防署介入指導，大約十年後便停止。

請客則始於一九七五年。不同組之間從以前就有歲暮時互換酒桶和啤酒箱的習俗。因為有多出來，便在老大的裁奪下，開始於除夕在三角公園請日雇型勞工喝酒。兩、三年後將地點改到A組的停車場，不只酒，還分發杯麵和豪華便當。遊民們大排長龍，從除夕傍晚一直持續到元旦的凌晨四點左右。「年輕人年假期間都搖搖晃晃的（笑）」。每年一千萬左右的「服務活動」。直到一九九〇年停止，持續了十五年。

生篝火可能在飛田附近的預防犯罪中發揮了作用；宴請遊民應該也讓飛田從中受益。確實是「善舉」。可是當我想到其經費來源到底是……便覺得這善舉不單純。我一邊這麼想，一邊聽他說。

「黑道與當地社會有某種程度的共存共榮很重要。」

彬彬有禮的措辭，感覺友善的面容，溫和敦厚的談吐。會體恤端茶過來的年輕人向他道謝，喝茶的方式也很優雅。這人怎麼會是黑道呢？談話中我多次有此疑問。而且他還像補習班老師一樣熱心，幫我這個對黑道這一行一無所知的人上課，如：黑社會組織的收入來源一般來說就是「賭博、土木工程、高利貸」中的任何一個；或是「暴力團對策法」實施以後，黑道已遁入企業等，並穿插一些具體案例。當我問：「你們的專業領域是？」，「土木工程方面」。公寓、大樓興建之際，承包商會請他們去「敦親睦鄰」，他們就是靠這個維生。

「妳知道黑道的三大禁令嗎？」

「不知道。」

「竊盜、強盜、偷雞摸狗。脫軌的事不要做（笑）。」

「偷雞摸狗是指？」

「偷別人的老婆吧（笑）。」

他甚至教我這種事。

我最後問他：「是誰在幫飛田仲介小姐？」

八成是經濟不景氣，底下小弟自作主張搞的吧。和先前那位組長的回答一模一樣。我也想確認一下先前那位組長說的話，於是進一步問道：

「我聽說許多小姐是經由黑衣人或體育報來的，是這樣嗎？」

這時，這人給了我另一項重大情報。

「不、不、不，還有一個，柏青哥店。那一帶的柏青哥店有很多女孩在裡面玩一整天。他們一直在看，覺得這個傢伙差不多快輸光了，就拿著三張一萬圓的鈔票在女孩面前晃啊晃。（利息）十天十%。一轉眼就變成一百萬、兩百萬，還不了了……」

「我記得出資法不是規定年利二十幾%？」

「黑道才不管這個。有規模的地下錢莊不會做這種小額借款，可是還有很多專做小額融資的地方。」

不過就是小鋼珠，但這就是小鋼珠。即便是我，如果認為再給我三萬圓就能賺回來的話，說不定也會鬼迷心竅。

我想起十年前，我聽到飛田本通的柏青哥店傳來軍艦進行曲，覺得這街區也住著和我一樣喜歡小鋼珠的人，只是個普通街區，沒什麼好害怕的事。我當時的想法多天真啊！我們想像中的小鋼珠，與通往會改變我們生活的債務地獄入口的小鋼珠，有著巨大差異……阿笑說她收掉大阪燒店後，有兩年十一個月的時間以打小鋼珠度日；答應接受採訪卻爽約的女性經營者也說她「打小鋼珠很忙」。其他我遇到的與飛田有關的人口中也經常提到小鋼珠。

到了傍晚，年輕人遞給我菜單，說：「我們要叫中餐外賣，大姊也一起怎麼樣？請陪我們大哥慢慢聊」。我有點心動，但還是婉拒，因為先前那位組長曾給我忠告：「除了盒裝牛奶或密封好的之外，黑道的人給妳的東西絕對不要碰。因為不知道裡面裝了什麼」。事後我很後悔，這種事絕對不可能發生在這間辦公室裡的。

徵人

組長建議我看的體育報、晚報，我一個個都買了。一定會有女性的清涼照片。不用說，讀者都是男性。當我驚訝地看著徵人廣告欄這麼多為女性提供接待服務、性服務、性感按摩等的描述時，開始出現一堆「徵伴遊」、「徵女公關」的廣告。

讀者群為男性的報紙上為何會有女性的徵人廣告？

「因為沒有以女性為目標客群的晚報、體育報（笑）。風月女子的對象是風月場所裡的男人。女孩子會看男朋友買的報紙，況且，男人幫女友找工作的情況也不少見」，負責刊登這些廣告的廣告公司有關人員這麼告訴我，我覺得有道理，但裡面沒有「飛田」兩字。

D報的「大國町　急徵伴遊女郎」上寫著「歡迎無經驗者、完全日領、日薪可二萬五、詳細面談」。大國町離飛田很近。我當作預演，先試著打電話到這裡。

「我看到徵人廣告。」

「是的，我們正在徵人。年紀多大？」

是中年男性的聲音。

「四十幾歲，沒辦法嗎？」

「重點是妳能付出多大努力，我們不太在乎年紀。我們是以三、四十歲的客人為主，所以只要努力讓自己看起來年輕就行了。」

「我不太有信心耶，我四十八了。」

「我們家年紀最大的小姐是四十六歲，很拚喔。」

「和飛田不一樣嗎？」

「不，我們是無店鋪型的Hotel Health。我們會請客人不要來真的。不過，這一行競爭很激烈。我們家只有三個小姐一天能確實賺到三萬圓。請抱著這樣的心理準備來。」

「不好意思，一直問同樣的問題，你們不是飛田對吧？」

「不是。如果妳想去飛田，可以先在我們這裡練習。」

「練習」當派遣伴遊女郎後再去飛田？有橫向連結嗎？

「有這樣的人嗎？」

「當然有啊。如果在我們這裡很拚的話，也可以幫妳介紹。」

「是要多拚？」

「這實在很難說明。依妳的努力而定。」

結果被他支吾過去，毫無所獲。

第二通電話我打去一家「徵伴遊小姐」的「料亭」。電話號碼是「〇一二〇」開頭，無法分辨是哪個區域，但我覺得有可能是飛田，結果真的是飛田。

「我看到你們在徵人。」

「我們是有在徵人。我們是料亭，妳懂那個意思嗎？」

是中年女性溫柔的聲音。

「我懂。就是帶著一副身體就能去的地方對吧？」

「帶著一副身體（笑）。不過，就是這樣吧。」

「是九條還是飛田？」

「飛田。」

「那個……要坐對吧？」

「是的。妳坐過嗎？」

「沒有，第一次。」

「有其他特種行業的經驗嗎？」

「有、有。我做過派遣的。」謊話脫口而出。

「有做過就行了，我們不雇用無經驗的人。」

「為什麼呢？」

「什麼原因都不重要吧。妳多大年紀？」

「三十八。不行嗎？」

「看起來年輕嗎？」

「嗯。看起來很年輕。」

「那妳傳一張照片過來。」

「好，等下傳。我有信心我看起來非常年輕。可以賺多少錢？」

「妳有債務嗎？」

「沒有。可是，我沒有經費。我住枚方，所以一定要搬家對吧？」

「這一帶一個房間四萬五千圓。如果有車，停車位兩萬五千圓。一開始的保證金我們會幫妳出，以後每個月的租金妳自己付就行了。」

「可以賺到足夠的錢來支付這些費用嗎？」

「前一陣子離開的小姐，四十二歲開始做，六年來每天從五點坐到十二點，一天平均上繳十四萬五千圓。」

「其中應得分是？」

「我們是（客人平均消費）二十分鐘一萬圓。其中四千五百圓是小姐的，上繳十四萬五千圓的話，表示她可以帶走六萬五千圓。」

「現金嗎？」

「是的，日付。」

「沒有其他要支付給店裡的費用嗎？」

「沒有。啤酒和下酒菜都是店裡的。能幹的小姐會自己去買老顧客喜歡的品牌帶來，有六萬的話，夠買了吧。」

「那衣服呢？」

「妳的尺寸是？」

「九號。」

「身高？體重？」

「一百六十二公分，五十三公斤。」

「就是九號是吧。要做的話，可以借給妳。對了，還有，妳要自備避孕藥、衛生紙和保險套。」

「可以戴套是嗎？」

「我們是給小姐決定。不過，以妳的年齡，客人會希望不戴套，請自己想清楚。」

「不戴套感覺還是有點可怕。」

「用吃藥的，那方面應該沒問題吧？愛滋的話，我們沒有那種奇怪的客人，放心啦。」

我心想還「放心」呢，說這種蠢話，但嘴巴上回應：「是這樣嗎？」

「當然是啊。十二年來這種事一次都沒有發生！所以放心啦。也不用擔心警察。一直平安無事。那，妳要來面試看看嗎？」

「好。有什麼我要帶的嗎？」

「帶一份可以看出本籍的文件。只要是有寫地址的，駕照也可以，因為必須提報公會。」

「好的，我知道了，我調整好日期會再電話聯絡。」

這位媽媽桑說：「我一直在等待像妳這樣真心要做的人」。服務六年的小姐不做了，現有的三人是兼差性質，一週只做兩天，因此「我想要有個能成為台柱的小姐。」她說。

黑道組長說的沒錯，晚報、體育報上一直在祕密地招募小姐。我翻閱了六家報紙，廣告上只寫「料亭」的店另外還有三家，並找到兩家寫著「徵伴遊女郎」，從電話號碼的區碼推測應該是飛田地區的店。我打電話去這五家店，果然是飛田的料亭。回應也都和這家店差不多大同小異。

我還去了柏青哥店。離飛田最近的柏青哥店是動物園前二番街上的兩家店。下午四點，我走進其中一家，一群氣質獨特的人們面向小鋼珠和角子機的機台而坐。沒有年輕人，也就是說，眼前看到的淨是會在戶外喝酒的歐吉桑，和像是老鴇的歐巴桑。我穿牛仔褲配優衣庫的外套，腳踩黑色健走鞋，即使這樣可能還是有點格格不入。

我為了引人注意，在「鏡」（譯註：遊戲機的一種）旁邊的機台坐下，投入五千圓的經費。這機台反覆中獎，讓我玩了三十分鐘。哎呀呀，總算沒彈珠了。

當我在機台前掏出沒半毛錢的錢包時，立刻有人從後方遞出萬圓鈔票……我如此期待著，但事情沒有發生。沒有任何人靠近。不過，我確實感到走道上有兩、三個穿著黑色運動服、年約四十的男人一直看著我這邊。

其中一人在商品交換處前等著我從廁所出來。我走到商店街，朝動物園前站走去，感覺他似乎從後面跟來。我中途在蔬果店購買一堆三百圓的橘子時，那人故意說：

「我也要買。」

然後在我旁邊買橘子，並探頭看我的臉，說：「我們之前好像見過？」邀我去喝一杯。

我不確定這男人是不是地下錢莊的人。

「不，沒關係。」

「妳要回哪裡？」

「豐中。」

我不假思索地說了真話，這男人抿嘴笑了笑後便走開。

我把這事告訴商店街咖啡廳的老闆娘，結果被罵笨蛋：「妳如果想遇到柏青哥的地下錢莊，一定要去萩之茶屋或花園町的柏青哥店，而不是這附近的柏青哥店」。

還被嘲笑：「更何況地下錢莊可是專家。就算井上小姐再怎麼努力，他們也不會理妳。看得出來的。而且妳說妳才投入五千圓？太寒酸了。根本沒得談。別白費力氣，認輸吧！」

第六章　在飛田工作的人們

再訪事務所和消失的「阿龜」

二〇〇九年十月，我終於開始動筆寫這本書，並開始往返飛田，想要最後再加把勁。

我去拜訪料理組合。

「現在是怎樣？我以為書早就寫好了，結果還沒。妳有沒有要寫啊？」

幹部們有點生氣，但仍然願意回答我的問題：「近年有什麼變化？」

「什麼也沒變。就只是繼續悄悄地營業，以免引人注意，沒什麼特別的。頂多就是客人一年一年在減少，和強化地區安全措施。」

「客人減少是不是因為現在流行的草食系男子變多了？」我一這麼說——

「妳胡說什麼！那是發明那種新詞想要賣錢的傢伙自己說的。笑死人了！只要有長雞雞，每個人的功能都一樣。以前和現在都一樣，男人總是要有一個發洩對象。是不是？」

依舊那麼精神抖擻。

所謂「不引人注意」就是每家店都不打廣告、不架設官方網站。「安全措施」指的是建置共同停車場以消除違規停車、盂蘭盆節和正月時設「值班室」並進行夜間巡邏，和在大門通上設置公共廁所等。他把這些事告訴許久沒出現的我。

平日的早上九點到下午五點，外衣衣領上印有白色「飛田新地料理組合」字樣的男、女專職人員會在飛田會館的入口處和櫃臺值班。下午兩點到四點是幹部們齊聚飛田會館祕書處的時間。下午兩點幹部們集合後，便在排放著事務機、像以前的官廳那樣的房間裡，喝茶、看報、聊天、看電視，並在走廊上練習高爾夫球揮桿，度過兩個小時。其間，市會議員、府會議員、警官、消防署人員會來「問候」，喝杯外賣的咖啡，說句「既然如此，下次再來」便離開。

他們和我的距離從這時起也變得很微妙。我連續四度拜訪事務所，當我看到以前不曾見過的多名年輕黑衣男子時，試探性地問：「你們和牛郎俱樂部的關係是不是愈來愈深了？」但遭到閃躲：

「我知道井上小姐會寫出一本（對我們而言的）好書。可是，不小心說出來（飛田的實情），遭到搜索的話會無法收拾。我確實想宣傳（飛田），但畢竟會有『萬一』發生。」

然後從「過去真美好」之類的不會令人反感的話題，轉而問我：「妳看過電視了嗎？」

「妳看過電視了嗎？」指的是他給我的晚間新聞中播出的十五分鐘特別報導DVD。那節目以「遊廓至今仍然風騷……處在分叉路口的街區　飛田新地」為題，從非常了解歧視歷史的桃山學院大學名譽教授沖浦和光先生的話「充滿人情世故的街區」開始，旨在報導居民們為「克服經濟衰退」掙扎的模樣。影片中除了有全區居民「不想讓這街區荒廢」，一起打掃區內環境的樣子，和看起來像是老闆娘合唱團的場景（我知道打掃這事，但對看似合唱團的場景感到懷疑）之外，還有一名經營者和二十多歲的女兒討論小姐該穿什麼樣的服裝坐在店面前的影像。

女兒：「小姐披披肩不會太高級嗎？」

父親（經營者）：「高級？妳是說看起來很傲嬌嗎？」

女兒：「高不可攀……太漂亮了。」

父親：「有道理，確實如此。」

而且，對於主持人的問題：「妳怎麼看這個街區？」

女兒答道：「（遊廓傳統）只有飛田一直保留下來，我覺得很不簡單，是正面的意思。我很敬佩我父親。」

最後沖浦先生再次登場，他談到：「以前遊廓很有分量。江戶初期只有上級武士和僧侶能進去。一般人很難進得去。（飛田）遊女的神聖性可見一斑……」。

沖浦先生的評語恐怕只截取了他關於遊廓整體的眾多言論中的一小部分。天哪！我在觀賞這個節目時明明嚇得目瞪口呆，然而當幹部問我「覺得如何？」時，卻回答：

「這節目很好啊。」

自己也覺得真是不要臉，竟然說得出這種話。我當時一直認為，為了維持「不被拒絕的關係」，這種事也在所難免。不過，有一次我說出類似「飛田果然是個好地方」之類的話，被回以「這聽來很諂媚」，所以我想幹部們是在某種程度能看穿我的想法之下與我接觸的。

再次拜訪的第二天，閒聊中，一位幹部說：

「我想說的是，資本主義的原理一直在飛田作用著。」

「什麼意思？」

「恐怕過去和現在都一樣。能夠爬到上位的小姐和像渣滓一樣的小姐是完全不同的兩種人。古時候連大名也無法一親芳澤的紅牌妓女是店裡的招牌，所以老闆很寶貝。聰明的老闆會向招牌女郎低頭行禮：『今天也請您多多關照』。小姐心情好就會全力以赴。相反的，那種會說『我今天肚子疼要休息』，或抱怨『被任意使喚』的小姐就是渣滓。就是因為會講那種話才爬不上去，賺不到錢，不受老闆重視，永遠是渣滓。」

我記得當時聽到他這番言論時，內心一直有種煩躁的感覺。

還有一件事。我為了再看一次掛在牆上的飛田舊照片而走進會客室時，嚇了一跳。

牆上掛著數張「感謝狀」。西成警察署長和西成交通安全協會會長頒發的「組織上下團結一致，為交通安全竭盡全力」、大阪府知事頒發的「時時配合繳納府稅，為本府財政確立做出貢獻」、大阪市消防局長和大阪市公眾集會所防火研究聯合會會長頒發的「嚴守法令，致力充實消防設備和預防火災，強化部會發展」……。

飛田新地料理組合一直以來都受到公家機關的「感謝」這事雖然也很不可思議，不過最令我驚訝的，是掛在壁爐台上方的照片。其中有一張料理組合的組合長和一頭褐髮的律師笑容可掬的照片。

「咦？這是橋下知事。是參與拍攝『超人氣法律諮詢事務所』時期的橋下知事對吧？」

「沒錯。他是公會的法律顧問。這是有一次請他來演講時拍的」幹部說。

我不敢相信自己的耳朵。

「什麼？真的嗎？」我反問道。

「真的啊。很久以前了，兩人都還很年輕。」

一臉得意的樣子。

辦公室牆上有一區排列著以組合長為首的幹部名牌。我還看到最後一張名牌上確實寫著「橋下知事辦公室」。

隔天是十月十六日。我決定去久違了的「阿龜居酒屋」看看。打算最後衝刺就以那裡作為我往返飛田的夜間據點吧。

哪知，當我來到目的地前方時不禁愕然。我忍不住大叫：「這怎麼可能！」阿龜突然消失，變成一片空地。

店以及店後方有小路相通的住宅——沒錯，就是我和原田先生初次見面那天晚上，他讓我進去參觀，二樓有個作為賭場使用的大房間的那棟住宅——所有的一切，都成了一片空地。

怎麼會？

我確實認為這種事遲早會發生。因為所有人都看得出來，店裡幾乎沒有客人，生意不好。不過，原田先生不是說過很多次「只要我還睜著眼睛就不會發生這種事」嗎？

我最後一次來是什麼時候？對了，是盛夏最熱的時節。

下午七點左右過來時，只有老闆娘在。她說原田先生出去一下，很快就會回來。我大概只喝了一杯啤酒，點了一道生魚片還什麼的下酒菜，待不到一個小時就離開。

我只和老闆娘閒話家常，像是颱風如何、天氣有多熱。那時就已經決定把店收掉了嗎？那是兩個月前，認為那時就已決定了很自然。他當然沒有義務向我這種只是偶爾上門的作家還什麼的人報告。不過，我很震驚。況且我們還交換了賀年卡。

「阿龜什麼時候關門的？」

我在附近的料亭四處問人。

「九月左右，非常突然，我們也都嚇了一跳。」

「聽說是把土地賣了搬去鄉下。」

「不知道去哪兒了，沒聽說。而且也沒預警就休業了。」

我頂多得到這樣的回答。關於搬去哪裡，所有人都表示只聽說去了「鄉下」。

原田先生是飛田出身，應該沒有什麼鄉下的老家，想到這裡我忽然憶起。他的太太應該是北陸溫泉鄉那一帶的人。

隔天我去公會，立刻就詢問原田先生搬去哪裡，可幹部們說：

「這是個資，不能告訴妳……」

之後接著說：

「哎呀，我們也不知道。他把協同組合的權利全部賣掉後退出，現在和飛田已毫無關係。」

說得不清不楚。我連番追問：「和飛田毫無關係？原田先生家原本就在這裡做生意的對吧？也當過町會的理事不是嗎？」結果，幹部一臉不快地說：

「就是他們過河拆橋一走了之（離開飛田）了。」

「什麼意思？」

「跟妳說也是白搭。那裡（阿龜舊址）要蓋大樓，因為他們把店賣掉了。」

我只理解了原田先生離開飛田之際大概與公會發生了一些糾紛。至於是什麼事？怎樣「過河拆橋」？我完全一頭霧水。幹部重申：

「總之，公會和那傢伙已毫無關係。」

但不一會兒他告訴我：「吉元應該知道聯絡方式」。現在想來，那也許只是他為了讓一直糾纏「你怎麼能這樣講？」的我離開才說的。

我無論如何都想找到忽然消失蹤影的原田先生。

料亭的面試

應該知道原田先生聯絡方式的料亭「吉元」位在飛田的南側區域。初次造訪那一天，入口處的坐墊上端坐著一位身穿紫色旗袍，給人「該不會有六十多？」的感覺，身材修長，穿戴整齊而出眾的大姐，年紀更長許多的拉客歐巴桑坐在側邊的椅子。我嚇一跳：「兩人真的都年紀很大了」。我試著在門口問她們：「老闆或老闆娘在嗎？」

「我常去阿龜，借了錢一直沒還，無論如何想還給他們，所以想知道聯絡方式，聽公會說吉元知道如何聯絡他們……」

當我告訴她們我絞盡腦汁編出來的故事後，大姐嗖地回頭喊道：

「媽媽、媽媽！外找。」

老闆娘從裡面的房間走出來，一副「搞什麼啊」的表情。感覺六十五歲左右的美人。染成棕色的頭髮很蓬鬆，配上白皙的膚色很好看。我在入口處的一角把同樣的故事又說了一次。

「喔，阿龜的老闆是吧。他說要回鄉下老家……他有來打過招呼，對了，還帶著一張寫有聯絡地址的紙條。那是什麼時候啊？夏天吧。」

我寫出來是大阪話，但語調中帶有口音。

「嗯……是個很好的人。相當突然，所以我嚇了一跳。」

她似乎對原田先生也有好感。

「哎唷，如果有借錢那是一定要還的。妳心地很好耶……等我一下。」

她去拿寫有聯絡方式的紙條，過了一會兒回來，從容不迫地說：

「我放在電視機上，可是好像不見了。可能是我先生拿去了，我再找找。」

我在腦中記下「先生在」。

「如果找到了，要怎麼聯絡妳？」

我信以為真。留下名片說道：「那就萬事拜託了」。

約莫過了三週，我接到電話說找到紙條了。上面寫有地址和電話，說整張紙都給我，要我去拿，我於是飛奔過去。然而——

「好奇怪，前幾天真的在啊，可是好像又不知道去哪兒了。抱歉。」

通常我一定會起疑的，但因為這位老闆娘的態度溫和，看起來不是會耍小伎倆的類型，所以我才會想耐心等待。而且，還有一個原因是我們面對面談話時，她從不會撇開視線。

又過了兩週，我接到期盼已久的電話。不料，第一句話就是——

「妳幾歲？」

「啊？怎麼又問這個。五十四歲，怎樣？」

「上面寫自由業，有在找工作嗎？」

她把我給她的名片上的職稱「自由作家」誤解為「飛特族」。我一向她解釋，自由作家不是飛特族，自由作家是……她竟然說：

「什麼嘛，虧我想說妳也可以啦。」

真過分。我一問，她才說還沒找到寫有原田先生住址的紙條。接著，「先不說那個，我今天找妳是為了——」一廂情願地自顧自開口。

「妳既然從事這種工作，人面一定很廣。有誰可以來我們店裡嗎？妳如果幫我介紹，我會給妳相應的酬謝，不會讓妳吃虧的。」

她說，現在店裡的小姐中有人可能要離職，所以急急忙忙在找人。

「喜歡什麼樣的小姐？」

我試著反問她。

「年紀大約四十以下。不過，如果是想存錢、認真且有上進心的女孩，稍微大一點也沒關係。」

「條件之類的呢？」

「面試之後會優厚對待，不會讓她吃虧的。」

事情的發展出乎意料。我心想這是我可以實際旁觀「面試」、深入目前還在經營中的料亭的機會。

「雖然一時片刻還沒有頭緒，不過我會去找找。我再聯絡妳。」

說完便掛斷電話。

從那之後，我不停拜託我的年輕友人：「我會跟著去的，妳可以不可以當誘餌去接受面試？」但所有人都拒絕。那是當然的。可最終我找到一個人，儘管一直擔心：

「一旦去面試，是不是就無法拒絕了？」

「要是有黑道從後面走出來說：『接完一次客人才讓妳回去』，妳要怎麼賠我？」

最後仍然鬆口：「真拿妳沒辦法，就幫妳吧。」

四十八歲的高山，公司職員，從事會計工作很長的時間。年輕時在北新地打過工，也因為這緣故，從以前就長於待人接物。我們因小孩念同一所幼稚園而認識，從此變成朋友。

她去面試是二〇〇九年的十二月。

當日白天高山打電話給我說：「我還是覺得好可怕，別去了吧」，在我承諾「萬一真的必須跟客人做，我代替妳做」，並拚命拜託之下，儘管害怕她還是來了。

高山是頭一次踏入飛田，當她進入區域內時，連續「咦！哇！噢！真的假的！」發出不成調的語言。

「驚訝嗎？」

「因為是井上，所以我一直認為會不會是妳講話太誇張。可是，真的全是漂亮小姐，難道不是嗎？哇，真的，太震驚了。」

兩個明顯非本地人的女人，在週五晚上八點的繁忙時段走在路上是不受歡迎的。更何況個子高䠷，一身有如寶塚歌劇團男角的裝束、東張西望的高山，更是引人側目。當我們經過店面前時，料亭裡的小姐一個個拿團扇遮住臉。

「這裡不是讓人參觀的。」

還聽到這樣的抱怨。

「好像蠟像。」

高山說。

終於到達「吉元」，我打電話給老闆娘，她說：「來後門」。一走入狹窄的巷子便是後門。打開門，躍入眼簾的是外出鞋、拖鞋、掃帚、畚箕、皮包、送洗回來的衣服、紙箱。我們被帶到小姐坐處背面的四疊半房間。電視機、暖爐桌、擺飾架。上面擺放著報紙、雜誌、廣告傳單等的紙品。

「寫有原田先生住址的紙條就放在這電視機上頭，不知道藏哪兒去了。」

故作鎮靜笑著說。我和高山雙膝並攏跪坐在老闆娘的對面。

「不用這麼緊張啦。隨意坐。喝果汁好嗎？」

老闆娘笑容滿面地說。

「最終必須雙方的條件談攏才行。」來到這裡我首先如此聲明。接著，明明跟高山說好為免身分曝光要使用「吉田」這個名字，不料她馬上就說：

「我是高山。」

「高山小姐住哪裡？」

「淀川區的塚本。」

是受到現場氣氛壓制嗎？高山也據實回答。

「哪一個車站？」

「JR的塚本站。從大阪站過淀川後第一站就是。」

「那這樣，十二點前收工的話就能回家。」突然來一記偷襲。

「不，我通常隔天一早要上班，我想十一點離開。」高山說。

黑色毛衣配皮夾克、短髮。她像估價似地從頭到腳打量穿著窄版牛仔褲的高山之後，

「以四十八歲來說看起來很年輕，沒問題的。」老闆娘說。展開提問。

「妳想一週來幾天？有打算嗎？」

「沒有，我沒做過這種工作，所以想問一下條件。」

「也對。那妳現在做什麼？」

「上班族。平常朝九晚五去公司上班，另外，週一到週四晚上去電話客服中心兼差。」

這不是謊言。高山就是這樣奮不顧身地拚命工作，獨力把兒子拉拔到大學畢業的單親媽媽。

「畢竟各方面都要開銷，所以希望這邊的收入能比電話客服好。」高山說。「她想供兒子念研究所，所以學費還要不少對吧？」我為謊言做些補充。

「大學？了不起耶。我們店裡也有幾位小姐是為了小孩才來的。有明確的目標比較好。有陪酒經驗嗎？」

「很久以前在新地打過工，二十幾歲時。」
「料亭的經驗呢？」
「料亭？那個，是指這種店嗎？」
「對。」
「沒有。」
「沒刺什麼吧？」
「刺？」
「紋身。」
「沒那種東西。」
「（一週）能來幾天？既然是工作，就要下定決心投入。高山小姐想要多少呢？」
「多少？是指一個月嗎？」
「怎麼會呢！是日領喔。妳現在的工作收入多少？」
「公司是月薪，收入還可以。電話客服的兼差是時薪一千六百圓。」
「這樣的話，下週日妳不妨嘗試坐一次看看」老闆娘性子很急。事情並未談攏。而且我很訝異她居然說「嘗試坐一次」，可是，來面試的女孩會被老闆娘的節奏帶著走嗎？我插嘴說句和十分鐘前一樣的話：「老闆娘，我不是說過？雙方的條件要談攏才行，不是嗎？」
那之後高山表現得相當值得信賴。
「老闆娘，我可不可以問幾個問題？因為我想知道自己能否勝任。」她說，使勁地維持自己的節奏。有種代替我進行採訪的感覺。

「如果我坐，能拿多少？」

「（客人付的錢的）一半。」

「所以是多少？」

「我們是（一次）一萬圓，再加消費稅一千圓。十五分鐘。小姐拿一半，五千圓。如果能讓客人捨不得走，延長加時的話，就會更多。」

「如果那一天是鴨蛋（沒半個客人），有底薪之類的嗎？」

「沒有，接客才有錢。」

「交通費或服裝費呢？」

「自己負擔。不用擔心，（客人）馬上就會找上新來的小姐。」

「說是新來的小姐，不過也這把年紀了喔。如果是年輕女孩也就算了……」

「那一點關係都沒有。新來的小姐就是新來的小姐。不是有所謂的新手運嗎？很靈唷，而且客人會給很多小費。」

「可以透過哪些方式推銷自己呢？」

「化妝啊、和顏悅色，或是溫柔一點。不能擺出嚴肅的表情。人一累就會顯露在臉上，和女演員是一樣的。」

「不過我平常都是褲裝。」

「當然要改穿短裙咯，妳如果穿上連身洋裝會更漂亮。」

「有規定一週必須至少幾次嗎？」

「沒有規定，一週三天也可以，但不能是玩票性質。可以的話，我希望能全職。」

「那個，我要問一個難以啟齒的問題，會戴『那個』吧？」

「不行。如果妳想要賺錢，就不能戴。」

「咦——？哪有這種蠢事！會擔心染病不是嗎？」

「放心！只要每次都好好清潔就沒問題，況且又不是不會清洗。」

高山和我不禁互看一眼。

「坐浴盆？」

「不是，有點不太一樣。」

「那是什麼東西。房間裡有床嗎？」

「沒有那種東西。要看嗎？」

高山被領著走上鋪有紅地毯的樓梯來到二樓。我也跟著去。

隔著略微寬敞的走廊右手邊是兩間四疊半的房間，左手邊一間。房間的榻榻米上鋪滿米色地毯，擺了一床墊被。墊被上有折好的毛巾。還有就是沒有蒲團的暖爐桌和圓形靠墊。冷氣機的搖控器掉落在地板上。窗戶掛著粉紅色的天鵝絨窗簾。沒有電視機。牆上木條只掛著三套大概是小姐換穿的洋裝。是個非常簡樸的房間。

「一人一室嗎？」

「對。但就一個房間，白班的小姐和晚班的小姐共用。」

「喔～」

我因為原田先生讓我參觀過以前料亭的房間，所以沒有太意外，可高山想當然耳是頭一次走進料亭，因此瞪大眼睛說：

「我真的不敢相信！」並直率地脫口問老闆娘：「隔壁的房間會同時有客人嗎？那豈不是會聽到聲音？」

「哎呀，這種情況很少啦。」老闆娘說。

隨後便聽到樓下呼叫的老闆娘溫柔地笑著說：「可以隨意參觀喔」，早我們一步返回一樓。

「真的太驚人了！」高山對我說。

「沒有浴缸，而且共用廁所！這沒辦法安心吧？一般不是都去旅館做嗎？來這裡的客人難道不會這樣想？」

「也有人就是喜歡這種吧？」我說。

「這位老闆娘是何方神聖？我感覺她以前也接過客，不是嗎？」

「妳從哪裡判斷？」

「就直覺。」

我們竊竊私語。

「一萬圓的消費稅為什麼是一千圓？」

「怎麼計算的？」

廁所在走廊，我打開門，不禁與高山面面相覷。坦白說，是毛骨悚然。

有台階的日式廁所。是地板鋪磁磚、十幾二十年前的那種型式。水箱在頭上，拉繩沖水。即使到目前為止勉強接受，但洗手槽的水龍頭接著一條管子。是半透明的淺綠色水管。這就是老闆娘說的「清洗工具」。坐浴盆的替代品。旁邊還放著消毒液。每次「接待客人」完畢，就把這水管前端插入陰道清洗。

「是共用的，所以是使用同一條水管的意思？」

「不是這樣嗎？明天再沾消毒液。」

「可是就算再怎麼清洗，比方說，我也可能使用井上用過還留有餘溫的水管，不是嗎？」

兩人一起發出「咦——」之後便啞然。

我們一下樓便端來外送的綜合果汁。

「如何？什麼時候能來？」老闆娘問。

「老實說，考慮到服裝和交通費用，我開始覺得時薪一千六百圓的電話客服中心可能還比較好。」

高山認真地回答。

「沒那回事。一千六百圓要工作三小時才有四千八百圓不是嗎？（如果在我們店裡）以時間來說，十五分鐘接客一次就能賺到那個金額。我希望高山小姐要更聰明一點。這個週日不妨放輕鬆地來試坐一次看看。」

「哇！這太突然了。讓我考慮一下。況且也得先辭掉電話客服中心的兼差。讓我想一想再跟妳聯絡。那，老闆娘，方便問一下嗎？您講話有口音對吧？是哪裡人？」

「妳聽得出來？是島根。不過我來這裡已有二十年了。」

「真的假的？我也是，我是松江。」高山說。

那真是巧！老闆娘眉開眼笑地說。高山先講了一會兒自己是海邊小鎮出身、父親現在住在松江郊外養老院之類的事，然後主動提起：「我心裡還是會抗拒從事這樣的工作，但如果是在老闆娘的底下做，感覺就有意願。」極力吹捧老闆娘，試圖問出她的個人隱私。

「老闆娘您幾歲？皮膚真好。」

「哪裡，明年就七十了。頭髮也漸漸稀疏了，年齡是藏不住的。」

「不會啊，看起來非常年輕。不敢相信居然快七十了。可是，老闆娘說來大阪二十年，那不是比我還晚？我十八歲就來了，已將近三十年。老闆娘居然五十之後才來。」

「哎呀，一言難盡。」

「在飛田待很久了嗎？」

「一開始就是來這附近，後來到青春通那邊做，感覺就是緣分吧，又回到這邊……現在我先生的身體狀況很糟，所以要一邊照顧他一邊繼續（經營），很累呀。」

〈將近五十歲來大阪，輾轉流落到飛田。做過小姐，老闆對她一見傾心，納為續弦。或者是當小老婆。夫婦倆一起打理青春通的料亭，丈夫生病後回到這裡，現在一個人勉強經營著。〉

是不是這個意思呢？事後我和高山一致如此猜想。但這只是我們的想像。

「現在做的人都很資深嗎？」

「如妳所見，我都會拜託小姐們要長期合作、努力工作，所以想再繼續經營一陣子，可是妳看，今天也幾乎沒半個客人不是？」

「不景氣嗎？」

「這也是一個原因，不過……」

談話之間，一名身穿皮衣的年輕女孩從後門進來。她說是「八點半以後的小姐」。我一看時鐘，已經快九點了。

「妳以為現在幾點！遲到也要打個電話說一聲，這是常識吧？要我說幾次才懂！」老闆娘突然厲聲斥責。

女孩聳聳肩說聲「抱歉」，接著說要換衣服便上樓去。

「現在的女孩很散漫。會滿不在乎地遲到一、兩個小時。即使陪酒賣笑也和一般的上班族一樣啊，可她們就是缺乏常識，傷腦筋。而且不論說多少次，還是有人刺青。」老闆娘抱怨道。

「老闆娘，高山小姐說了要考慮一下，就等她回覆吧。」

是時候了，走吧！我向高山使眼色。

最後，老闆娘再三說：「要盡早回覆喔。不妨週日就當作來玩，放輕鬆試著坐坐看，我等妳唷！」停留時間四十五分鐘。一走到街上，兩人都全身癱軟地差點跌坐在地上。

之後，兩人來到新世界，喝啤酒、吃串炸。

「我喜歡那個老闆娘。」高山一本正經地說。並重複提到「她會五十歲從島根來大阪，絕對是發生相當嚴重的事，一定吃了不少苦頭。」還說：「她長得很漂亮，我一直注視著她的臉」。

高山每年年底都會開車返鄉。她說屆時想載老闆娘一起回島根。平時快人快語的高山，這天訥訥地這麼說。

西成警署、大阪府警

警方究竟如何看待飛田呢？這是很單純的疑問。

我聽說偶爾會有突襲檢查。

華房良輔先生曾告訴我：「七〇年左右，飛田的公會與尼崎神崎新地的公會聯手，招待西成的警察去神崎新地，招待尼崎的警察去飛田新地」。而如前文提到的，我最早採訪到的黑道幫派組長也說「警方會提前通知業者要進行搜查」。兩者的說法都令人震驚，但我無法確認真偽。

我前往西成警察署。它就位在離飛田的大門僅僅三百公尺外的地方。

我跟窗口說：「我來是想要了解警方為何不取締顯然在進行賣淫的飛田」。

「您哪位？」

「市民。」

「為什麼想問這樣的事？」

「因為我覺得匪夷所思。」

對方請我稍候，我等了十幾分鐘後，窗口人員的上級走出來。

「飛田新地的店家有按規矩提交營業通知再營業，有什麼問題？」

「二樓是在賣淫對吧？」

「這部分我們並不清楚。」

「很明顯不是嗎？」

「我已經說了，他們都有確實提交通知再營業。」

「那營業內容是賣淫不是嗎？」

神情顯得不太高興的這位警官問我：「您是哪位？」我遞上名片，說：「我正在採訪飛田，對於這麼近的地方就有警察局，警方卻一直放任不管不禁覺得奇怪」。

「如果是採訪就必須透過大阪府警的公關課，我無法在這裡回答妳的問題。」

當我堅持，我作為一介市民也想了解時，他要我去找生活安全課，我於是去了那邊。

在警官年紀看上去三十多到五十多之間的生活安全課，我得到比較善意的對待。

「西成目前有許多事件要處理，如果沒有受害者報案，或實際的問題發生，我們無法採取行動。我們雖然也猜到料亭的二樓在做什麼，但不能因為這樣就進去搜索。有人報案說，我上去飛田料亭的二樓發生了什麼事嗎？當毒品之類的其他案件逮捕到的嫌犯在訊問時供稱，曾在何時於飛田工作，這種狀況才有可能去搜捕。」

據說是這樣。他們還告訴我：

「今天報紙上不是有條新聞，說曾根崎署逮捕了料亭的經營者？」

自己氣勢洶洶上警署興師問罪，卻漏看了這則新聞，真丟臉。我一離開西成警署立刻在超商買了份朝日新聞，上頭刊載著「A」店女性經營者被逮捕的文章。

「A」是位在青春通上的料亭。我去看時大門緊閉，不過兩旁、對面等鄰近的料亭卻一如往常地正常營業。我去公會問幹部：「遭到搜索了。事前沒接到通知嗎？」他說：「哪有這種事」。這樣才對。

「如果妳問我看法，就是『你警方在胡說什麼』的感覺。只逮捕一家，是傻了嗎？明明一百多家全是組織賣淫。這次被逮捕的人怎樣我不清楚，但第一次通常是暫緩執行，很快就能回來。可第二次以後就得進去（拘留所）。不會怕的。店家只要被搜索過一次，因為不吉利，大致上就是改掉名稱繼續營業。」

商店街的咖啡廳老闆娘這麼說。原來是這樣運作的。我現在才感覺開始有點明白了。

那之後，我正面出擊，向大阪府警提出採訪申請。他們要我透過傳真將問題傳過去，於是我將以下文字傳過去：

1.請告知飛田地區（大阪市西成區山王三丁目）從大正七年（飛田遊廓開設年份）到現在發生過的主要案件及其梗概。

另外，雅虎新聞刊出以下幾則近年來發生的案件：

●二〇〇四年五月二十六日／兵庫縣警少年課和生田署二十六日以涉嫌以賣淫為目的販賣神戶市內三名少女，違反「禁止兒童賣淫法」為由，逮捕大阪市內牛郎俱樂部的經營者K（28歲）和大阪市西成區的餐飲店經營者M（39歲）。這是一九九九年該法施行以來，因販賣人口遭到逮捕的全國首例。同日還以涉嫌違反兒童福利法等，逮捕了居間仲介的男子和牛郎共三人。

●二〇〇五年一月二十七日／大阪府警西成署等二十七日發布訊息，指以涉嫌在大阪市西成區的鬧區飛田新地以賣淫為目的介紹女性，違反職業安定法（介紹有害工作）等的罪嫌，逮捕前黑社會組織成員O被告（47歲，無業，福岡市。目前因案在大阪地院受審中）、在該新地經營肉類料理店G的T被告（46歲，西成區。目前因案在大阪地院受審中）等七人。

●二〇一〇年一月二十日／大阪府警曾根崎署二十日以涉嫌在保留了戰前遊廓氛圍的大阪市西成區飛田新地偽裝成餐廳經營賣淫，違反賣春防止法的罪嫌，逮捕經營A餐廳的R嫌犯（47歲。大阪市天王寺區）等二人，並移送檢方偵辦。逮捕、移送的罪嫌是與女性員工（42歲）簽定賣淫契約，且於本月十八日向招攬進店裡的男性客人（42歲）介紹這位女性。根據曾根崎署的調查，R嫌在平成二十年開設這家店。並已承認指控：「一個月營業額約一百五十萬圓」。調查人員表示，本案是因其他案件逮捕到的該店關係人供出R嫌等人經營賣淫。警方進入嫌犯住處搜索時發現賣淫中的女性和男客因而立案。

2.聽說目前飛田地區一百五十多家店是以「料亭」名義向「警方提出申請」後經營。請問核准的標準為何。

3.我認為飛田地區現在仍然有約一百五十家的「料亭」公然進行賣淫。請告訴我警方為何不進入搜索。

數日後，我接到自稱大阪府警保安課次長的人來電，說要「透過電話回答我的問題」。我表示要親自去拜訪，但對方堅持「透過電話」。

「第一點，第一起和第二起案件由於沒有文件，我無從查證。第三起案件，曾根崎署逮捕到的女性是以另一起案件的關係人身分被傳喚，問到『以前在哪裡工作』時，說出『曾在飛田新地做過』，因而取得關係人筆錄。掌握到是哪一家店後，入內搜索並展開偵查，才破獲賣淫現場。

以現行犯逮捕的是當天拉客的老鴇和上樓（料亭）的客人。即為了賣淫簽定契約。

然後要求經營者協助調查，扣押店裡的名冊、出勤卡、顧客消費紀錄及可以確認簽約事實的文件等，（向法院）申請拘捕令。

然後將經營者拘留四十八小時。移送地方檢察廳。地方檢察廳的檢察官向地方法院申請羈押。羈押延長十天，遭到起訴，進入公開審理。

這位經營者二月五日被起訴，二月八日繳納保釋金後離開拘留所。目前案件正在審理中，人身自由不受拘束。老鴇也在四十八小時後以五萬圓保釋金交保獲釋。

第二點，許可申請書上有填寫姓名、住址、營業所名稱、所在地、類型、管理者住址、姓名和設備構造的欄位。設備構造如：九點五平方公尺以上；從入口可以看見內部，未以屏風之類的物品遮擋；未上鎖等。經過多人（警員）實地檢查後核准。

第三點，飛田既有「鯛よし百番」，也有純聊天的店。所有店全都在賣淫嗎？這樣說會被人笑的。料亭裡規定必須放置寫明員工的住址、姓名、出生年月日的名冊，所以有時（警察）也會突襲檢查、指示需改進的部分。

就鬧區管理措施來說，我們把重心放在風俗介紹所和色情按摩上。因為那部分有較多檢舉案件，也比較惡質。因此我們現在顧不到飛田，這是實情。畢竟飛田並沒鬧出申訴案，像是被傳染了疾病，或是被敲竹槓。」

對方流利地如此答覆後，匆匆忙忙就要掛電話，於是我最後問他：

「小姐不會被逮捕對吧？」

「沒錯。因為在現今的法律中，小姐是受保護的對象。她們確實為錢所苦，但那些笑著說我在飛田『坐』的小姐們要受保護，我個人是覺得很奇怪，除非她們遭到嚴重剝削。就算我們的刑警毫無掩蔽地坐在阿倍野區那側的堤防上看著，每家店還是照常營業。我們去哪裡他們都看在眼裡。相當有膽量。」

掛斷電話後，我查看了風俗營業法。

第一章總則第二條「用語的意思」第二項規定：「設置待合、料理店、珈琲店或其他招待顧客的場所並為顧客提供娛樂、餐飲服務的營業設施」。嗯——是這個嗎？似乎屬於「接待餐飲等營業」的範疇。第三條規定：「欲經營成人娛樂產業者，須依據營業類型，獲得各營業所所在地的都道府縣公安委員會的許可」。原來如此，「向警察提出申請」指的就是這個。

我繼續讀下去，第四條規定：「有下列各項之一時，不予許可」，接著列出刑法第一百七十四條、第一百七十五條……等多條法律，底下寫著「賣春防止法第二章」。於是我翻開「賣春防止法第二章」，標題是「刑事處分」。處分對象羅列著採訪飛田一定會遇到的關鍵詞，如透過勸誘、仲介、使人困惑等方式賣淫、收取對價、預支薪水、簽訂使人賣淫的契約等。莫名其妙。

發傳單

我很想和在飛田工作的小姐聊一聊。不用說，我直接找公會幫忙，也到處拜託其他老闆、老鴇們幫我介紹，總算約到四位。但其中兩位在最後一刻取消採訪，另外兩位最後沒有出現在我們約好的地方，也就是放我鴿子。

我開始採訪飛田那年，在「阿龜」雖然有機會巧遇下班後的小姐，但那時候的我沒有勇氣向小姐提出採訪請求。我當真認為，如果我提出這樣的要求，可能會有個男人突然從後面冒出來揍我一頓。

那之後十年過去，沒想到我唯一能確定的，是我可能會被拒絕，但一定不會被揍。真是浪費。

好不容易才在咖啡廳偶然遇到一位帶著小孩的小姐，聽她聊到「和沒用的丈夫離婚後又回到飛田」、「想存錢去上美容學校」之類的事，這在第二章已提過。之後，不僅「阿龜」漸漸不再是小姐們工作結束後的社交場所，連「阿龜」本身都關門大吉了，我莫可奈何。

二〇一〇年二月，我抱著背水一戰的決心，製作傳單。以大字寫著：

〈飛田的各位小姐、經營者、媽媽桑們，可以跟我說說「你的生命故事」嗎？〉

下方的小字寫著：

「——我為了寫『飛田的故事』正在進行採訪。匿名也OK。任何日子、時間都可以。我等您來電。」

然後寫上姓名和手機號碼，名字前還冠上「自由作家」，用Ａ５的紙張影印了四百張。晚上到各處營業中的店發給媽媽桑和小姐們，一家三、四張。

「好啦、好啦。」

三分之一的人只是收下傳單把它擺在一邊。

「這什麼東西呀！」

三分之一的人一看就把它揉成一團扔掉。剩下的三分之一咯咯笑著說：

「妳傻了嗎？」

途中，有位六十來歲的男人走近我說：「我也要一張」。我拿一張給他後，他提醒我：「這樣寫不行啦。開頭一定要寫『不好意思』、『抱歉』。而且也得寫明如果接受採訪的話能拿到多少報酬才行。」

我回應道：「啊，你說得對。謝謝賜教。可是我付不起報酬」之類的話，不料他開始糾纏：

「那是不可能的。妳沒聽人家說『時間就是金錢』嗎？這可不行。那妳不想採訪我嗎？」

「你願意讓我採訪嗎？」

「我會回答妳的問題，免費的沒關係。」

我們走進大門附近的壽司店，一邊喝啤酒一邊進行採訪。

「我很喜歡飛田的情趣，二十年前就來了。」

你說喜歡情趣，是什麼樣的情趣？

「小姐們很溫柔唷。全是好女孩。以前如果說『讓我親一下』，會被告知『只有下面的，上面的不行』，要額外收費，不過最近都免費讓我親。」

男人低聲笑了笑。「這就是情趣？」我問，他立刻一本正經地說：

「是呀！這就是所謂的情趣。」

「啊！我就是為了親吻而來的。」

他這樣說，所以我回了一句「好貴的親吻」，不料他露出沒有比這更猥褻的表情笑了笑，對我擺出親吻的姿勢。好噁！

他說他是靜岡縣出生，長住在神戶。最初會走進飛田這一區大約是二十年前擔任某知名企業董事司機的時候，董事在天王寺的料亭用餐期間，他為了等待就在附近走走，看到「飛田新地」的招牌便走進去看看。當時雖然感到吃驚，可是一旦嘗試走進料亭，便被小姐的「溫柔」給「電到」，開始會一年去兩次。現在都搭計程車。遇到和上次同樣一位小姐的機率是「一勝三敗」。「敗」的話，就根據「當時的心情」去光顧別的店。

「我太太十三年前去世，所以我沒有做任何應當受譴責的事。這種地方是必需的。我今天待會兒也要去那裡（年增通）。怎麼樣？對妳的採訪有幫助嗎？」

我說「哈，算有吧，謝謝你」，接著準備拿起帳單，沒想到他說：

「我有多的錢。是我約妳的，所以我付。」

他幫我買單，還說：「妳如果還想見面，可以打電話給我。下次我們去旅館」，然後向收銀台借了原子筆在集點卡的背面寫上手機號碼後交給我。

還有這樣的一幕。

發完傳單那天晚上，我等著電話響，但一通也沒打來。

隔天，我突然意識到：「沒先取得公會諒解是不是不妙啊？」於是帶著傳單去料理組合，提交給幹部：「我從昨天開始就在發放這個」。我原本以為會挨罵，可最終什麼事都沒發生。

「哼嗯～～妳也很拚嘛！」

他不僅這樣說，還幫我考慮：「不過，我覺得不會有人因為看到這個打電話來，明天這裡的鐵絲網也不妨貼一張」，要我把傳單貼在阪神高速公路高架下方的鐵絲網上。儘管不懂為什麼，但還是相當感謝他們。

一如公會幹部所說的，之後一直沒人打電話來。然而三天後的清晨四點，我接到一通電話。因為在睡覺很晚才接，一接起電話就斷了。由於來電未顯示號碼，因此想回撥也無從回起。我抱著期待等了一會兒，但對方沒再打來。

二十九歲的小姐

那時我原本打算放棄，以為一切都將以徒勞收場，之後應該過了一個多星期吧，深夜一點過後電話響起。

「我看到傳單。」

「啊，謝謝妳打電話來。前幾天是妳打電話來的嗎？」

「什麼？我第一次打（電話）。妳是誰啊？好奇怪的傳單。」

我向她詳細說明我正在採訪飛田，為了供寫作參考，想了解小姐們為何在飛田工作、有過什麼樣的經歷。

「我可以嗎？」

「當然可以。能不能見個面？」

「那不可能。」

「這樣的話，就在電話裡說給我聽，可以嗎？這會花很多電話費，要我再重撥給妳嗎？」

「不需要。」

在這樣的交談之後，她出乎意料地愉快地說了起來。感覺不像有喝酒。

「我認為人就是走運、不走運的差別。而我大概命帶掃把星吧。所以我覺得是命中注定（會來飛田）的……」

什麼意思？希望妳能先告訴我妳的成長經歷。當我這麼說時，儘管她表示「不需要，我不需要隱私」，但她只告訴我她是三姊弟中的次女，十六歲時因為懷孕而高中輟學。「我想早點離開家，也覺得學校很無聊，所以正好。」

她與大她四歲、從事餐飲工作的人同居，十七歲時小孩出生。起初，她對「玩家家酒似的家庭」感到很得意。然而，對方大約兩年後便離開沒再回來。

「反正一定是在外面有了女人。他就是這種男人。同學高中畢業時，我已離過一次婚。」

她輕輕一笑後，用鼻子哼了一聲。

一開始她在咖啡廳工作，但「和孩子兩人無法過活」。接著是輕食酒吧。孩子則託母親照顧。不過，「我媽有了男人，開始丟下孩子不管」，所以沒多久又改回白天工作。「可是賺不了多少錢」。

就是不想把孩子送去機構……這樣的她說：「我們家因為我爸很荒唐，所以是我媽在養我們，但沒辦法，小學三年級時我被送進明石的機構待了三年。對小孩來說，三年很長。我很寂寞。我不想讓我的小孩經歷這樣的遭遇，所以我非常努力。但還是沒辦法。」

「逼不得已只好去做泡泡浴」。心裡雖然抗拒，但「沒有其他方法能維持生計」。她把小孩寄放在未經政府核准立案的托兒所，「幾乎從沒遲到、缺勤過，真的」。不過，兩年半之間經歷了兩次可怕的遭遇。一次是「被勒住脖子差點窒息」。另一次是「被下安眠藥，等我清醒時才發現被搞得亂七八糟」。

「我不想幹了（泡泡浴），妳能體會吧？於是，朋友告訴我：『來飛田的話，完全不用擔心這種事』。說起來就像極樂世界。

現在嗎？小孩上小學六年級。晚上？他一個人在家。我的小孩像我，十分堅強。」

我忍不住說真了不起。她對我說：

「我的人生真的是不走運，就算交了男朋友也維持不久，所有人都很快就另結新歡跑了。」

怎麼會這樣？妳的聲音明明非常可愛。她一聽我這樣說，立刻放聲大笑：

「只有聲音不是嗎？」

「我一直被（老闆）提醒，不能跟客人搞得很複雜，可是除了客人之外，我根本不會認識其他人，所以歷任男朋友都是我的客人。」

有很帥的客人嗎？

「有啊、有啊……有年輕男孩，也有正經人。我會跟正經人說『你是特別的（只有你）』然後假裝一下，再告訴他手機號碼，一下就搞定。」

瞞著老闆嗎？

「那當然！二十人中會有三人打電話來，然後就約會。」

客人不會問妳「白天在做什麼」嗎？

「我一律都回答白天在公司上班（笑）。」

飛田的工作不辛苦嗎？

「不辛苦喔。很輕鬆、很輕鬆。只要把眼睛閉起來，五、六分鐘就結束了。」

眼睛閉起來？

「對呀。就是裝得像個沒經驗的，這是我的招數。」

十七歲生下的小孩上小學六年級、十二歲，這表示她二十九歲。

「妳說的那個叫……那個……鮪魚？」

「哈哈！不太一樣。二十二歲以下的扮鮪魚才會受歡迎。我雖然閉起眼睛，但該做的都會做。該做的趕快做一做，早一點結束才是明智之舉。不過話說回來，妳問這些要做什麼？」

我想寫進書裡，說我透過電話採訪過這樣的人。可以嗎？

「只要不會讓人看出我是誰就好，可是很無趣耶。我的故事很無趣，我也無能為力。啊，妳要寫得讓人看不出小孩是男是女，說好的喔。」

另外她還再三叮囑絕對不能寫出出生地、現在的住處、父母的事、來飛田幾年、老闆的姓名、店的位置、在店裡工作的詳細情形。

「我是天蠍座的。」她說。

「哎呀，跟我一樣。」我說。

「這樣嗎？天蠍座好像有種特質，本來很熱情，可是一旦冷卻下來就完了。」

「嗯……或許是吧？」

「還有啊，天蠍座很適合當演員。天生就擁有這樣的部分。」

談話愈來愈不著邊際，我一邊聽一邊想，她一開始明明說自己「命帶掃把星」，這會兒卻覺得自己「適合當女演員」？電話講到一半突然斷掉。聽起來像是電池沒電了，之後並沒有再打來。

我們談了大約四十分鐘，我感覺「她純粹只是想找人說話」。任何人都好。就在這時候正好看到顯示出「對自己（這群人）感興趣」的傳單。就只是這樣。

十二點半左右回家（附廚房的兩房公寓）。小學六年級的孩子愛睏地揉著眼睛等待著。「我回到家他才能放心睡覺」她說。所以她下班就直接回家。孩子入睡後，百無聊賴。晚餐通常是在店裡叫外賣解決。「無事可做」。想找人說話以避免無聊。

我在電話中主要想問的是來飛田之前的生命故事，和在飛田「工作的實際感受」，但我無法掌握訪談的節奏，就在零零落落地聽她說的情況下結束。我接收到的是「她很寂寞」、「沒有希望」，可又一再強調「孩子其實很可愛」。

而當我說：「我覺得妳獨力撫養小孩很了不起」時——

她還說：「那個，（在飛田）我們很普通喔，沒有雙親的家庭。」

真的就是聽到一些零零碎碎的故事。

前「千金小姐」

兩天後，同樣在夜裡，第二位和第三位小姐打來。

第二位是在晚上十點左右。

「喂，我看到傳單。」

聲音聽起來相當伶俐。

「我在當小姐，跟妳談這些我可以拿到多少？」

「妳是指報酬嗎？」

「對。」

「很抱歉，我沒有提供報酬。」

「什麼？真的假的？那不行，來不及了。」

「來不及？」

「我今天月經來，不能去上班。可是明天要還錢，真是的！」

電話立刻「啪」地切斷。她可能明天要還多筆債務吧……不對，更重要的是，短暫的交談中

這句「今天月經來不能去上班」引起了我的注意。歐巴桑們曾告訴我「月經這種小事，用脫脂綿

塞住就沒問題」，而出血量多到無法上班的地步，是否意味著有子宮肌瘤？我對此雖然在意，卻也愛莫能助。

第三位是在半夜一點半左右打來。和第一位一樣，是工作結束後回到家歇口氣的時間。

「喂，呃，是井上小姐嗎？發這種奇怪傳單的人。」

稍微交談兩句後，「我的人生可以拍成一部電影或電視劇喔」她說。和經營者松乃女士說同樣的話。我感覺她在挑起我的好奇心。

「那個，我想有件事必須先說，我希望訪談是免費的」我說。

「是喔。我是說，拍成電影或電視劇，成功之後再付我錢。」

她如此回我，接著主動說了起來：「算了，隨便啦」。

「我從神戶女子學院畢業後做過粉領族。」

神戶女子學院！很棒不是嗎？我這麼說，不過她的反應，如「當時我每天往返（從大阪）神戶」、「一搭上JR就想起女子學院時期」之類的，令我感到「有點可疑」，神戶女子學院在西宮，明明是在阪急沿線啊。她還特意說：「我小時候學過鋼琴和古典芭蕾，是個『千金小姐』」。

「我在損保公司待過喔。是內勤，負責接發生事故的顧客來電。在電話裡被顧客不分青紅皂白地罵就是我的工作，壓力很大。」

做了整整四年後離職，因為她為了抒壓，跟著前輩去牛郎俱樂部，後來次數愈來愈頻繁。從第二次開始就指名一位「與學生時期的男友有許多相似之處」的「隆平」。她表示，隆平說自己也「從事這種『被罵才有錢賺』的工作，所以很能體會」，願意聽她訴說工作上的壓力，是她中意隆平的原因。

「心裡即使明白對方是牛郎，但還是漸漸陷下去，很苦惱。我明明不是那麼純情的人，簡直像個白癡對吧。我們在外面約會，下次去（店裡）時他就問我：『開一瓶香檳好嗎？』卻不知道花費增加多少。真的很蠢對不對？」

搭計程車回家的次數也變多，每個月的薪水漸漸無法支應所有花費，改用信用卡的獎金付款。開始上牛郎俱樂部之後第二次發獎金時，扣款金額超過所領的獎金。因此「清醒了」、「決定改頭換面」。

其方法竟然是「開始一個人住」、「做微整型」，並以信用卡借款方式籌措那七十萬圓的費用，這不會太蠢嗎？一個人住之後，晚上她開始在餐廳打工。但她說，一籌莫展，最後辭掉損保公司的工作。

同一時期，她所倚靠的「隆平」也離職，手機也聯絡不上。當多張信用卡的「獎金付款」金額合計兩百萬圓出頭，其他小額借款加起來也超過兩百萬圓時，在「隆平的朋友」介紹下，出現「願意全部代為還清」的人。就是飛田的老闆。

「妳沒去消費生活中心或法律事務所諮詢嗎？宣告破產或是……」

就在我這麼說時，電話突然切斷。

我踩到地雷了。這種時候不能正面提問。必須以「這樣啊」、「真是夠妳受的」，繼續傾聽。

以上就是主要的內容。由於她不同意曝光，所以我不會寫出她的老家、公司、牛郎俱樂部、一個人住的地方，但這一類地理位置、信用卡的獎金付款額度、「隆平」的輪廓，以及神戶女子學院出身，她的話有許多令我納悶之處。

不過現在想來，話中確實有幾分真實。

她是否想透過造假來穿上她所說的「可以拍成電影或電視劇的人生」這樣的「外衣」呢？我應該多照顧到這部分好好聽她說，枉費她打電話過來。

男友「欠一屁股債」

還有一位是傍晚時分來電的艾莉小姐。我和她在「今天是生理假」的某個週二午後，在天王寺的城市飯店咖啡廳見到了面。

捲曲的長髮、高挑的身材。穿上窄管牛仔褲配織有金色絲線的灰色薄毛衣，相當好看。長長的假睫毛，濃濃的眼線。據她說「在店裡聲稱二十八歲」。是個美人兒，但很不安，頻頻伸手撥動落在額頭上的長瀏海。「父母和兄弟姊妹都在九州。因為一些特殊原因才從事這樣的工作」她說。

我說，希望妳能告訴我那個特殊原因，她立刻回絕：「那不可能」。

理由是「我不想給老闆添麻煩」。

不過，綜合她一點一滴說出的內容就是：她在商店工作時，透過聯誼認識了男朋友並展開交往。原本聽他說是在鐵路公司上班，可那是騙人的。一起生活之後才知道男友「是個亂七八糟的傢伙，欠了一屁股債」。於是（在飛田工作）幫他還債。已一年多。現在這家店是第三間。

〈工作是工作，我在工作時會想這人（客人）現在渴望什麼？是溫柔？亢奮感？優越感？思考優先順位。〉

〈私底下我喜歡正常體位，但工作時常常被要求要特技。雖然很累，但這種情況會收到比較多的小費，所以就咬著牙撐下去。〉

〈會吃避孕藥，也會戴套，所以不危險。日領現金，這點很好。少的時候一天可以拿兩萬圓回家，多的時候則一倍以上，現在的老闆是個很好的人。〉

她同意我寫的就是以上內容，和另一件事。當我問她：「妳沒有小孩吧？」她說：「我沒生，但我有小孩」，接著從Gucci的錢包拿出照片給我看，是個菲律賓的十歲小女孩。「她是六個兄弟姊妹中的長女」。半年前開始每個月捐三千圓給NGO組織認養小孩，她說。老實說我很驚訝。

「真了不起！」

我一這麼說，她立刻靦腆地笑了笑：「得做件正經事才行。我第一次告訴別人這事。別再深究」，隨即收回照片。

那之後，她一再地拿起卡布其諾的杯子又放回桌上，不一會兒又開始拚命摸手機吊飾。

「如果三十分鐘的採訪妳能接受的話，要我幫妳介紹幾位嗎？妳能出多少？」她問道。

「妳說的多少是多少？」

「兩萬，或是三萬。」

我無法立即答覆，讓我跟荷包商量一下，我一這麼回答，她便咧嘴一笑並起身說：「我後天再打電話給妳」。她離座後，留下柑橘類的香水味。

她當真後天又打電話來。我告訴她很抱歉，無法給她報酬，她便「好啦、好啦，我知道了」，立刻掛斷電話。電話「未顯示號碼」，因此無法回撥。

除此之外還有人告發「〇〇店在做一些很沒人性的事」、「人被埋在〇〇公園」，但我認為那部分沒有什麼好寫的。總而言之，四百份傳單只獲得四人反應。百分之一。

即使打對折聽，也不可能有人是「因為喜歡而從事這份工作」。通常是因為被男人騙、被男人拋棄，或是為了錢才來到飛田。這和公娼時代因為家裡貧困被賣到飛田豈不如出一轍？僅有的一點差異大概就是在外面的世界短暫工作過才來到飛田吧。除了自稱神戶女子學院出身的小姐之外，另外三人在成長過程中都沒有受到父母足夠的保護。至今為止的生活中沒有經濟不拮据的時候。她們只是不知道什麼樣的生活方式值得效法便往容易的方向走，一路走到現在。結果就是不斷地自掘墳墓。

我與四人談話時，腦海中閃過一位在高中當老師的朋友說的話：「（我一直教導學生）升學的意義就是能夠學會以合乎邏輯的方式看待自己和自己所處的環境」。她們國中畢業、高中中輟的比率實在很高。

麻由美媽媽

我在網路上找到麻由美媽媽這位飛田料亭的女性經營者並見到了面。就是以「具有男子氣概的女人」為題，把在飛田開店的情形寫成部落格的人，從二〇〇六年十月寫到二〇一〇年一月。一九八〇年代中期她買下飛田的料亭，據說極盛時期包含「借人頭的」在內，經營了三家店。她的部落格生猛有力。

「我會告訴大家我如何在十年內賺到十三億六千萬圓（純利），並將這筆錢留在手中（記述：媽媽）」。一旦開始閱讀便停不下來。我認為這不是編造的。而且，從部落格的文章可以看出，她在九〇年代中期一度把店收掉，近年才重返飛田，是現役的經營者。

她的文筆相當好。由於實在寫得太好，因此請容我轉載一部分文章。例如以下這篇〈幫派青年與由佳〉。

〈年關將近時，接到一位在公會的聚會場合有過幾面之緣、在大門附近開店多年的老闆娘來電，於是打烊後就去看看，我一去便看到一個女孩被迫坐在沙發上，老闆娘、老闆、拉客歐巴桑、年紀較大的小姐圍在她四周。時間是半夜一點過後。

聽來似乎是被幫派分子從岡山帶出來，帶去信太山、松島，最後來到飛田。墊付款一百五十萬圓……這樣不會有店家願意雇用的。

「幾歲？」

天寒地凍中，一件風衣配上紅色裙子和白色有毛海的毛衣，我猜她已盡力把自己打扮得很時髦了。

「十九歲。」

她的眼神在向我求助。這位老闆娘的店之所以不願雇用，原因不只是墊付款。當時雇用一個十九歲的女孩得要有勇氣才行。大阪府的法令規定十八歲不行，二十歲以上ＯＫ，十九歲在時間限制等方面沒有詳細的規定。

飛田絕大多數的店都不會預借大筆現金給人。對於需錢孔急的女孩，飛田的店多半以預支日薪的方式，由經營者作擔保人，最高可借金額約五十萬。因為就算借她一大筆錢，如果她跑掉、下落不明，便很難追討。假使去追討，一不注意讓女孩跑去報警，說自己因欠錢被逼迫賣淫的話，店就完了。

「什麼時候來大阪的？」

「昨天早上。」

「昨晚睡哪裡？」

「車上。」

「吃過飯了嗎？」

「吃過了。」

（是黑道的人嗎？……）不用說肯定有什麼隱情，但感覺瀰漫著一股悲壯感。

「老闆娘，可以借用一下房間嗎？」

我借了裡面的房間，命令那女孩脫下衣服。個子雖然略顯嬌小，但肉體煥發著青春氣息。臉蛋像觀月亞〇莎，身體膚色白皙、無可挑剔。我在雇用一個女孩前一定會要她脫光衣服，這是為了檢查她身上是否有不尋常的瘀青或傷口。

美麗的軀體上沒有令人擔心的注射痕跡。她穿著內衣內褲跪求我：「拜託！我會拚命工作的，拜託！」的模樣讓我於心不忍，忍不住說：「好啦！妳也累了吧？待會兒去吃點熱的東西」。

「老闆娘，謝謝！我帶她回去。今天已晚了，明天再來拜訪。」

說完這話便離開大門這家店。並告訴把這女孩帶來的岡山幫派分子明天再來拿錢，要他們回去。

這女孩根本沒帶幾套換洗衣物，想當然耳也沒有錢，我決定讓她今天就住在我的公寓。回程途中，我們繞去花園町十字路口附近的拉麵店。

身體也暖和了，我慢慢問她。她說錢是要給父母的，無論如何明天一定得準備好。不管這話是真是假，我都不在乎。我已決定雇用她了，而且我也感受到這孩子的拚命程度，有預感一定能派上用場。

這女孩的父親似乎以前也是混幫派的，一起來的幫派分子是他的手下。父親改邪歸正，開始做生意，但生意失敗，似乎在岡山半處於被逼入牆角的狀態。

隔天，帶這女孩來的幫派分子得知女孩說出這事後，不知是放心了嗎？和昨天流氓樣的態度截然不同，變成一名普通少年。

「媽媽，拜託拜託！我們無論如何都需要那筆錢，否則老大也無法再待在岡山。請您幫幫忙。如果您願意，我會再帶其他女孩過來作為交換。您用不著借錢，我找到可愛、能夠做的女孩就會帶過來。」

這幫派分子自稱是岡山〇〇組的人。〉

根據部落格，麻由美女士是一九五六年出生，五十三歲（二〇一〇年當時）。年輕時在新地和南區做過酒家女。八〇年代時，以二十多歲的年紀經營起「約會俱樂部」。會在飛田開店，是出於她對能取得警方許可的「箱型（譯註：指成人娛樂產業中從接待到服務全在同一棟建築內進行）」經營模式的嚮往。經人介紹，創業資金約兩千五百萬圓。

創業準備期間，她雇了一位毛遂自薦的八十歲歐巴桑。長年在飛田好幾家店之間轉換工作、穿和服的阿照。她雖然不會寫字，但計算自己應得的分毫不馬虎。

第一位小姐是「透過偶爾去光顧的牛郎店的牛郎介紹」找到的。曾在「久左衛門（南區）」做過的泡泡浴女郎。無墊付款（債務）。三十八歲。

第二人是看到「招募小姐」的廣告單自己跑來的二十二歲護理師。她原本在附近的店做，「和（那家店的）老闆變成男女關係，並借錢給老闆。吵架後離開」。墊付款十六萬圓。

第三人是自己挖掘的「十三（淀川區）」的陪酒女郎。第四人是上述部落格中提到的幫派分子帶來、墊付款一百五十萬圓的十九歲女孩。

開店前有個歐巴桑會用手推車推著巧克力、米果、仙貝、魷魚乾來賣。她為求討個吉利，會跟歐巴桑買魷魚乾，用火爐烤來吃。

收費三十分鐘一萬圓（八〇年代後半當時）。盡可能爭取「延長」。

不成文的規定是：小姐不在門口時不招人進來，因為會妨礙附近其他店家招攬生意；拉客範圍以自家店面的寬度為限；不可越過道路中線拉客；在店的入口處擺放鏡子是為了在客人來到店界前方時把客人招攬進來；當鏡子中出現客人的身影時立刻開始拉客。

入口處的燈是螢光燈，照在小姐身上的是鎢絲燈。和肉鋪為了讓牛肉看起來更漂亮所使用的燈一樣，從小姐的左右兩側和前方照過去。蒲團、蓋毯以大紅色的居多也是同樣的道理。

上門的客人各式各樣。絕大多數是「好客人」，但當中也有讓人頭痛的客人和有個性的客人。

有一次，她感覺房裡的情況不太對勁便去看看，結果發現小姐被迫趴在地上，脖子像狗那樣纏著皮帶被鞭打著屁股。

「你這是在做什麼！」

麻由美媽媽用身體衝撞對方。之後打電話報警，男人則在報警過程中消失無蹤。趕到現場的警官很同情小姐。

經常來收壽司盒的「阿松伯」是店裡常客，每次都會延長時間，但有一次做到正高潮時失去意識。

這種情況，通常是幫客人穿好衣服抬到外面之後再喊「有人昏倒了」並叫救護車，但這一次，幫他穿衣服穿到一半就突然清醒過來。原來是喝醉酒睡著了。

被其他店拒絕往來的身障者阿信也是店裡的客人。據說是母親出錢讓他來的。雖然言語也不太能溝通，但有雙溫柔的眼睛。他是為了摸乳房而來的。

麻由美媽媽會徹底地教育員工。她教導小姐們要先偷看一下客人的皮夾確認有多少錢，鼓勵小姐「掏空客人的皮夾才放人回家」。為此，「不要戴套，透過口交仔細檢查後再做」。小姐接完一位客人後，身體會沾滿潤滑液和唾液。要用廁所裡加裝了即熱式電熱水器的水龍頭延伸出的水管，以跨蹲在日式便池上的姿勢，沖洗陰道內部及身體，為下一位客人做好準備。

生理假三天。紅牌小姐只能休每個月生意清淡的二十二、二十三、二十四日三天。以吃避孕藥的方式調整經期，調整失敗的話，就讓她塞海綿防止出血照樣上工。

她對小姐們洗腦「這樣很正常」。不戴套會感染的疾病除了愛滋之外，還有梅毒、菜花、疱疹、淋病、陰蝨。規定小姐每個月要去醫院檢查，十五日內提交檢驗結果。

對於虛報客人支付金額的小姐則會又打又踹，毫不留情地予以制裁。

多數小姐都有「預支薪水」。即便沒有預支，因為在飛田附近租屋，所以多半一開始就負債約兩百萬。在這筆錢還清之前，她會慫恿小姐們去購買珠寶、名牌服飾等，讓她們出國旅遊、懷抱「夢想和希望」，不斷對她們洗腦，讓她們相信「待在這家店才有現在的自己」。

一旦債務逐漸減少，便帶小姐們去牛郎店玩樂。而且不是便宜的牛郎俱樂部，是低消三、四萬的高級店。讓她們指名自己中意的牛郎，開一瓶酒，一晚就花掉數十萬。小姐們為了把在飛田工作的辛酸拋到腦後而沉迷於牛郎店。牛郎理解「小姐們花錢的方式」，會將小姐們在牛郎俱樂部裡的言行轉告給麻由美媽媽。她就是這樣恩威並濟地管理小姐們。

除夕夜把所有小姐聚集到麻由美媽媽的公寓，不論身分高低地盡情歡樂，並招待大家吃跨年蕎麥麵和各種年菜已成為一種慣例。這是為了防止小姐們在過年期間想家返鄉，同時也有慰勞之意。奢華地款待。一月十日「戎神」的日子提早收工，全體出動前往今宮戎逛廟會，接著轉往牛郎俱樂部，及為二十歲小姐的成年禮租借服裝、拍照，到帝塚山的餐廳聚餐，也都成了一年一度的例行性活動。還會帶大家去有馬溫泉、東京迪士尼樂園、國外旅遊。在高級餐廳用餐、住高級飯店、穿和服，這些對小姐們來說都是第一次，樂翻天。

小姐中有人長期受到家暴，有人擺脫不了吸毒男友。

麻由美媽媽利用借人頭（以「一年兩百萬」之類的條件簽約，用別人的名義提交營業申請）的方式，最多時經營三間料亭。雇用的小姐總數多達數十人。所有人都做非常久。

料亭相當賺錢。警方如果突然闖入搜查，連存摺都會被調查。因此為免被追繳高額稅金，遵奉現金主義。鈔票多到即使去居家百貨賣場買保險櫃來裝、裝進衣櫥裡，照樣很快就裝滿。租下自家公寓的隔壁，把鈔票藏在盆栽的土裡和榻榻米底下，仍然有其極限。於是化整為零寄存在其他府縣的銀行。也曾將鈔票塞滿黑色垃圾袋，開車載到信用金庫去存。

她持續經營了十多年，有一次被警方逮到被羈押了五十天，從此金盆洗手。

有丈夫和三個小孩。在郊外蓋了一棟豪宅，靜靜地生活。不過，因「婆婆幫朋友作保」，導致她變賣房子、失去所有財產，就在她暌違十年再度回到飛田，開了一家新的料亭時……。

恩威並濟

我在部落格的留言欄表明採訪之意，希望她能跟我聯絡，並留下姓名和手機號碼後，隨即接到這位麻由美媽媽的來電。

「承蒙妳閱讀了我拙劣的部落格，十分感謝。」

她用哈士奇似的聲音說了這類的話。那聲音不知道是因為感冒，還是抽菸、喝酒導致喉嚨受損。

「不，一點也不拙劣。我還以為是專家寫的。文筆非常好，令人驚豔。」

「聽到妳這樣說我好開心。從小我對音樂完全不行，但很喜歡看書和寫讀後心得。書寫可以釋放壓力。我活到這把年紀才感受到書寫的樂趣。看書時也會去想，這種時候這樣表達好嗎？模仿別人（的表達方式）。寫東西真的好有趣。」

「我讀的時候，說真的，感覺好像在看小說或電影。」

「我有接到東京一家出版社的出版邀約，但他們說會改寫，我不喜歡那樣，就回絕了。因為每一字每一句都是我努力思索過後寫下來的。」

「這樣啊。」

「如果要拍成連續劇，我的角色就由室井滋來演。」

「喔～室井滋嗎？您是那樣的人啊。您在寫那部落格的時候，有設想過讀者群嗎？」

「有人擔心我會不會被黑道盯上，但我寫的都是事實，有什麼不對？我寫這些是想讓我兒子知道，我一直在很努力地做生意。」

我們在電話中如此交談幾句後，約定三天後的下午兩點見面。果然是現役的經營者，她告訴我目前經營的店的位置，並交代我「到了後門打電話進來，我幫妳開門」。

我的心跳加速。這麼輕易就約到反而讓我感到害怕，擔心會不會有什麼問題，而且，那天早上富士電視台的星座運勢分析說我的星座——天蠍座——運勢最差，也讓我耿耿於懷。雖然幼稚，但天蠍座的「幸運物」是相框，所以我祈禱不要發生什麼不好的事，以像是抓住一根救命稻草的心情，把一只大相框放進皮包裡帶著去。我百思不解，為什麼我那麼害怕？

麻由美媽媽的店位在離青春通不遠的黃金地段旁。吹著寒風的過午時分，客人稀稀落落，但依然有人走在路上。身穿黑色外套，圍著黃綠色圍巾，一副昔日文學家模樣的紳士悠然漫步在路上，是我那天記憶中的風景。

我遵照指示在後門前打電話給她，她說：「我讓妙子去接妳」。一位身穿銘仙風的淺紅色和服，外頭罩著白色工作圍裙，頭髮紮起，年約四十的女性，面帶微笑地出來接我。

「我是妙子。您就是井上小姐吧？」

確認過後——

「不好意思，這條走道很窄。」

她走在前頭這麼說。妙子小姐不論動作、講話方式，感覺都很優雅。沿著外側走道走了大約二十公尺後，從廚房的後門進入料亭的建築物中，接著被帶到會客室。麻由美媽媽同樣以一身和服現身。兔子圖案、化纖布料的和服，有褶邊的白色圍裙。五官輪廓分明。身材纖細。

經過簡單的問候之後，我說：「我不認為飛田是個很棒的地方，但我想確實有人需要它」，麻由美媽媽立刻咧嘴一笑：「沒錯。一定要這樣想」。以下是就我記憶所及的問答內容。

——您在部落格上寫到想走「箱型」模式才來到飛田，是這樣嗎？

是的，沒錯。我不是經營過約會俱樂部嗎？要向黑道提交「開業通知」，還要花很多錢買公用電話亭內張貼廣告的位置，「直的一排」或「橫的一排」，這同樣是跟黑道買，然後再派小姐過去。被警察那個之後，很少印刷廠願意幫我印廣告傳單。一萬張要價五十萬圓之類的，貴得離譜。而且是在半夜領取。相較於此，正大光明地提出申請做生意的「箱型」模式則代表了一種成功。令人嚮往。

況且警察還跟我說：「如果有黑道來說什麼，或受到威脅，需要幫忙的話就立刻電話聯絡我們」，所以我一直以為是合法的。不過我很快就知道其實不合法。

——您一直專營特種行業嗎？

我生長在一個普通家庭，但不知怎地很喜歡做生意。以前還很羨慕家裡開蔬果店的朋友。我討厭被人使喚。十幾歲時在公司上過班，更正確地說是在工廠做過，但我不喜歡被迫做一些既定的事。

——您喜歡這份工作？

是啊。我認為這是我的天職。培養一個小姐是件很好玩的事。我這樣說雖然不太好，但會來這種地方的全是一些不知節制的女孩。把這樣的女孩慢慢塑造成對社會有用處很有意思。為了達到這個目的我會用罵的，不是指責而已。把情緒暴露出來地罵。如果不能體會，就痛打一頓。我就是用這種方式幫助女孩們長成人的樣子。

——比如說？

預定五點要到的小姐，八點才說「不好意思」走進來，我一開始很生氣，但阿照（資深老鴇）告訴我：『老闆娘，這種事在飛田這裡很正常。小姐們必須脫穎而出。守時的女孩不會做這一行』，起初我不信，心想『這阿桑在胡說什麼』。可是後來覺得也許真是如此。

所以我不生氣了，慢慢能夠認為『老闆、老鴇和小姐是彼此餵養的關係』，所有事都要互相。每天開店時，老鴇會對小姐一鞠躬說：『今天一天也要請妳多多關照』，小姐也對老鴇行禮說：『今天一天同樣請妳多多關照』。老鴇點外送的咖啡請小姐喝。小姐則規規矩矩地道謝後再喝。多虧了老闆和老鴇她才有錢可賺，讓感恩之心深植在她心裡。

拖鞋怎麼擺、菸灰缸怎麼放、毛巾如何遞給客人、衣服怎麼掛，我也會一樣一樣教她們。

而且，這裡的小姐真是太邋遢了，房間裡亂七八糟。如果放任不管會變成垃圾屋。（小姐們的）公寓鑰匙由我保管，所以我會去突襲檢查。如果很亂的話，我不會輕易放過。我就是這樣，讓原本無可救藥的女孩變成一個成熟的人。

——您有寫到以恩威並濟的方式訓練她們。

與其說訓練，不如說是調教。我會對她們洗腦。說「妳們都是女演員。要做最好的！要賺大錢！」我們做得很徹底。不能穿那種冒牌的五千圓左右的衣服。一定要穿和高級俱樂部同等級的、四、五萬圓的衣服才會讓她坐門口台階。不用說，當然是自備。每天上班前都要去美容院做頭髮。坐的時候禁止抽菸、喝果汁、滑手機。我都跟她們說，想喝果汁就早點上去（帶客人上二樓）。所有事都要教。

——這是為了小姐好嗎？

才不是。是為了我自己。為了自己能賺到錢。

——也是為了客人著想？

說得也是。對客人來說，一萬一千圓這金額賺起來也不容易。畢竟他們是來這裡花自己的血汗錢，我想我們也必須予以真誠對待。

——部落格中關於由佳被幫派分子帶來這裡的故事很有震撼力。

由佳？是不是溫泉町出來、很漂亮的一個女孩。父母都是幫派中人，因為賭博的錢或什麼的而遭到追殺？父母、弟弟、妹妹，所有家人都是她在照顧。妹妹上高中的錢也是她出的。

——賺很多嗎？

也有一個月營收六、七百萬的小姐。就算是五百萬，抽成也有兩百五十萬。繳了二十萬的房租後，一百五、兩百萬的債很快就能還清。所以即便一天營收三十萬，我就是從中撥一萬給小姐。小姐應得的十四萬中，我會拿走十三萬。然後逼小姐盡早還錢、嚴肅面對，使小姐對金錢產生貪戀。跟小姐說：『是因為我收留了妳，妳才能好好地還錢』。大約半年後再稍微放鬆一點（給她多一點金額）。要是讓小姐很快還清債務，辭職走人，不知道會做什麼事。在花錢方面我會給小姐某種自由度，讓她買衣服、買珠寶、吃壽司和燒烤。小姐領略了奢華，父母又跟她要錢，就會再借錢。

——您還會讓小姐們學會去牛郎俱樂部對嗎？

對、對、對！我就是這樣思考長期利用（小姐）這件事。我們店是不准客人帶小姐出場的，所以小姐是處於一種軟禁的狀態。我都告訴小姐，如果有人問她們手機號碼，就說：「會被媽媽罵」。也禁止下班後客人送小姐回家。只要照我說的努力幹，就會愈來愈惹人疼愛。

——您也會指導做愛的技巧？

做之前要先撥弄檢查看是否有陰蝨、長疣、病變。如果有長疣就必須戴套。對於被發現有陰蝨的客人，我會跟他說：「先生，不好意思」，幫他噴殺蟲劑。用那個一下就搞定。要是（一天）做了二十人，（小姐的局部）一直摩擦很痛的。還有小姐光是坐著就嗯嗯啊啊地喊疼。對於這樣的小姐，我會幫她塗麻醉藥。也有小姐說陰道口很窄會痛，去醫院剪開，敬業精神令人敬佩。

——會擔心得愛滋嗎？

那種東西透過咖啡廳的杯子也能傳染，妳要這麼說的話，那這門生意就沒辦法做了。

——透過杯子應該是不會傳染的……老闆娘那裡生意那麼好，其他店不會眼紅嗎？

就是這樣啊。（其他店）把一些麻煩的客人送來我們這裡，然後無中生有去向警察告密，說「去那家光顧，發現二樓的廁所有興奮劑的注射針筒」。如果你存心要毀一家店，輕而易舉。有些客人會把興奮劑塞進小姐的肛門也得留意才行，但最痛苦的是你無法預防。

——老闆娘的店也被警察抄過對吧？

我平常在店裡就會訓練小姐們遇上警察來抄時該如何回應。我的店全是「借人頭」經營的不是嗎？我的小姐們被警察問到實際經營者是不是我時都說「不認識」，直到最後都沒有招供。令人欽佩。男人就不行了。借我人頭的那個男人坦白供出，我才會被抓。

正好那時期有點難以為繼。我為了找地方藏錢一籌莫展。一億圓有十公斤喔！很重。比舊書更難處理。開車在路上，都覺得後方的車看起來像警車，胃痛到不行，每天要吃十包SACLON（譯註：胃酸抑制藥）。被拘留五十天，付了保釋金後出來……心想夠了吧。

——可是過了十年您又重出江湖。

這是為了生存。現在房子也沒了，空無所有。兒子一度誤入歧途。我不是說過，寫部落格是為了讓兒子知道我是如何在這個社會上生存的。我想留一些（錢）給兒子們。井上小姐如果也有孩子應該能體會吧？

——我也沒有房子。不過我還在為自己的事忙碌，沒有想那麼多。

那是因為井上小姐的出身好。我一看就知道了。

——真的有需要這麼多錢嗎？

我說啊，錢具有很大的力量。女孩子做這行，做個幾天就會在心裡留下傷痕。可是如果做個一千萬到手再辭職，就不會受傷。

只要有錢，大多數的問題都能解決。夫妻不會吵架。能夠和和氣氣的。當你沒錢時，就算要你待人和善也做不到。你買不起衛生棉，哪有餘力為別人著想呢？就是這麼回事。

在我不知如何回應時，麻由美媽媽繼續這麼說：

「我當然也認為，女人不必選擇從事性產業，好好度過一生會更幸福。可是，假使有什麼苦衷而逼不得已投入性產業的話，肯定是正面看待（性產業），努力工作，盡可能賺更多錢比較好，不是嗎？」

訪談途中，我問：「可不可以做筆記？」她馬上說：「請便。如果妳覺得我的話能派上用場的話」。我自己提出採訪邀約卻這樣說很奇怪，但麻由美媽媽對採訪表現得如此友善，我首先不由得感到奇怪。

我甚至覺得她以身為飛田料亭的經營者自豪。對自己做的事毫無愧疚。

儘管她說她認為「培養小姐」是她的天職，但這工作也讓她胃痛到「覺得後方的車看來都像警車」。她說一切都是為了「錢」，但保管錢的方法竟然是存放在衣櫥裡。還說「如果要考慮愛滋病，這生意就沒辦法做了」。我以我的邏輯尖銳指出：「正確申報、納稅，應該還是能賺到足夠的錢」、「愛滋病絕對必須預防」，但她說：「我工作又不是為了取悅稅務署」、「（愛滋病）沒問題的」。然後輕輕一笑，像要把我甩開似地說：「井上小姐恐怕不能理解吧」。

我聽著聽著，開始覺得稍微能夠理解那些被她的「恩威並濟」懾服的小姐們的心情。這樣說很玄，因為我陷入一種錯覺，以為她有一套「屹立不搖的經營哲學」。「只要照著這位『強有力』的老闆娘的話去做，就能過生活」。衣食住行暫時有保障。不要想未來的事。或者說，也無法去想。對那些不得已只能提心吊膽地一天過一天的小姐們來說，這人提供了在某個層面上唯一可以「安心」生活的地方，只要出賣自己的肉體。麻由美媽媽是否對這一切感到自豪？我漸漸認為，說小姐們是「女演員」的麻由美媽媽也許才是更高段的女演員，而且是扮演一位驕傲的女演員。麻由美媽媽甚至這麼說：

「這話我只對井上小姐說，連我先生都不知道。我雖然不是多麼好的人，但在我心裡，我一直想更靠近佛祖。希望在我有生之年能修成佛，為這世間竭盡所能，度過美好的一生。我想過著積德行善的生活。」

「我不會說自己在幫助那些小姐。畢竟我做生意是為了我自己。可是，我一直透過教導小姐（行為舉止等各種事情）在修行。我覺得我離佛祖愈來愈近。現在我可以抬頭挺胸地從事這工作。就算被警察抓也不至於喪命。」

談話進行了兩個小時，一開始端出來的咖啡也喝光了。來後門接我的妙子小姐像是找到機會般為我們端來日本茶。那奉茶的方法、手勢感覺「很熟練」。我問麻由美媽媽：「她好優雅。這些動作都是老闆娘教的是吧。她也是小姐嗎？」沒想到被她笑：

「井上小姐，妳真是一點都不懂。」

「妳說妙子很優雅？哈哈哈！她是名古屋的黑道帶來的女孩。」她說。

「剛來我這裡時帶著兩個小孩。一個才出生一個月還在喝奶。我心想這是怎樣？但還是雇用了她。雖然讓她做小姐，但如妳所見容貌生得那樣，完全沒有客人。二十四歲就當歐巴桑了，她沒腦袋喔。」

麻由美媽媽當著妙子的面，毫不在乎地這麼說。

「妙子，妳只能在這裡生存是吧？來大阪十多年，去難波的次數屈指可數是不是？」

妙子小姐回道：

「是的，總覺得離開飛田很可怕。」

我問她今年幾歲，她說三十八。很年輕。多麼年輕的歐巴桑。

「人的緣分會落在哪裡難以預料。就這樣，我又要麻煩老闆娘照顧了。」

微笑地說完這話，妙子便拿著托盤走出房間。以前的店收掉後，應該間隔了將近十年。麻由美媽媽說：

「妙子她說：『以前工作的居酒屋老闆娘用我的名義去借高利貸』，好吧，我就幫她這個忙。幾家公司合起來（向地下錢莊借的錢）有五百萬唷。不過，妙子對我是絕對服從，我可以放心把店交給她，所以決定讓她來做歐巴桑。接受妙子意味著連她的債務也一併接收，所以我打電話給所有地下錢莊。跟他們說：『我請教過律師，據說有多繳的情況。律師要我問你們的收信地址，所以我打這通電話。能不能請你們提出明細』。我只是這樣說，地下錢莊就說『已經夠了』。」

「可以不用還錢的意思嗎？所有地下錢莊都是嗎？」

「對。一百個人借高利貸，九十九個這樣就沒事了唷。我打電話去的地方，有個人跟我說：『一個外行人竟然會打電話來不簡單。大姐的性情很合我意』（笑）。就是這樣啊。」

「欠高利貸的小姐怎麼不會想找律師商量，或者視情況宣告破產？」

「那些小姐沒有這樣的頭腦啦。無法脫離飛田的小姐，基本上不是沉迷於柏青哥就是男人。男人的話還比較好，柏青哥就是賭博。還有小姐被說成『連狗都不如』被打得滿地找牙的。兩者最後的結局都是高利貸。大部分會跟我說『（錢）掉了』、『被（扒手）偷了』。來跟我說『被孩子拿走』的小姐，我曾當著孩子的面狠狠地教訓她。說『妳給我差不多一點！醒一醒！』」

她從妙子小姐的事延伸談到「地下錢莊和飛田小姐」的話題。

「井上小姐應該不知道吧（笑）？這裡的居酒屋和地下錢莊有互相勾結喔。假設吃吃喝喝之後不夠錢付帳了，這時居酒屋就會介紹客人去找地下錢莊。已經水乳交融了。如果是『借兩萬』，地下錢莊實際借出兩萬，但借據上會寫『三萬』唷。一萬是利息。所以如果約好第十天還錢，要還三萬才算還清。有人不是會第十天只付一萬，想再要求寬限十天的嗎？這樣的話，（從最初借錢那天起算）第十九天必須再多付三萬才能還清。大家一開始都是借兩萬、三萬，轉眼間就變成兩百萬、三百萬、五百萬。沒有道理可言。這裡的小姐每個都是這樣唷」。

她說「十三（十天三成利息，年利率一〇九五％）」、「十五（十天五成利息，年利率一八二五％）」等利率超過「十一（十天一成利息）」的高利貸橫行。比先前我從黑社會組織的人那裡聽到的高利貸遊戲規則又更加惡劣。

一會兒之後，麻由美媽媽問：

「要參觀嗎？」

「現在沒有客人，要的話就請」她說。我們走去裝飾著華貴白色蝴蝶蘭的正門入口，她為我介紹：「妳看，就是這樣打兩層、三層的光。和肉鋪打光讓紅肉的牛肉看起來很漂亮一樣」、「每個人去肉鋪都會想買色澤漂亮的肉對吧？」和部落格裡寫的一樣。面向馬路而坐的小姐回頭看我，向我微笑點頭致意，我像反射動作似地回以大大的笑容。

我們走上二樓，不愧是新開張的店，裝潢全部翻新。沿著鋪有紅色地毯的走廊有四間八疊大的房間。榻榻米上似乎鋪了地毯，看起來像西式房間。擺放了白色木頭櫃子、深藍色沙發等現代時興的家具，就像是潮流劇裡會看到的女孩房間。感覺很乾淨。是「平成」風格，不是「昭和」。但唯獨馬桶是日式。水管和「OSVANS」的殺菌消毒液容器就這樣直接映入眼簾。新開張沒多久。據說只有一位小姐，三個房間全新尚未啟用。

臨別之際，麻由美媽媽對我說：「井上小姐，請寫一本好書」。還說：「這本書大賣，我們店也賺到了錢，我們再一起去喝酒，開一瓶Dom Perignon」。

這一天回家的路上我一直在想，如果有像這人一樣的精力，做其他正經生意也一定會成功的……。

妙子小姐

很慶幸的是，在麻由美媽媽的安排下，我有機會在沒有開店做生意的日子，和先當小姐後來當老鴇的妙子小姐單獨會面。地點在她位於大阪市內一角的住家附近一間白天就開始營業的居酒屋。

不巧的是，那天我有另一個採訪，結束後直接開車過去，所以不能喝酒。「請別在意，就喝吧」我說，妙子於是點了生啤酒。她大口喝著啤酒時，臉上津津有味的神情讓我感覺相當平易近人。我們圍著擺滿生魚片、沙拉、串炸的桌子而坐，展開採訪。

「不好意思，明明是放假日。」

「完全沒問題。我早上就拿蒲團去曬，胡亂做點家事。已經沒什麼要做的了，沒關係。」

我說我很訝異居然有這麼年輕的老鴇，她微笑道：

「飛田有年紀大的小姐，也有年輕的歐巴桑。」

儘管麻由美媽媽說得一文不值，不過我覺得她的容貌在平均值以上。圓臉，身材有點肥胖，但遠比我要纖細。

「我聽說妳二十二歲時從名古屋來飛田，是怎樣的經過？」

「也沒什麼經過突然就來了。第二個小孩出生後一個月，對方就跟我提到大阪的事。我們沒有登記，該說是同居關係吧。因為付不出房租了，他說：『去大阪會有工作，我們親子四人換個心情一起重新開始吧』，我回答：『好吧』，當晚他的朋友就開車來接我們，我就一手抱著一個孩子，另一個用手牽著，提著裝有尿布、奶粉和換洗衣物的紙袋，上了那輛車。總之就是對方和他的朋友還有兩個小孩跟我一起來到大阪。詳細情況完全沒有聽說。到達的地點就是飛田。很扯對不對？」

雖然一時之間難以置信，但事實往往比小說更離奇。「妳一定嚇一跳吧？」

「他告訴我『這裡下車』我就下車，真的是嚇一大跳。聽到他說『朋友在這裡開店，是妓院』時，我更多的是生氣，而不是震驚。而且他很快就跑了。真是受不了！」

「感覺丈二金剛摸不著頭腦？」

「就是啊。在媽媽的店面前，帶著孩子和紙袋，有種『這裡是哪裡？我是誰？』的感覺。我被人賣了。他們自作主張談妥了這件事。當我明白了這一點便對他死心了。」

不知是不是很喜歡「這裡是哪裡？我是誰？」這句話，妙子重複說著，「哇哈哈」地笑了。

她嘴上笑著，眼裡卻沒有笑意。

「覺得可惡！竟然耍我！是吧？」

「嗯——有點不太一樣。反正過去的事不會再回來」

我想自己拋棄了對方大概是她僅存的一點尊嚴吧。

名古屋出生。家裡有巡迴各地表演賣藝的父親，和身為父親鐵粉的母親；四個兄弟姊妹，排行老三。從小在「放任主義，更正確地說是被扔著不管」的狀態下長大。國中畢業後到中式餐館當服務生。下一個工作地點是輕食小酒館，據說「媽媽桑的兒子」就是她的男人。「我其實喜歡的是哥哥，可是不知怎地就跟弟弟變成那樣的關係」。據說是個大她兩歲的浪蕩子。

「妳被賣多少錢？」

「兩百萬。可是還需要服裝和住處，所以最後好像是三百萬。」

「妙子小姐明明沒有做錯什麼，一定覺得『怎麼會這樣』吧？」

「那樣想也無濟於事。麻由美媽媽允許我暫時帶著孩子住在她那裡，但我身無分文。連買菸的錢都得向人借，所以不能不工作呀。」

不過，那時她剛生產完一個月。

「月經還沒恢復。我說我還得去看醫生，沒辦法做這種工作，我想媽媽一定覺得：『誰要養一個還在哺乳的女人啊』。她幫我找到新今宮一家無照、可以二十四小時托育的托兒所。兩個小孩一個月要三十萬圓。當時的情況不容許我說不。我暫時寄宿在前輩家，但因為小孩哇哇哭，會擔心吵到人。後來媽媽把房間租我，真的非常感謝……」

無家可歸可以向警察求助、找社福窗口諮詢等，她說她不知道有這些方法。除了麻由美媽媽，她沒有人可以依靠。

「媽媽看起來很兇，有時甚至覺得會被她宰了，可她教會了我許多事。」

她說她受到嚴格的禮儀訓練。還曾對著鏡子研究怎麼抽菸才不會讓煙從鼻子冒出來。另一方面，由於她沒有實際感受到父母對她的養育，所以也不懂得如何養小孩。

媽媽曾揍她、罵她：「妳不給孩子吃，只顧自己吃好料，連狗都不如！」但每當她結束一天的工作後已筋疲力竭。休假時也會想和其他小姐一樣去喝一杯。漸漸地，把孩子送去托兒所的時間愈來愈長，最後便完全不管了。且常常遲交托育費，終於在媽媽的評估下把孩子送去機構。可能因為這話題很沉重吧？感覺妙子小姐努力用愉快的口吻講述。

一開始點的餐點都吃完後，她翻開菜單，問道：「叫個鹽烤花魚好嗎？」當然、當然。對於「能順利還清債務嗎？」這問題，她回答：

「我不太清楚。」

「我每天就拿個五千、一萬的需要用的錢，剩下都由媽媽保管。現在到底還了多少？剩下多少？去想也沒有用。」

我問她，酬勞是領現金嗎？「當然啊」。剩下的錢是存入銀行？

「不是喔。我從以前到現在都沒用過銀行。也沒有信用卡。我父母也沒這種習慣，所以我不喜歡銀行。而且我聽人說信用卡這種東西之後才付款會很累，總覺得有點可怕。」

「那，水電費之類的，現在還是沒有透過銀行扣繳？」

「我都去超商繳。」

我已經被麻由美媽媽的現金主義嚇過，只覺得「喔，這樣啊」，但她居然從來沒使用過銀行。所以對「那妳豈不是不曾讓銀行賺過一毛錢！」這句話也不知如何回應。

我問她做小姐時的感想。

「飛田的工作，要說困難很困難，要說容易也挺容易。只要和客人的波頻對上了，做得愉快，時間一下就過去了；但要是覺得『這傢伙很討厭』，客人也會同樣這樣想是不是？要協調一致很難。因為客人有千百種。風流瀟灑的人；定期上門的人；筋疲力竭時就想見女友，像這種感覺的人。小姐是『女演員』，所以不想談私事，能夠理解這點的就是好客人。」

女演員一詞又出現了。透過電話訪談的現役小姐和麻由美媽媽都說過「小姐就是女演員」。妙子小姐年僅二十四歲就從「女演員」退下來，成為老鴇。收入完全不同不覺得難受嗎？

「那是沒辦法的事。我當小姐的時候，其他小姐都太漂亮了。真的是比女演員還漂亮。就算我努力推銷也接不到這麼多的客人。雖然這工作只要上到二樓（從客人那裡）拿到錢就是自己的，但假使在門口就差這麼多，我也沒辦法。」

「歐巴桑的工作要動腦袋的唷。像是只能招攬走在道路中線靠我們這側的人、不能從椅子上起身，而且一定要遵守公會的規定。小姐一個人是無法做生意的。要結合歐巴桑一起工作才做得成。爭取到（下一次的）指名確實是小姐個人的努力，但幫她招到好客人的是歐巴桑不是嗎？也有客人說『我是來看歐巴桑的』的喔。昨天啊，我聽見二樓傳來小姐和客人咯咯笑的聲音，感覺很快樂。只要遇到這種事就覺得很開心。」

麻由美媽媽把店收掉的期間，她在飛田附近的居酒屋和輕食小酒館工作。有段時期也迷上柏青哥。雖然也想過，不想再回到八卦消息傳得很快的飛田，但「媽媽的邀約來得正是時候」就

燈火輝煌的店內（攝影／酒井羊一）

呼籲居民捐款（攝影／酒井羊一）

回來了。最近把已經十六歲的老二從機構接回來一起住。老大獨立自己生活後，也把身世告訴了他。

當我問：「對現狀的滿意度有幾%？」時，陷入沉思的妙子小姐將手上的啤酒杯放回桌上，盤起雙手，想了想之後回答：「〇%」。接著又說：「不過，我喜歡大阪。因為名古屋該說像京都嗎？是個裝模作樣的城市，我一直不喜歡，很慶幸自己來到大阪。」

「我不覺得飛田這裡在做壞事。又沒有殺人，況且客人是自己甘願來玩的不是嗎？在某層意義上，這不是在做社會服務嗎？」她說。我問她會持續做到什麼時候，她答道：「現階段無法想像什麼時候會辭職」。

我們談了大約兩個半小時後走出那家店。妙子小姐向我深深一鞠躬，說：「謝謝招待」。我開車送她到家門前。她的住處是一棟打掃得很乾淨的文化住宅（譯註：指日本大正時代中期，即二十世紀初，導入西洋風格的平民住宅），可以看到窗邊擺了一盆仙客來。

那之後我與麻由美媽媽和妙子小姐又見了幾次面。麻由美媽媽說：「接受井上小姐的訪談後，妙子變了」。「那是她第一次被當作一個人對待，我想她應該很高興。工作變得更積極、開朗」。麻由美媽媽送我一瓶高級燒酒「野兔疾走」，但她表示，這並不是對此的酬謝。

我的心情很複雜。兩人的談話有許多我無法同情共感的部分，但我並不討厭兩人。妙子小姐說「聽到二樓傳來客人和小姐咯咯笑的聲音覺得很開心」，或許就近似那樣的感覺吧。

與原田先生的重逢

最後不能不談一下我找到二〇〇九年九月忽然從飛田消聲匿跡的原田先生的事。

那是二〇一〇年的三月。

我好不容易找到能幫我把信轉寄給原田先生的人。大概是一月下旬？我發覺到轉寄地點，寫了一封長信：「我很驚訝。想再見你一面。無論如何請打電話給我」，投遞出去。過了兩個月——

「是我。」

接到本人的來電。

「阿理，抱歉讓妳擔心了。我有想過應該要告訴妳的，可是我是個失敗的人，我被飛田掃地出門了不是嗎？我不知道該怎麼跟妳解釋，然後就搬家了。」

原田先生在電話的另一頭緩緩開始述說。

「你怎麼會是失敗的人？你不是健健康康的？太太也健健康康的不是？真高與你們平安。」我說。

「我說，夏天阿理不是來我店裡嗎？我知道，也看到了。可是我實在沒臉見妳，所以躲在裡頭。」

「嗯，是喔，我完全不知道。」

「然後呢，我收到妳的信，始終猶豫不決，不知道該怎麼做才好，覺得沒臉見妳。可是馬麻

（太太）一直叫我打電話給妳。」

「你現在住哪裡？」

「石川縣。」

「啊？那麼遠！」

「很冷喔。還會下雪。很鄉下。我對飛田已毫不留戀。」

是發生什麼事？怎麼會變成這樣？我抓不到重點。他明明說飛田是他的故鄉，「要一輩子住在這裡」。雖說是太太的故鄉，但年逾六十突然搬到一個陌生而遙遠的地方，這是怎麼回事？

「原田先生，我去找你。」

接到電話的一週後，我搭上北陸本線的特急列車「雷鳥號」。在今春第一道暖風吹拂著大阪的那一天，坐了將近四小時的車，眼看著窗外風景自湖北（譯註：指琵琶湖的北邊）以後迅速變成一片銀白世界，然後抵達離原田先生的新址最近的車站。一出驗票口便看到令人想念的兩人，身穿禦寒外套配上雨靴等在那裡。

據說，這個時間正是太太的打工時段，所以只是跟著來「看看我」。

「一看到阿理我就要哭了。我就要哭了。」依舊臉色發紅的原田先生吸了吸鼻子。

就這樣，我們重逢了。雪斜斜地飄落。

我和原田先生走進車站內的日式餐廳，占了靠裡面的日式座位。

「喝酒啦。不喝沒辦法聊。待會兒我會講很多妳喜歡聽的。」

真高興妳來、真高興妳來！原田先生一再反覆這麼說。於是我大白天就喝著啤酒，吃著生魚片和定食，聽原田先生娓娓道來。

「我很喜歡飛田。我一直都想要一輩子住在母親留給我的房子裡。」

「我知道、我知道。我也認為原田先生就是飛田人啊。那怎麼會變成這樣。我看到房子拆掉變成空地時，真的嚇一大跳。不久前我還經過那裡。」

「別說了。不要告訴我。我不想再聽到那裡的事，太難受了。」

「對不起。不過，你為什麼會狠下心來這麼做？」

「我在飛田待不下去了呀。」

「到底怎麼回事？」

「飛田（的居民）大家不是都感情很好嗎？」

「嗯。」

「當然也會有互扯後腿之類的事。但大家都是同伙，不是嗎？」

「嗯。」

「可是呢，大家都討厭我。」

「我不懂你的意思。為什麼呢？」

原田先生把生啤酒喝光，呼叫服務生過來，點了一瓶「白波」。像他平時在「阿龜」所做的那樣，自己用熱開水兌酒，一飲而盡似地邊喝邊繼續說。事情是這樣的——

我很久以前就一直「想回來這個有著舊時代情調的街區」。這情調指的是老闆和員工之間互相體諒，由這樣的關係所產生的氛圍。

做的事情是賣淫。不過，以前的飛田，老闆對待小姐就像她們的父母一樣，有困難時會出手相助。而這樣的關係近來日趨淡薄，變成一個處處虛張聲勢的地方。

因為現在已不像從前那樣，老闆自己經營，負完全責任，而是委託他人管理。近年來，經營者都只想收穫、得到好處不是嗎？漸漸淪為「守財奴」了不是？為了讓飛田恢復往日那樣的「情調」，老闆應當自己常駐在店裡。

據說他在聚會中發表這番言論，惹惱了飛田的人。

「咦？為什麼？這樣說很對呀！為什麼（飛田的人）會為了這點事就生氣？」

「可不是？一般人都會這麼想對吧？」

「嗯。」

「妳能理解嗎？我只是說我想回到以前那個有情調的飛田。但卻被罵『吵死了』，要我『閉嘴』、『不要唱反調』。說我是絆腳石、很礙事，叫我滾出去。」

「只是因為這樣？」

「對呀。」

「有人叫你滾出去？」

「……」

「什麼意思啦？」

「……是表現在態度上……」

「啊？態度是指？」我問他，腦中同時掠過「村八分」（編註：泛指團隊裡有人違規時，全員會一同排擠違規者）一詞。這年代還有這種事！

「該不會是有人找你麻煩？」

「阿理，這部分不要問了。」

原田先生的眼睛和鼻子都濕了。

「別問了。不可能發生的事會發生，這就是飛田。我覺得我已經沒辦法了。」

情況想必相當嚴重，但我還是「不明白」。

「妳不用明白。別再問了。好嗎？別再問了。」

原田先生將兌了熱水的酒一飲而盡，微微搖頭擺腦地說：「阿理也得小心」。

「原田先生，你沒有什麼人可以商量嗎？」

「是有一、兩個人能理解我，為我難過。可是最後都說『原田兄，事已至此我也無能為力』。我實在很煩了。把協同組合的權利全部賣掉，房子也賣掉……把過去的一切都扔了。」

「那本珍貴的遊廓時代的老照片也扔了嗎？你不是說有朝一日要辦照片展？」

「扔了呀，我哭著把它扔掉的。都與飛田訣別了，沒道理還留著相簿吧？阿理妳能明白的吧？我如果繼續留在飛田，現在大概沒命了。那是當然的。飛田就是這樣的地方。所以我自己消失。妳明白嗎？」

哪有什麼明不明白的，畢竟原田先生被迫搬到一個如此遙遠又寒冷的小鎮已是事實。

雖然是事實，但我認為任何故事都有可能因為主軸放在哪裡而扭曲。我還得聽聽另一方的說法，否則會是缺席審判。眼前的事實就只有聽原田先生像這樣娓娓述說。

「我會在飛田經營『阿龜』十五年，那是倔強。」

「倔強？對什麼事倔強？」他沒有回答我這個問題。

「我家馬麻（太太）很偉大。居然肯跟我來。可是已經夠了。我就快六十五了。馬麻也六十了。我想就剩下十年吧。何必緊緊巴著飛田不放，甚至到被人討厭呢？剩下這十年，我想好好珍惜自己的人生。況且馬麻以前就一直說想回老家。」

「就算這樣，為什麼突然就搬了？」

「因為我已經下定決心。這又不是那種可以反反覆覆三心二意的事。馬麻的兒子也說我們可以來這邊。妳知道嗎？兒子有自己的房子。他說我們可以住在一起。竟然有這麼幸運的事！所以就捨棄了一切搬來這裡。這方面我還有一點。」

原田先生用右手大拇指和食指比出一個圓形。這是他很擅長的手勢。

「來到這裡後，馬麻立刻就找到工作，每天去打工。我負責煮所有人的飯菜。這裡沒有地方可以去喝酒。我也不會想去。而且又不認識半個人。我都在做什麼？頂多偶爾去泡泡溫泉。每天到了晚上十一點左右就想睡覺，早上五點左右就醒來，都變了。」

談到這裡時，瓶裡的白波已喝到剩下約一公分。

「我一輩子不會再去飛田了。不過，六十三歲才改變生活方式，確實很難受。」

原田先生已酩酊大醉。他起身要去上廁所時踉蹌跌倒。想要站起卻直不起腰來。我一個人扶不動他，在餐廳的人幫忙下才好不容易把他扶起。從廁所回來後，原田先生把餐廳的人叫來，用大舌頭問道：「清酒和燒酒有賣整瓶的嗎？」即使對方說：「是沒問題，但同樣的東西在酒鋪買只需要半價喔。」」，他依然說：「可以、可以」。

把整瓶清酒和燒酒送我，說是禮物的原田先生一次又一次地重複強調：「下次來的時候住我家。我煮一桌好吃的。妳一定要來。我和馬麻會等著妳來。」

灰撲撲的天空不停地飄下雪來，我在車站前的計程車搭乘處目送原田先生離去時，應該是下午的四點半左右，正是飛田的霓虹燈開始亮起的時刻。

後記

本書初校完成後，我去了一趟許久沒去的飛田。

儘管停車場增加，料亭的店號有些細微的變化，但整體氣氛不論是和一年前或十年前相比，都絲毫沒變。

在這樣的情況下，我聽說「近年有愈來愈多和黑道沒有關係的新仲介」。直到二〇一〇年春天為止，利益分配方式都如本書所寫的，「經營者四成（或五成）、小姐五成（或四成）、老鴇一成。」（有些情況經營者會從小姐的分配金額中扣除大筆款項以償還「貸款」），但這套制度已大幅走樣。經營者如果請「新仲介」幫忙介紹小姐，除了要支付高額的介紹費，只要介紹來的小姐還在工作，經營者就要被迫付他們佣金，金額是其應得分三成中的一半。明知這樣的話會經營不下去，但用以前的方法已招不到小姐的經營者們只能仰賴這類仲介，「漸漸被他們吃掉」。

二〇一一年四月出版的溝口敦所著的《黑道崩壞　被侵蝕的第六代山口組》（講談社＋α文庫）中寫道，暴力團對策法的強化使得幫派成員難以再透過毒品販售、電話詐欺、把多重債務者賣掉等的方式謀利，加入幫派的好處不再；擅長法律和資訊科技的白道正圖謀與幫派成員及前成員「共存」。書裡還登出前幫派關係人、目前是企業家的證詞：「警方摧毀了幫派後會在後頭坐鎮。過去發生在總會屋（譯註：即職業股東。持有一家上市公司一小部分股份便濫用權利向公司施壓、強索不當利益）的事將會發生在全體幫派上。我是這樣看的，不會錯」。溝口先生寫道，各都道府縣的「驅逐暴力團推動中心」接收了大量退役警官，他們一直是暴力團對策法的擁護者，並分析：「我敢肯定地說，警察勢力將填補暴力團退出後留下的空缺」。他以此為背景，為一群遊走在普通人和黑道之間，被稱作「半灰」的潛在犯罪者的出現，敲響了警鐘。

我閱讀該書，覺得飛田發生的情況正符合書中的描述。

暴對法的強化、大阪府肅清暴力團條例的施行導致飛田出現了新的灰色階層。這灰色階層不是暴力團成員，等於沒有具體措施來取締他們的犯罪行為，警方愈來愈睜一隻眼閉一隻眼。

要問人事情很難，在飛田尤其困難。會被要求解釋「妳是誰？為什麼想知道？」。「敝姓井上，是一名作家。我想知道飛田的遊戲規則。走過怎樣的歷史而有今天。有些什麼樣的人……」絕大多數的情況，這樣的說明完全行不通。

「不要碰！」

「我希望妳別管它。」

「妳很煩吶！」

這就是飛田的人，飛田這個街區。我一再問自己，去擾動一個不希望別人打擾的街區到底會得到什麼結果？難道不能打破規則嗎？

任何人都有「負面」的經歷。誰也沒有責任要回答一個路過的無名作家的問題。我能理解。

但我仍然想問，是因為我想用語言來表達那街區難以言喻的氛圍。無可救藥地反覆生氣、笑、欺騙、被騙，人性暴露無遺的那個街區，持續不斷地吸引著我。

我由衷感謝那些包括「負面」部分都願意對我講述的飛田及飛田周邊的人們。我重新體認到人果然是多面向的。他們對我「講述」的是事實，對講述時的那人來說，那些話都是「真的」。然而另一方面，那人似乎還有別種表達方式來講述自己的經歷、立場和想法。事實上我也多次遇到同一個人述說「另一個自己」的場面。簡單來說，臉不紅氣不喘地「說謊」的人實在太多。但我想，那些人在說謊的過程中，謊言漸漸不再是謊言，而成為他們內心裡的真相。

因此，我在這本書中，只寫自己在思考過該不該寫之後仍然想寫的東西。我不想給那些願意告訴我他們的故事的人帶來麻煩。但如果寫得太含蓄，可能無法傳達出那些人內心的情感和街區的樣貌。我如此轉念之後，寫下這本書。

我並不想探討性交易的對錯，在這件事情上，即使是已經寫完的現在，我依然沒有答案。我現在認為更重要的是盤踞在飛田及其周邊地區的貧窮的鎖鏈，及出於自衛所進行的歧視橫行其道。

多數「小姐」、「歐巴桑」都是因為無法選擇其他職業才會在飛田工作。而無法選擇其他職業是因為對抗不了貧窮的鎖鏈。她們不得不在欠缺家庭教育、學校教育、社會教育的環境中長大，而那些正是對抗貧窮的基礎。多數人十幾歲就當媽媽。一旦當了媽媽，便是把自己的小孩置於和過去的自己類似的處境。

我在南區的居酒屋與書中未提到的某位小姐見面時，她為了生啤酒的酒杯不乾淨，不由分說地對工讀的年輕女孩發脾氣，厲聲指責她上菜方式不當、瞧不起客人。我認為那是當自己處

「優越」地位時的誇耀，和平時受到壓制的壓力釋放。這類幼稚的言行有時會變成歧視性語言暴露出來。我曾許多次在飛田及其周邊聽到「那傢伙是朝鮮人」、「那些傢伙是部落民」、「獲得（生活）保護的傢伙是垃圾」這一類令人難以置信的話語。我認為這是社會的責任，不是個人的責任。

料亭經營者松乃女士說：「我做這門生意不曾覺得有什麼好高興的」。做過小姐之後再當老鴇的妙子小姐也說：「對現狀的滿意度是〇%」。即使如此，為了生活，大家仍然選擇留在飛田。

民俗學家神崎宣武先生在《聞書 遊廓鳴駒屋》中寫道：「所謂民俗學就是某一地區或某一群體從以前到現在共同擁有的『習慣』」。本書雖然不是學術著作，但它描寫了一個地區這類「習慣」的累積並已多層化的樣貌，希望能蒙各位閱讀。

另外，假使有讀者讀了本書之後想去飛田看看，我想說：「請不要去」。如果是以客人身分去花錢那還好。如果不是，而是去看熱鬧的話，那我希望你別去。因為那是一群不得已只能在那裡活命的人們努力生活的街區，不要去打擾他們。

如果沒有眾多熟人朋友的協助，我不可能完成本書。我尤其得到中野晴行先生、上野卓彥先生、大賀榮一先生、真野修三先生、高山明美小姐莫大的幫助。此外，筑摩書房編輯部的青木真次先生這十二年來，每當我遇到困難都會提供我諮詢並給我建議，我要向他表達由衷的感謝。

二〇一一年六月三十日

井上理津子

主要參考文獻

《東成郡最近發達史》大阪府自治講究會東成郡支部，一九二五年

《東成郡誌》大阪府東成郡役所編，大阪府東成郡役所，一九二二年

《天王寺村誌》大阪府東成郡天王寺村編，天王寺村公同會，一九二五年

《西成區史》川端直正編，一九六八年

《新修大阪市史　第五卷、第六卷、第七卷》大阪市，一九九一年，一九九四年

《大阪府史蹟名勝天然記念物》大阪府學務部，一九三一年

《大阪的町名及其歷史　上卷》大阪市市民同編，大阪市市民局，一九九〇年

《大阪的町名及其歷史　下卷》大阪市市民同編，大阪市市民局，一九九二年

《大阪市的歷史》大阪市史編纂所，一九九七年

《大阪的風俗》宮本又次，每日放送文化雙書，一九七三年

《新裝版　大阪繁盛記》鍋井克之，東京布井出版，一九九四年（舊版一九六〇年）

《都市的近代　大阪的二十世紀》芝村篤樹，思文閣出版，一九九九年

《復刻版　近代大阪》北尾鐐之助，創元社，一九八九年

《大阪町名的歷史　上卷》大阪市市民同編，大阪市市民局，一九九〇年

《飛田遊廓的沿革》一九三三年

《飛田遊廓沿革史》（《南大阪名士錄》卷末附錄）三橋義澄編，關西朝日新聞社，一九四一年

《飛田遊廓反對意見》反對飛田遊廓設置同盟會，一九一六年

《近代庶民生活誌　第十三卷　色街・遊廓Ⅰ》南博・林喜代弘編，三一書房，一九九二年

《近代庶民生活誌　第十四卷　色街・遊廓Ⅱ》南博・林喜代弘編，三一書房，一九九三年

《性暴力問題資料集成　第一卷、第二卷、第四卷、第十三卷、第二十三卷》不二出版，二〇〇四年～二〇〇六年

《近代日本的底層社會》草間八十雄，磯村英一監修，安岡憲彥責任編輯，明石書店，一九九二年

《南海鐵道導覽　復刻版》宇田川文海編述，新和出版，一九七八年

《日本遊里史》上村行彰編，文化生活研究會，一九二九年（復刻版，藤森書店，一九八二年）

《被賣掉的女人》上村行彰，大鐙閣，一九一八年

《全國遊廓導覽（關西篇）》日本遊覽社，一九三〇年

《三都花街巡禮》松川二郎，誠文堂，一九三二年

《全國花街巡禮》松川二郎，誠文堂，一九二九年

《上方色町通》食滿南北，四六書院，一九三〇年

《日本歡樂街導覽》酒井潔，竹醉書房，一九三一年

《極祕　貸座敷調查》保安課，一九三六年（復刻版，早川重雄刊，一九九四年）

《藝娼妓酌婦介紹業調查》中央職業介紹事務局編，一九二六年
《大阪基督教會沿革略史》大阪基督教會，一九二四年
《大阪府下新地組合　會員名簿》一九五三年
《日本廢娼運動史（復刻版）》伊藤秀吉，不二出版，一九八二年（原書，一九三一年）
《滋賀縣八日市市八日市新地遊廓》三露俊男（前揭《近代庶民生活誌　第十三卷》附錄）
《浪華夜話》篠崎昌美，朝日新聞社，一九五四年
《全國女性街指南》渡邊寬，季節風書店，一九五五年
《大阪與賣春》大阪市民生局福祉課，一九五七年
《婦人保護的兩年》大阪府民生部，一九五八年
《平成二十一年版　警察白書》警察廳編，行政，二〇〇九年
《大阪府賣春小史》大阪民生局福祉課，一九五九年
《大阪的婦人保護》大阪府民生部，一九六一年
《昭和六十年度婦人保護概要》大阪府婦人相談所，一九八六年
《平成七年度婦人保護概要》大阪府婦人相談所，一九九六年
《賣春對策的現況》賣春對策審議會編，大藏省印刷局，一九六八年
《遊女的生活》中野榮三，雄山閣出版，一九六九年
《雪之碑》江夏美好，河出書房新社，一九八〇年
《哲學者　無然先生奧義書》
《國家賣春命令》小林大治郎、村瀨昭，雄山閣出版，一九九二年
《占領下的大阪：大阪連絡調整事務局「執務月報」》大阪市史編纂所（大阪市史料調查會，一九八五年）
《日本賣春史考》吉田秀弘，自由社，二〇〇〇年
《大阪話事典》牧村史陽編，講談社學術文庫，一九八四年
《松島遊廓沿革誌》須田菊二，松島遊廓取締事務所，一九三三年
《今里新地十周年誌》一九四〇年
《遊女、唐行、慰安婦系譜》金一勉，雄山閣出版，一九九七年
《昭和、平成日本性風俗史》白川充，展望社，二〇〇七年
《買賣春問題研究》高橋喜久江，明石書店，二〇〇四年
《性風俗史年表　昭和［戰後］篇》下川耿史，河出書房新社，二〇〇七年
《戰後　性風俗大系》廣岡敬一，朝日出版社，二〇〇〇年
《昭和夜總會祕史》福富太郎，文春文庫Plus，二〇〇四年
《大正、昭和的風俗批評與社會探訪——村島歸之著作選集第四卷　買賣春與女性》津金澤聰廣、土屋禮子編，柏書房，二〇〇四年
《現代的賣春與人權》三塚武男，大阪婦人保護事業守護會，一九八五年
《女人們戰後史》柴田悅子編，創元社，一九八九年
《女性律師的進程》日本律師連合會兩性平等委員會編，明石書店，二〇〇七年
《生活與物價　大阪百話》大阪市市民局企畫，「生活與

物價　大阪百話」編輯委員會編，財團法人大阪都市協會，一九九二年
《戰後價格史年表》朝日週刊編，朝日文庫，一九九五年
《大阪市區劃整理》大阪都市整備協會編，大阪市建設局，一九九五年
《大阪府警察四十年紀錄——昭和三十年~平成七年》大阪府警察本部，一九九八年
《廣域暴力團山口組殲滅史》兵庫縣警察本部，一九六八年
《殺手軍團柳川組》木村勝美，Mediax，二〇〇八年
《實錄柳川組的戰鬥》飯干晃一，德間書店，一九七八年
《廓》西口克己，三一書房，一九五六年
《飛田飯店》黑岩重吾，角川文庫，一九七一年
《花街》加藤政洋，朝日新聞社，二〇〇五年
《遊廓》森田一朗編，筑摩書房，一九九八年
《飛田百番》橋爪紳也監修，吉里忠史、橋爪紳也、加藤政洋，創元社，二〇〇四年
《照片集　浪花今昔》每日新聞社，一九八三年
《走在昔日紅線區》木村聰，筑摩新書，二〇〇八年
《消失的紅線放浪記》木村聰，Million出版，二〇〇五年
《娼婦學筆記》伊藤裕作，Deta House，二〇〇八年
《聞書　遊廓成駒屋》神崎宣武，講談社，一九八九年
《中村區史》中村區制十五周年紀念協贊會編，中村區制十五周年紀念協贊會，一九五三年
《山口組概論》豬野健治，筑摩新書，二〇〇八年
《圖解　地下社會的構造》丸山佑介，彩圖社，二〇〇七年
《因為愛》伊佐千尋，文春文庫，一九九七年
《自傳的戰後史》羽仁五郎，講談社，一九七六年
《大阪朝日新聞》
《大阪每日新聞》
《基督教週報》第三十三卷第十四號
《公論週刊》一九六〇年四月五日號，〈無軌道賣春的街區：大阪「飛田」〉黑岩重吾
《大眾週刊》一九八九年二月六日號
《讀賣週刊》一九五七年五月二十六日號
《大阪春秋》（第九號、第二十五號、第七十五號、第七十九號、第八十九號）
《上方》一九三三年四月，第二十八號，〈飛田遊廓的沿革〉上方鄉土研究會編，創元社
《東洋時論》一九一二年七月號
《Sunday每日》一九八三年九月二十一日號
《婦人公論》一九五八年九月號
《朝日Journal》一九五九年三月二十二日號

飛田新地
飛田新地
御神燈
御神燈
御神燈
御神燈
御神燈
7 - 10

國家圖書館出版品預行編目（CIP）資料

最後的花街．飛田：比外遇更美好，隱藏在料亭裡的男女情慾場 / 井上理津子著；鍾嘉惠譯．
-- 初版．-- 臺北市：臺灣東販股份有限公司，
2024.05
308 面；14.7 x 21 公分
ISBN 978-626-379-370-5(平裝)

1.CST: 特種營業 2.CST: 日本大阪市

544.767　　113004723

最後的花街・飛田

比外遇更美好，隱藏在料亭裡的男女情慾場

2024年5月1日　初版第一刷發行

作　　者　井上理津子
本文照片　酒井羊一
譯　　者　鍾嘉惠
編　　輯　魏紫庭
封面設計　水青子
發 行 人　若森稔雄
發 行 所　台灣東販股份有限公司
<地址>台北市南京東路4段130號2F-1
<電話>(02) 2577-8878
<傳真>(02) 2577-8896
<網址>http://www.tohan.com.tw
郵撥帳號　1405049-4
法律顧問　蕭雄淋律師
總 經 銷　聯合發行股份有限公司
<電話>(02) 2917-8022

TOHAN